초기 불교 가르침의 연기적 생성

불교는 어떻게 시작되었는가?

How Buddhism Began
Richard F. Gombrich

리처드 곰브리치 지음
한대성 옮김

HOW BUDDHISM BEGAN

THE CONDITIONED GENESIS OF THE EARLY TEACHINGS

초기 불교 가르침의 연기적 생성

불교는 어떻게 시작되었는가?

옥스퍼드 문헌학의 진수를 보여주는
문헌학 교과서

씨아이알

불교는 어떻게 시작되었는가?

*How Buddhism Began*의 재판인 이 책은 초기 불교 문헌들을 새롭게 조명했으며, 그 가르침들이 어떻게 경전 내에서 발전하였는지에 대한 다양한 관점을 제시한다. 두 논제가 두드러진다. 첫째, 우리는 붓다가 다른 종파의 사상가들, 특히 브라민들과 사상적 교류를 했음을 이해하기 전까지는 그를 이해할 수 없음을 논한다. 다른 핵심 논제는 은유와 비유 그리고 직해주의에 관한 것이다. 붓다의 사전경고에도 불구하고 대대로 이어진 승가는, 경전의 용어를 문자 그대로 받아들임으로써, 붓다의 원래 의도와는 상당히 다른 교리를 발달시키고 차별적인 요소를 만들어냈다. 초기불교계의 세계 최고 석학에 의해 정교하고 이해하기 쉽게 집필된 이 책은 불교를 진지하게 배우고자 하는 모든 이에게 필독서이다.

리처드 곰브리치(Richard F. Gombrich) 교수는 옥스퍼드 대학 불교학센터(Oxford Centre for Buddhist Studeis)의 학장이며, 세계에서 가장 저명한 불교학자 중 한 사람이다. 그는 1976년부터 2004년까지 옥스퍼드 대학에서 보덴 산스크리트어 교수를 역임하였다. 그는 *What the Buddha Thought*(2009); *How Buddhism Began: The Conditioned Genesis of the Early Teachings*(1996); *Theravada Buddhism: A social history from ancient Benares* *to modern Colombo*(1988); Gananath Obeyesekere와 함께 공동 저술한 *Buddhism transformed: Religious change in Sri Lanka*(1988)을 포함한 불교에 관한 포괄적인 글을 썼다. 그는 팔리 성전 협회(Pali Text Society)의 회장을 역임하였고, 1994년도에는 스리랑카 정부의 란자나 훈장을 수상하였으며, 2005년에는 Asiatic Society of Calcutta로부터 SC Chakraborty 메달을 수상하였다.

루트리치 불교비평시리즈

편집인 : 찰스 프레비쉬(Charles S. Prebish), 데미언 키온(Damien Keown)

루트리치 불교비평시리즈는 불교 전통에 관한 포괄적인 연구물들이다. 이 시리즈는 여러 방법론을 활용하여 다양한 관점에 따라 복잡하고 광범위한 전통을 탐구한다. 이 시리즈는 역사적인 연구, 원서 번역 및 논평, 사회학적 탐구, 서지학적 연구 및 불교의 필수적인 종교성의 표현으로서의 종교적 실천에 대한 고려 사항들을 포함하기 때문에 논제가 다양하다. 또한 작금의 사회적 문제에 기초하는 것과 비판적 맥락, 그리고 현대에 있어서 불교 사상과 학문성의 역할을 포함하여 현대의 지성적 역사 연구에 관한 자료들을 제시한다. 이 시리즈는 그 영역이 광범위하고 상상력이 풍부하여 불교의 역사인 2,500년을 아우른다. 더불어 불교 전통에 대한 우리의 지식과 이해를 독려하고 진전시키는 모든 연구물을 망라한다.

A SURVEY OF VINAYA LITERATURE
Charles S. Prebish

THE REFLEXIVE NATURE OF AWARENESS
Paul Williams

IMAGING WISDOM
Jacob N. Kinnard

PAIN AND ITS ENDING
Carol S. Anderson

EMPTINESS APPRAISED
David F. Burton

ALTRUISM AND REALITY
Paul Williams

BUDDHISM AND HUMAN RIGHTS
Edited by Damien Keown, Charles S. Prebish, Wayne Husted

WOMEN IN THE FOOTSTEPS OF THE BUDDHA
Kathryn R. Blackstone

THE RESONANCE OF EMPTINESS
Gay Watson

AMERICAN BUDDHISM
Edited by Duncan Ryuken Williams and Christopher Queen

CONTEMPORARY BUDDHIST ETHICS
Edited by Damien Keown

INNOVATIVE BUDDHIST WOMEN
Edited by Karma Lekshe Tsomo

TEACHING BUDDHISM IN THE WEST
Edited by V. S. Hori, R. P. Hayes and J. M. Shields

EMPTY VISION
David L. McMahan

THE SOUND OF LIBERATING TRUTH
Edited by Sallie B. King and Paul O. Ingram

BUDDHIST THEOLOGY
Edited by Roger R. Jackson and John J. Makransky

THE GLORIOUS DEEDS OF PURNA
Joel Tatelman

EARLY BUDDHISM – A NEW APPROACH
Sue Hamilton

ACTION DHARMA
Edited by Christopher Queen, Charles S. Prebish and Damien Keown

TIBETAN AND ZEN BUDDHISM IN BRITAIN
David N. Kay

THE CONCEPT OF THE BUDDHA
Guang Xing

THE PHILOSOPHY OF DESIRE IN THE BUDDHIST PALI CANON
David Webster

SELF, REALITY AND REASON IN TIBETAN PHILOSOPHY
Thupten Jinpa

IN DEFENSE OF DHARMA
Tessa J. Bartholomeusz

BUDDHIST PHENOMENOLOGY
Dan Lusthaus

RELIGIOUS MOTIVATION AND THE ORIGINS OF BUDDHISM
Torkel Brekke

DEVELOPMENTS IN AUSTRALIAN BUDDHISM
Michelle Spuler

ZEN WAR STORIES
Brian Victoria

THE BUDDHIST UNCONSCIOUS
William S. Waldron

INDIAN BUDDHIST THEORIES OF PERSONS
James Duerlinger

THE NOTION OF DITTHI IN THERAVADA BUDDHISM
Paul Fuller

THE BUDDHIST THEORY OF SELF-COGNITION
Zhihua Yao

MORAL THEORY IN SANTIDEVA'S SIKSASAMUCCAYA
Barbra R. Clayton

BUDDHIST STUDIES FROM INDIA TO AMERICA
Edited by Damien Keown

DISCOURSE AND IDEOLOGY IN MEDIEVAL JAPANESE BUDDHISM
Edited by Richard K. Payne and Taigen Dan Leighton

BUDDHIST THOUGHT AND APPLIED PSYCHOLOGICAL RESEARCH
Edited by D. K. Nauriyal, Michael S. Drummond and Y. B. Lal

옮긴이의 말

라일락 향기를 가득 품은 안개가 목멱산 산자락에 고즈넉이 걸려 새벽을 깨우던 새들의 영혼을 촉촉이 적셔주던 봄이 어느덧 지나고, 신록의 푸르름을 더해주는 더위로 송글송글 이마에 맺힌 땀을 식혀주는 마파람이 반가운 계절이 어느새 성큼 다가왔다.

십여 년 전 석사를 마친 후 문헌학에 대한 조예가 없다면 불교학을 정상적으로 연구할 수 없을 것이라는 반성에서 교재로 삼아 탐독한 곰브리치의 이 저서가 바야흐로 번역서로 탄생하였다. 당시에는 학습에 더욱 중점을 두고 번역하였기에 매끄럽지 못한 부분이 많았는데, 부족한 원고를 최근 다시 전면적으로 손봐 출판을 준비하였다. 오랜 유학생활로 어눌해진 우리말을 좀 더 원활하게 표현할 수 있게 된 것도 기뻤지만, 수많은 오류를 교정하면서 그간 영어실력이 늘어났음에 감사할 수 있는 계기가 된 것도 또 다른 성과였다.

본 도서의 원 출판사인 로드리치는 이 책을 '불교 전공 학생에게 필독서'라고 소개하지만, 역자는 모든 전공 학생에게 필독서라고 감히 추천드리고 싶다. 전문학자들을 대상으로 쓰인 논문을 엮어 만든 이 작업은 방대한 내용이 압축됐을 뿐만 아니라 다양한 전문 학술 분야를

융합한 옥스퍼드 대가의 명작이다. 전문성과 독창성을 인정받았기에 저자인 곰브리치 교수는 아버지 에른스트 곰브리치 경의 애칭인 '곰브리치안'을 대를 이어 물려받았다. 작품 내에서 보여준 저자의 철학적 직관력은 다른 어느 불교철학자의 그것에 비해 손색이 없지만, 그는 기본적으로 언어학자며, 자신을 철학자로 소개하기보다는 사회역사학자임을 내세운다.

비록 일부 공학 분야에서 한국이 차지하는 위상은 세계적이라고 할 수 있지만, 한국의 인문학은 전반적으로 그 전통과 규모에서 서구의 그것에 비할 수 있을 바가 아니라 생각한다. 특히 과거 위정자들이 가난 속에서 허덕이던 조국의 불운한 현실에서 벗어나고자 공학을 집중적으로 육성한 정책 때문에 인문학은 상대적으로 소외당했었고, 당시에는 임시방편이었던 그러한 정책은 국가적 부가 상당히 축적된 오늘날에도 별반 달라진 것이 없다. 이러한 열악한 상황에서 전문학자를 꿈꾸는 학도들에게 본 역서는 비할 바 없는 좋은 인문학의 지침서가 되리라 믿는다. 아마 순수 불교철학서적을 찾는 이에게는 이 역서가 최선의 선택이 아닐 수도 있다. 하지만 문헌학이라는 개념이 아직도 얼마간 생소한 한국에서 옥스퍼드의 대가가 심혈을 기울여 집필한 이 작업은 가히 문헌학의 교과서라고 해도 과언이 아니라 생각한다. 이미 문헌학적 연구가 늦어도 수 세기 전 이미 끝난 다른 분야에 비해 그것이 현재진행형인 불교학의 연구는 타분야의 연구자들에게도 많은 지식과 영감을 줄 수 있으리라 생각한다. 본 저서가 다루는 분야는 단순히 문헌학과 철학뿐만 아니라 사회역사학, 종교학 그리고 심지어 인류학에도 걸쳐져 있기에, 인문학의 모든 연구자들이 심도 있게 연구할 만한 충분한 가치가 있다. 소개글에 있듯이 본 작업의 내용과 이론, 연구방법을 바탕으로 수많은 학자가 논문을 쓰고 박사학위를 수여하였다.

단순히 전문적 학술연구를 위한 지식습득보다 훨씬 중요한 것들을 본 역서에서 얻을 수 있다. 바로 학문을 하는 기본자세를 말한다. 예를 들자면, 불교학계 내에서 '초기불교는 이미 연구가 끝났고, 너무 쉬워서 흥미를 느끼지 못한다'는 사고가 팽배해 있는 것이 주지의 사실이지만, 다수의 연구자들이 문헌학과 철학의 차이조차 이해하지 못하는 것을 종종 목격한다. 저자는 '초기불교는 쓰라리게도 지성적 연구'가 필요함을 강조하고 있고, 초기불교의 문헌적 연구는 다름 아니라 유능한 인재의 결핍 때문에 거의 진행되지 못하고 있음을 본문에서 직접적으로 언급하고 있다. 아마 많은 이들이 저자가 수차례 지적하였을 뿐만 아니라 본 작업 4~5장에 걸쳐 직접 보여준 문헌학의 가장 기본 명제 '본문의 변형을 분석하고 교정하는 것'이 학자들의 근본의무라는 것에 아직도 동의하지 않으리라 생각한다. 게다가 저자가 서두에서 지난 세기를 대표하는 철학자 중 한 명인 포퍼를 인용하여 서술한 명제 '지식은 필연적으로 가설일 뿐이고, 자신의 사상을 비판에 노출시킴으로써 진보가 이루어진다'와 이 박식한 학자가 '자신의 무한한 무식'을 알기에 자신의 지식을 과시해야 하는 역할이 부담스럽다고 고백한 것이 한국에서 얼마나 상식으로 통용되고 있는지 의문스럽다. 그런 이유로

이 학자는 배움과 지식향상을 위해 자신의 작업에 건설적인 이의를 제기해줄 것은 당부하고 있다. 지식은, 포퍼가 말했듯, 필연적으로 잘못된 이론을 제거하면서 완전해질 것이기 때문이다. 저자는 또한 학계에 만연한 권위주의에 대해 통렬한 비판을 가하는데, 그것은 가장 학문적이지 않은 반지성적 자세라고 한다. 그렇기에 역자는 본문에 나타난 이러한 주요한 학문적 원칙과 태도를 학습하는 것은 이 책 속에 포함된 전문지식을 습득하는 것 이상으로 중요하다고 거듭 강조하고 싶다.

저서에 나타난 곰브리치는 사회철학 혹은 사회역사학적 분석이라는 방법론을 주로 사용하고 있다. 이러한 연구방식은 아버지 곰브리치의 '곰브리치언'을 물려받았다고 할 수 있는데, 그의 아버지 곰브리치가 '예술은 없고, 단지 예술가가 있을 뿐이다'라고 했던 유명한 명제를 불교에 적용한다면, '불법은 없고, 단지 불자가 있을 뿐이다'라는 공식이 성립한다. 하지만 저자가 본문에서 여러 차례 밝힌 것처럼 이 연구성과는 곰브리치안보다 포퍼식이라고 하는 것이 더욱 정확할 것이다. 반증가능성 이론(falsification theory)으로 유명한 칼 포퍼는 논리와 과학적 방법론의 대가인데, 데이비드 흄의 사상적 맥을 잇는 회의주의자이다. 포퍼에 따르면 인간의 지식과 과학적 이론은 환원할 수 없이 추측과 가설이고, 그것은 특정한 역사·문화의 배경에서 어떤 문제들을 해결하기 위해 생겨난 상상의 산물일 뿐이다. 저자가 단순히 언어학적 혹은 문헌학적 연구방법이 아니라 곰브리치언이라는 명성을 이어받게 만든 사회과학적 분석방법을 사용한 것 역시 포퍼가 알프레드 아들러와 함께 일하면서 그 유명한 '반증가능성 이론'을 탄생시킨 현장조사의 경험과 학풍을 물려받은 것이라 조심스레 추측해본다.

본 작업은 기본적으로 불교연구자들의 본질주의적 이해방식과 연구태도에 철퇴를 가하는 목적과 함께 문헌학적 지식과 사회철학을 어떻게 불교에 적용할 수 있는가를 보여주기 위하여 쓰인 것으로 판단된다. 그것을 특별히 강조하기 위해서 저자는 부제를 '초기불교 가르침의 연기적 발단'이라고 명명하였다. 다수의 불교연구자들이 학문의 대상인 불교에 본질주의적 태도를 가지는 이유는 개별 학자의 자질 때문이라기보다, 불교학이 종교학, 특히 살아 있는 종교에 관한 학문이라는 특징에 기인한다고 생각한다. 역자 역시 십여 년 전 본 저서를 처음 접할 때 일종의 반감이 일었던 것을 기억하고 있다. 하지만 최근 재번역하면서 숙독할 때 그 어떤 반감도 마음속에서 일어나지 않았다. 역자를 포함한 대부분의 연구자들이 불교학을 전공으로 선택하는 것은 먼저 종교로서의 불교에 흥미와 매력을 느꼈기 때문이라고 생각하는데, 종교로서의 불법에 대한 믿음은 필연적으로 본질주의와 상통할 수밖에 없다. 다른 이유로는 연구자 개개인이 불교단체와 협력하게 되는데, 비본질주의적 접근방법은 그들로부터 '이단', '신성모독' 혹은 '불경죄'로 오해받을 수 있는 소지가 있기 때문일 것이다.

본 역서는 방대하고 심오한 내용을 압축적으로 서술했음에도 불구하고 목차는 지나치게 짧다. 따라서 각 장별로 간단한 소개글 혹은 요약본을 정리해두는 것이 독자에게 도움이 될 것으로 생각했다. 본문에 대한 소개를 본격적으로 하기 전에 저자가 본문에서 정의해 둔 특히 혼동이 오기 쉬운 두 용어를 여기에 정리해두는 것은 독자를 충분히 배려하는 일이라 생각한다. 직해주의는 literalism의 번역어로 붓다의 추종자나 주석가들이 단어의 의미에만 지나치게 집중한 나머지 화자의 의도를 무시한 오류를 일컫는다. 반면에 교조적 직해주의(scholastic literalism)는 화자가 의도하지 않았거나 과거에는 구분하지 않았던 별개의 동의어에 차별적인 의미를 부여하는 행위를 이른다.

제1장은 전문학자를 대상으로 쓰인 논문이 아닌 일반인들을 대상으로 한 강의의 발표문인데, 뒤에서 다룰 논제들을 소개하는 동시에 팔리 경전을 다룰 때 필요한 배경지식과 학문적 자세를 설명하고, 잘못된 학계풍토를 비판하는 내용이 주를 이룬다. 곰브리치는 학계의 본질주의적 태도와 객관적 방법론에 불경죄를 적용하는 오류를 비판하면서 사회과학적 분석방법을 소개하고, 팔리 경전 전체에 대한 문헌학적인 개요와 연구원리에 대해 설명한다. 비록 저자의 소위 '곰브리치언'의 연구방식은 일부 학자로부터 오리엔탈리스트 혹은 식민주의자라는 비난을 불러일으켰지만, 붓다가 역사적 인물이고 불교가 사회현상의 하나라면 그것이 당대의 종교적 환경에 의해 조건 지워졌다고 생각하는 것은 당연하고, 신흥종교로서의 불교가 기성종교였던 브라만교와 그들의 사상에 대응했다고 주장하는 것은 충분히 사회학적 사고에 부합한다. 그러한 비난과는 반대로 본 작업에서 저자는 네팔 정부나

인도의 힌두교도들이 주장하는 소위 '불교식민지화'에 강력한 거부감을 드러낸다. 그와 동시에 저자는 붓다의 가르침을 인도적 맥락 없이 이해하려는 극단적인 태도를 철저히 배격한다. 그에 따르면 불법은 추상적 진리와 교법 두 가지로 분리해 이해돼야 하며, 추상적 진리로서의 불법은 영원하지만 사회현상의 일종인 교법은 생멸하는 불교적 진리인 연기법을 따른다고 역설한다.

팔리 경전에 대한 문헌학적 분석의 일환으로써 그는 대부분의 필사본이 삼백 년을 채 넘지 않음을 상기시킨다. 비록 그것들의 내용은 여러 세기에 걸친 구전과 성문화의 전승을 통해 불가피하게 변형되지만, 그것을 바로잡는 일이 학자들의 근본의무임을 부연한다. 문헌학의 핵심 원리 중 하나인 '진부한 판독이 일반적으로 특이한 판독으로 대체되기보다는, 특이한 판독이 진부한 판독으로 대체된다'는 렉티어 디피실이어 포티어가 이 장에서 소개되는데, 이 원리는 특히 본서의 마지막 장에서 아주 중요하게 활용된다. 그는 옥스퍼드의 선배 교수인 리즈 데이비즈의 사상을 계승하여 붓다가 소크라테스처럼 논쟁 혹은 담화를 주요 수단으로 사용했고, 대인논증을 할 때 상대방의 말씨를 차용하는 등의 방편을 사용한 것이 경전에 나타난 다수의 비일관성의 원인이라는 논지를 펼친다.

'무엇이 아니라 어떻게'라고 명명된 제2장은 저자가 명시적으로 밝혔듯 포퍼의 본질주의-비본질주의 이론을 브라만교와 불교에 각각 적용한 것이다. 저자는 포퍼의 이론을 빌려 본질주의는 존재에 관한 물음이지만 비본질주의는 그것의 반립인 작용에 관한 물음이자 유명론이라 설명하고, 불교에 만연한 유명론을 실례로 들며 불교가 비본질주의라는 것을 정당화한다. 그 연장선상에서 불교는 우파니샤드의 존재론에 반대해 연기라는 작용에 관한 철학을 탄생시켰고, 마찬가지로 불교의 업이론 또한 그들의 존재론에 대한 대응으로써 발생한 이론이라고 주장한다.

직해주의가 어떻게 불교의 교리발달을 이끌었는지를 실례를 통해 설명하는 것이 다음 주제이다. 붓다가 "승려들이여, 의도야말로 내가 업이라 부르는 것이다. 의도함으로써 혹자는 신, 구 그리고 의를 통하여 업을 행한다"라고 한 말에 교조주의자는 직해주의의 오류를 범했다. 비바사는 의도를 행위로부터 분리하였기에, 업은 의도와 그에 뒤따라 일어나는 것들로 나눠지게 되었다. 신체적 그리고 언어적 행위는 단순한 의도와는 달리 혹자의 의도를 다른 이에게 나타낸 것이기에 '표업'이라 불리게 된다. 그 연장선상에서 승려의 계를 받는 언어적 행위의 과보 같은 문제에 대해 교조주의자들은 고민하게 되었고, 결국 그들은 그 언설의 과보가 행위자와 함께 '무표업'으로서 존속한다는 교의를 제창하기에 이르렀다. 유사한 맥락에서 설일체유부는 행위에 대한 과보의 실재가 배가 되는 이론을 제창하여 '소유'(*prāpti*)라 불리는 어떤 것에 의해 자신이 그러한 복덕과 연결되어 있다고 하였다. 테라바다 전통에서 의미를 확실히 이해하지 못한 채 사용하는 *patti*(Skt.

prāpti)라는 용어를 저자는 그러한 직해주의적 해석으로 인해 발생한 개념이 바다를 건너 전해졌지만, 그 의미가 충분히 전달되지 못해서 생긴 것이라 파악한다.

연이서 '우파니샤드의 메아리'라고 비유한 두 개의 불교사상과 하나의 불교 본문을 저자는 원래의 그것과 비교와 대조를 통해 그 인과성을 드러낸다. 우파니샤드에서 초월적인 지혜를 얻은 수행자는 죽을 때 태양을 초월해 섬광을 향해 가는데, 그들은 브라마의 세계로 인도되어 그곳에서 영원히 머무른다. 불교에서도 사무량심은 브라마-거주 혹은 범주라고 지칭되는데, 그 이름 자체에서 알 수 있듯이, 이것은 불교에서 차용한 개념임을 논한다. 마찬가지로 불교에서 아라한의 열반 또한 사후에 일어나는데, 그것은 우파니샤드에서 죽을 때 사자가 브라만과 합일하는 것의 은유로서 파악한다. 저자는 사자와 브라만의 합일을 소우주-대우주 관계성과 지속적으로 연관시키는데, 같은 논리로 불교의 열반 또한 소우주-대우주 합일의 이론에 대한 반응으로 이해한다. 마지막 부분에서는 한 불교경전이 우파니샤드 중 아주 유명한 성자 야즈냐발캬와 그의 아내 마이트레이의 대화를 약간의 각색을 통해 풍자와 패러디를 곁들여 불교적 사상을 담아내고 있음을 대조를 통해 보여준다. 저자는 결론 부분에서 붓다가 '나는 내 행위이다'라는 명제를 받아들였을 것이라 유추하면서, 비록 명시적으로 언급하지 않았지만, 붓다가 합리론자이기보다는 경험론자임을 강조한다.

제3장에서는 불교가 어떻게 은유와 비유, 그리고 풍자 등을 통해서 선행하는 종교의 이론과 인물을 불교적으로 각색해서 받아들이고, 풍자를 통해서 타종교를 격하시킴으로써 경쟁했는지를 보여준다. 마지막 부분에서는 우리의 그것과는 아주 다른 불교의 독특한 인식론적인 존재론과 시간의 개념에 대해 간략히 설명한다. 초기불교에서 탐진치가 불타고 있다고 표현한 맥락을 배화교도들이 세 쌍의 불을 집에서 소중히 보존하는 불의 비유로 인식한다. 마찬가지로 12연기지 중의 하나인 *upādāna* 또한 '연료를 공급하는 의미'가 있음을 지적하며, 불의 은유와 관련짓는다. 저자는 *Khandha* 또한 *upādāna-kkhandhā*라고도 지칭되는 점을 지적하며 그것의 사전적 의미에 더해 불의 설법에서 오온이 불타고 있음을 상설한 붓다의 언설을 인용하며 그것이 불의 은유이자 비유임을 논한다. 개별 용어의 의미론에 더해 저자는 율장에서의 더욱 직접적인 설화의 문맥으로써 배화교와 불교를 대비시킨다. 붓다는 화염을 내뿜는 용을 조복함으로써 천여 명의 배화교도를 개종시키는데, 무지개색의 화염을 내뿜는 붓다는 거기서 Āṅgirasa라 지칭된다. 리그베다에서는 불의 화신인 Agni가 최고의 Āṅgirasa로 구분되기에, 붓다는 배화교의 최고 신의 역할 또한 인수하여 배화교를 무력화시켰음을 저자는 지적한다. 마찬가지로 이 작업은 대승불교에서 탐진치가 비록 삼독으로 지칭되며 불의 은유를 잃어버렸지만, 『법화경』의 불타는 집의 비유에 그것이 고스란히 보존되어 있음을 논한다. 유사하게 곰브리치는 불교가 용신앙과도 경쟁했음을 지적하는데, 붓다의 깨달음에 관한 설화에서 무짤린다 용왕이 나타나 그를 폭풍우로부터 보호해주

는 시종 역할을 자처했을 뿐만 아니라 붓다에게 귀의의 예를 표함으로써 불교의 승리를 묘사하는 것을 실례로 들고 있다. 그 밖에도 스리랑카 수계식에서 예비 승려들이 코브라 같은 장신구를 걸치고 용으로 불리는 것, 그리고 수타니파타에서 용이 붓다의 별칭으로 쓰이는 사례를 지적하며 용신앙의 불교적 산물이라고 지적한다.

이전까지는 타종교 혹은 그들이 신을 비유와 은유를 통해 불교의 교의를 생성했다고 논의하였지만, 이후에는 어떻게 풍자와 조롱으로 그것이 이루어졌는가에 관해서 설명한다. 곰브리치가 붓다와 경쟁했던 라이벌로서 마지막으로 지목한 외도의 신은 바로 마라이다. 비록 마라는 목건련의 뱃속에 들어간 잡신이자, '까마귀가 돌을 살코기로 착각하고 선회한다'고 조롱된 어리숙한 인물로 묘사되기도 하지만, 붓다의 성불을 방해하기 위해 거대한 군대를 이끌고 나타났을 뿐만 아니라 티벳의 탕까에서는 세계를 손아귀에 쥐고 통치하는 마왕임을 지적한다. 저자는 그 신이 불교 경전의 한 맥락에서 브라흐마나에서 무게감 있게 다뤄지는 Mṛtyu과 동일인물로 확인된다는 점을 보여준다. 마찬가지로 창조주로서의 브라마를 풍자하고 조롱하는 한 불경이 소개된 후 이것이 어느 특정한 우파니샤드에 나타난 교리를 비판하는 것이라고 하였다. 유사하게 다른 한 경전에서는 리그베다의 창조론을 패러디적으로 재구성한 불교 경전이 존재하지만, 불교의 업 이론으로는 설명되기 힘든 상위가 있음을 저자는 역설하고 있다.

이번에는 불교의 우주관이 브라만의 그것에 대응해서 생겨났음을 저자는 보여준다. 불교의 경전 체계자들은, 곰브리치에 따르면, 불교의 성자가 브라만보다 우월하기 원했기에 브라마계보다 더 높은 것을 가진 불교의 우주관을 만들었다. 가장 아래인 욕계 위에는 색계가 존재하는데, 그것은 브라마계에 상응하고, 육체 없이 높은 명상상태의 마음만 있는 가장 높은 단계는 무색계인데, 그 계위에서는 열반의 성취가 확실시된다. 불교 우주관의 특징은 해당 세계가 명상상태와 직접적인 상관관계가 있다는 점이다. 복잡한 단계로 구성된 명상의 성취상태는 가장 낮은 것을 제외하고는 모두 욕계를 초월한다. '브라만과 함께 살다'라고도 불리는 사무량심은 브라만의 우주관과 문자적 방식으로 상응하고, 그것을 성취함으로써 명목적으로 브라마계에 환생한다. 하지만 불교경전 내에서 그것은 다양하게 해석되는데, 수직화된 구조로 나타나는 어느 한 경전에서는 사무량심이 '해탈'이라 불리는 여덟 명상 상태의 셋째부터 여섯째에 상응한다. 즉, 자는 '상서로움', 비는 '무한한 공간', 희는 '무한한 의식', 그리고 사는 '무한한 공성'에 각각 해당한다. 우주관에서 '상서로움'의 상태는 브라마계보다 위에 존재하며, 색계와 동일한데, 나머지는 낮은 것이 무색계에 다다른다. 깨달은 이의 주관적 상태가 객관적 상관물을 가진다는 초기불교의 사상은, 저자에 따르면, 소우주와 대우주 사이의 상호작용이라는 인도고대 사상의 불교적 형태이다.

이어서 불교의 시간관에 대해서 곰브리치는 간략히 서술한 후 불교의 존재론에 관한 질문에 숙고한다. 불교의 우주적 그리고 개인적 시간이 별개로 존재하는 이원론은 브라만 희생제의 그것을 인계한 것인데, 거기서 우주를 육체화한 Prajāpati와 희생제자의 신비적 동일화를 통해서 이원론이 극복되는 것이 불교가 열반을 통해서 이원론을 극복하는 것과 대비된다. 관념론과 실재론 양자를 붓다가 의도적으로 취하지 않았다고 저자는 이 장의 마지막 부분에서 주장하지만, 통각은 주체가 객관에 영향을 주지 않고 지각하는 것이 아니며, 특히 *loka-saññī*란 용어가 외부 세계의 존재에 관해 말해주지 않기에, 그것의 정의에 의해 초기불교의 존재론이 관념론이라는 것을 성립하게 만든다. 그에 대한 변론으로 저자는 '우리의 머릿속의 것과 바깥 세계에 있는 것의 관계'와 깨달은 이의 그것은 다를 것이라는 다소 애매한 주장을 내세우며 마무리 짓는다.

사회과학 혹은 사회역사학의 형태를 띠던 이전 장들과는 다르게 제4장부터는 문헌학적인 분석이 주를 이룬다. '팔리 경전에 나타난 정에 대한 혜의 승리'라는 부제가 잘 보여주듯, 여기서는 타 종교와 불교 간의 교리적 혹은 인물간 경쟁이 아니라 불교 내에서의 그것의 대립을 보여주고 있다. 본 장의 주제는 크게 세 가지로 구분할 수 있는데, 불교사상사 내에서 우세한 특정 사상들의 패권경쟁, 교조적 직해주의로 인한 새로운 교리의 생성과 확장, 그리고 경전 개정자들이 의도적으로 변질시킨 본문을 특히 다른 언어로 보존된 동일한 본문과 비교와 대조를 통해 분석해내는 일이다. 특히 마지막 주제에 관련된 내용은 아주 중요한데, 그것은 저자가 학자들의 근본 임무라고 밝힌 '변형된 본문을 분석하고 교정하는 것'을 실례로 보여주고 있기 때문이다. 다시 강조하지만, 181~87쪽에 다뤄진 이 논제는 저자의 개인적 방법론이거나 불교적인 것 혹은 기독교적인 것이 아니라 문헌학의 일반적 방법론이기에 고문헌을 다루는 연구자들 모두에게 좋은 지침서가 될 수 있다. 한국에서는 거의 알려지지 않았지만 특별한 중요성을 가진 방법론이기에 가능하다면 원문을 직접 비교해보며 상세히 탐독할 것을 권한다.

본 장을 관통하는 핵심주제는 '해탈이 선정 없이 직관, 즉 *paññā*로만 성취될 수 있다'는 사상의 역사성 검증이다. 저자에 따르면 이 사상은 초기불교의 그것에 부합하지 않고, 교조적 직해주의에 따른 오류와 경전 개정자들의 의도적인 본문 변형으로 인해 발생한 부작용이다. 불교 경전과 아비달마에는 불교 수행자를 일곱 겹으로 분류하는 표준화된 한 형태가 존재하는데, 그 각각의 목록을 구체적으로 설명한 한 경전에 따르면, 오직 직관으로 누출을 완전히 소멸한 두 분류의 사람들만이 해탈한다. 반면에 저자는 다른 경전에서 믿음과 삼매, 그리고 직관 모두로부터 깨달음을 얻을 수 있다고 서술된 문구를 인용한다. 이러한 상위는 곰브리치에 따르면 원래 동일한 것을 지시하던 *dhammānusārī*와 *saddhānusārī* 그리고 *ceto-vimutti*와 *paññā-vimutti* 등을 후기 추종자들이 교조적 직해주의의 오류를 범해 계위적으로 이해했을 뿐만 아니라, 경전 개정자들이 의도적으로 그와 관련된 일부 경전을 변형함에 따라 삼매의 가치절하가 일어났기 때문이라는 논지를 펼친다.

*Dhammānusārino*와 *saddhānusārino*가 마지막을 구성하는 다섯 개로 이루어진 범주가 한 경전에 나타나는데, 저자는 그 본문의 구조 자체가 그 둘이 단 하나의 범주를 지시하는 것을 명백하게 보여준다고 지적한다. 그 둘의 차별화는 아라한부터 입류자까지의 네 등급이 그것들과 연계돼 수직적으로 열거되었을 때 생겨났을 것이라 추론됐다. 그것을 정당화하기 위해 곰브리치는 오근에 관한 절에 있는 연속된 두 경을 제시하는데, 선행하는 경전에서는 오근이 직관이 정상을 차지하고 믿음이 가장 아래에 위치하도록 계층화되어 있고, 연이은 경전에서는 아라한부터 입류자를 거쳐 법의 추종자 다음에 믿음의 추종자가 계위적으로 나타나는데, 그것들은 오근의 발달 정도에 따라 구분되었다. 따라서 *saddhānusārī*는 여기서 명백히 *dhammānusārī*보다 열등한 등급이 주어졌다.

정과 혜의 패권경쟁은 *ceto-vimutti*와 *paññā-vimutti*에 교조적 직해주의의 오류를 범한 것과 더불어 직후에 서술된 관련된 경전의 변형 때문이기도 한데, 그것은 원래 동일한 지시대상을 가진다는 것을 저자는 여러 실례를 통해 보여주고 있다. 예를 들면, 초전법륜에서 붓다는 자신의 깨달음을 *ceto-vimutti*로만 지시하고, *paññā-vimutti*란 용어를 전혀 사용하지 않지만, 후자는 나중에 계위적으로 월등하다고 여겨진다. 반면에 일부 경전에서 그 두 해탈을 성취하는 사람의 차이에 대한 물음에 붓다가 근의 부등함 때문이라고 말한 것이 그 두 개의 해탈이 차별적으로 존재한다는 근거라는 주장에, 저자는 이 본문이 교조적 논쟁의 산물로 발생한 것일 뿐이라고 반박한다. 저자는 다시 열반에 관한 상투적 표현인 '누출을 고갈시킴으로써 혹자는 바로 이생에서 무루의 마음의 해탈과 직관에 의한 해탈을 깨닫고, 목격하고, 성취하고, 머무른다'는 문장 속에서 그 둘은 같은 것을 지시하는 것임을 지적한다. 유사하게, 다른 경구인 '그는 그렇게 알고 봄으로써 그의 마음은 애욕의 누출로부터, 존재의 누출로부터 해방되었고, 무명의 누출로부터 해탈되었다'에서 '안다'와 '봄'이라는 용어는 그 사람의 직관을 가리키는데, 그것들이 현재 분사이기에 *cittaṃ vimutti*와 동시발생적임을 지적하며 그 둘이 별개가 아님을 논증한다. 곰브리치는 그러한 명상을 배제하는 결과를 초래한 *paññā-vimutti*의 재·정의가 논쟁의 결과 때문이 아니라 단순히 승단의 변증론 때문에 일어난 서술적 사고라 생각하는데, 그 주장을 이어지는 절에서 보여주는 본문의 대조연구를 통해 논증한다.

비교분석을 통해 변형을 분별해내는 본문은 삼매의 가치절하에 관한 주제로 잘 알려진 수시마경이다. 저자가 비교대상으로 삼은 원문은 한역판에 보존된 것이고, 대조를 통해 저자는 팔리본이 특별한 철학적 의도 없이 부주의하게 본문을 변형시켰음을 보여준다. 개정자들이 해당 경전을 변형시킨 이유는, 저자에 따르면, 원본이 상가를 무시하여 그들에 누를 끼쳤기 때문이다. 따라서 팔리 경전의 개정자는 경전의 변형을 통해 그 이야기를 바꿨고, 그것을 통해 신참자가 승단에 이미 있던 승려들보다 우월하다는 내용을 삭제했다. 그 이야기에 따르면 상가의 승려들이 신참자에게 자신들이 모두 깨달았다고 주장했기에, 신참자는 그들을 검증하였다. 하지만 원문에서는 깨달았다고 한 승려들이 탐욕과 성냄의 소멸과 같은 기본적인 것을 성취하지 못했기에, 개정자들은 상가의 승려들이 초능력을 얻지 못했다고 그 내용을 변형했다. 초능력은 삼매수행을 통해서만 증득할 수 있기에, 그 승려들은 그 경전에서 깨달았지만 명상수행을 하지 않았다고 주장한다. 게다가 원문에서는 *paññā*가 좁은 의미의 지성으로 해석되는데, 팔리본 수시마경과는 다르게 깨달음을 얻기 위한 적절한 방법이 아니라고 선언된다. 그러한 과정을 통해 팔리본의 개정자는 승가의 위상을 격상시켰지만, 결국 혜보다 정을 열등하게 만드는 결과를 초래하였다. 저자는 수시마경보다 차후에 만들어졌다고 가정한 다른 한 경을 제시하며, 그러한 사상적 변화에 대해 불교 내부에서 반격이 이루어졌다고 주장한다.

마지막 장인 제5장은 불교에서 가장 흥미로운 설화를 다루는 동시에, 문헌학자이자 사회역사학자로서의 곰브리치의 창의성과 천재성이 돋보이는 작업이다. 다만 저자가 각주에서 소개한 샌더슨의 의견도 상당히 타당해 보이기에, 두 의견을 모두 아우르는 연구가 나올 수 있기를 기대한다. 본 장을 깊이 있게 이해하는 데는 팔리어에 대한 전문적 지식이 필수적이기에 최대한 간략히 소개하겠다. 본 장은 내용 자체가 서로 상충하고, 상식적이지 않은 한 설화에 관한 본문 일부를 여러 다른 판본의 비교와 대조, 그리고 사회역사적 배경연구를 통해 교정하는 작업을 소개하고 있다. 특히 이곳에서는 렉티어 디피실이어 포티어의 원리가 직접적으로 논증되는 것을 살펴보는 것도 중요한 관전 요점이다.

불교경전에는 손가락의 염주 목걸이를 한 앙굴리말라라는 연쇄살인범이 존재하는데, 나중에 붓다에 귀의해 승려가 된다. 저자는 여기서 이 연쇄살인범이 왜 손가락 목걸이를 걸치고 있었고, 그래서 그의 진정한 정체가 무엇이었는지에 대한 의문을 제기한다. 불교경전에는 역사적 인물로 간주되는 개나 소처럼 살았던 수행자들이 등장하기에, 저자는 앙굴리말라 또한 당시 인도에 살았던 어떤 특수한 유형의 인물, 특히 특이한 형태의 수행자였을 것이라는 가설을 제시한다. 이미 불교 내에서는 그 질문에 대한 대답이 있지만, 그것은 경전이 아니라 주석서에 따른 것이고, 그 내용에 개연성과 일관성이 상당히 부족함은 쉽게 파악될 수 있다. 그것에 따르면 앙굴리말라가 붓다를 죽이려 한 이유는 순전히 잔혹한 마음 때문이었거나 혹은 단순히 그의 스승이 시켰기 때문이라고 한다. 하지만 그런 해설들은 왜 그가 손가락 목걸이를 목에 걸치고 다녔고, 그것이 얼마나 무거울 것인지에 대해 해명하지 못한다.

해당 본문의 팔리어 표준판을 기준으로 저자는 전 세계에 보존된 다른 판본을 비교하고, 노만, 냐나몰리, 슈미츠, 호너 등의 번역본을 분석한다. 각각의 번역본의 문법상 혹은 의미상 오류를 일일이 지적한 후, 붓다고샤와 담마팔라의 주석서를 근거로 곰브리치는 의미와 운율에 맞는 본문에 대한 새로운 복원을 시도한다. 저자는 그것에 대한 핵심적 해결책을 어느 한 단어의 한 글자에서 찾는데, 위대한 선각자라는 뜻의 *mahesi*와 사문으로 붓다를 동시에 지칭할 수 없음에 힌트를 얻어, *mahesi*를 *maheso*로 판독한다. 산스크리트에서 *maheśa*(=Pali *maheso*)는 Śiva의 한 칭호이기에, 이 새로운 판독에 따르면 앙굴리말라가 Śaiva/Śākta로 확인된다는 논지를 펼치고 있다.

'곰브리치언'의 방법론의 일부인 사회역사학을 동원해 저자는 이 문헌학적 분석을 정당화한다. 인도에서 탄트라 수행자는 해당 신의 옷과 장신구를 걸침으로써 외관의 채용을 통해 동일화를 실연하는데, 앙굴리말라 또한 쉬바교도 혹은 샥티교도였기에 손가락의 목걸이를 걸쳤다고 논증한다. 저자는 쉬바교의 잔재가 불교 경전 내에 존재하는 것을 실례를 들어 지적하는데, 어느 승려가 마하깔라라는 이름을 취한 것, 쉬바의 별칭인 Īśāna가 신들의 왕으로 언급되는 점과 더불어 *mahesakkha*란 지칭은 'Maheśa로 불렸다'라는 뜻의 산스크리트 *maheśākhya*로부터 나왔을 것이라는 이론을 제안한다. 역사적으로는 청정도론에서 어느 산적이 식도로부터 뽑은 피를 제물로 쓰기 위해 그들을 죽여야겠다고 말한 점, 그리고 두르가를 위해 수적들이 현장을 죽일 뻔한 사건을 제시하며 앙굴리말라의 그것과 유사한 종교행위가 인도에서 실제 행해졌음을 보여준다.

좀 더 거시적인 관점에서 이 작업을 바라본다면 역자가 생각하기에 더 흥미로운 현상을 발견할 수 있다: 유럽 최고 불교학파 혹은 철학파와 문헌학파 간의 대결. 옥스퍼드의 산스크리트 교수였던 곰브리치는 철학자라기보다 언어학자이고, 그곳은 전통적으로 인도학 중에서 언어학 전통이 강하며, 정통 테라바다 혹은 남방 상좌부 전통을 수호하고 있다. 이 작업에 전반적으로 흐르는 기조는 반본질주의 혹은 반근본주의적 태도이다. 다시 말하자면 저자는 이 작업을 통해 자신이 근본주의자가 아니란 것을 증명하려 하는데, 아마 그렇게 한 배경에는 제1장에 있듯이 슈미트하우젠이 자신을 근본주의자로 분류했기 때문이라고 생각한다(pp. 17~18). 본 작업이 출판된 지 이미 이십여 년이 지났지만, 그 최고 권위자의 그러한 낙인 때문에 아직도 많은 이들이 곰브리치를 근본주의자로 믿고 있다. 하지만 저자는 본 작업 내에서 '삼장이 붓다가 말한 것의 오롯한 기록이 될 수 없고, 암송자에 의해 작성된 이것은 구술 문학의 전형인 표준화와 형식화의 분명한 흔적을 지닌다(p. 155)'라고 한 것 외에도 수차례에 걸쳐 부연했을 뿐만 아니라, 이 작업 전체를 통하여 자신이 근본주의자가 아님을 애써 드러내고 있다.

'근본주의'라는 말 자체에는 철학의 결핍이라는 의미가 내포되어 있다. 정통 테라바다를 수호하고 언어학 전통이 강한 옥스퍼드 불교학 학자를 근본주의자로 규정한 것은 프라우월너-슈미트하우젠으로 내려오는 함부르크 대학의 철학적 전통의 자부심의 발로로 보인다. 역자를 포함한 대부분의 학자가 최고 불교철학자로 꼽는 프라우월너는 자신의 저작에서 붓다를 '체계화의 결여, 다양한 견해와 원리의 통섭에 무능한 것이 그의 최대 약점'이라고 비판을 가했다(Frauwallner, 1973, p. 168). 따라서 저자는 본 작업 전체를 통해 자신의 입지뿐만 아니라 정통 테라바다 수호자로서 붓다를 '비의도적인 결말과 상황 논리'라는 개념의 도입 등을 통해 그가 철학적 능력이 부족한 것이 아니라 절대 철학자가 되기를 원하지 않았다고 역설한다. 그런 다음 저자는 붓다의 세계의 윤리화의 중요성을 '문명 역사의 전환점'이라는 말로 극찬하면서 붓다의 위대함을 부각시킨다. 하지만 결론적으로 저자는 붓다가 철학적으로 비범하지 못했다는 프라우월너의 비판을 극복하지 못했고, 그래서 그를 단지 윤리적 스승으로서의 탁월함만을 인정하는 결론을 내린다.

반전은 때때로 생각지도 못한 곳에서 일어나는 법이다. 역자가 프라우월너의 철학전통을 흠모하여 이년 간 유학했던 함부르크 대학에서는 당시 문헌학을 소중히 여기는 반면에 철학은 상대적으로 경시되고 있는 학풍이 정립되고 있었다. 본 작업의 저자 곰브리치는 프라우월너의 분석철학 대신에 같은 오스트리아 출신 브리티쉬 철학자 칼 포퍼의 사회역사철학과 과학적 방법론을 불교학에 적용하며 그들의 철학적 사조에 맞섰다. 프라우월너의 뛰어난 철학적 업적에도 불구하고 친나치 행각으로 인해 그의 명성이 어둠에 묻히는 동안, 아버지 곰브리치가 서문을 쓴 포퍼의 *The Open Society and Its Enemies*는 세계적 이목을 끌며 사상적 조류를 주도한다. 그 책의 결론에서 기술한 '우리는 데이터의 직접을 통해서가 아닌 우리의 실수로부터 배우고, …… 비판적(혹은 진보적) 오류주의(fallibilism)는 전통과 혁명적 사고 양자의 평가에 절대적으로 필요한 시각을 제공할 수 있다. …… 그리고 획일적 사회의 결말은 사상의 자유, 진실을 구할 자유 그리고 그것과 더불어 인간의 이성과 품위를 지닐 자유의 죽음을 의미한다'는 말은 여전히 우리에게 깊은 공감을 넘어 경탄을 자아내게 한다. 결론 뒤에 남긴 짧은 글에서도 포퍼는 칼 막스를 극악무도한 사람으로 비판한 사람에 대해 불편한 심경을 토로함으로써 프롤레타리앗을 위해 일생을 바쳐 싸웠던 그를 다정하게 품는 것을 느끼며 인류애를 다시금 일깨우게 된다.

함부르크대 유학에서 프라우월너의 맥을 잇는 슈미트하우젠과 짐머만의 분석철학을 통해 붓다의 철학을 배웠고, 동국대에서 황순일, 곰브리치, 칼 포퍼의 사회철학적 방법론 통해 흄과 칼 막스 그리고 막스가 애호하던 붓다의 정신을 되새겨 보았다. 이같이 극단적으로 대립한 것으로 보이던 계파와 인물들이 모두 인연을 통해 이어져 있음을 우리는 어느덧 깨닫게 되고, 선한 의지만 있다면 누구와도 협력을 통해 세상을 더 아름답고 풍성하게 만드는 데 일조할 수 있음을 바야흐로 자각하게 된다. 번역을 위해 조언을 아끼지 않고 많은 배움을 얻게 한 황순일, 우제선, 짐머만 교수님, 학업을 위해 지원을 아끼지 않으신 백련불교재단 이사장 원택스님, 그리고 마지막으로 이 번역이 책으로 출판되도록 물심양면으로 도와주신 씨아이알 김성배 사장님과 편집부 김동희 과장님, 최장미 대리님께 특별히 감사의 인사를 표한다.

목멱대왕 면전에서

2021년 7월 보름날에

한 대 성

개정판 입문서

INTRODUCTION TO THE SECOND EDITION

이 책을 쓴 주목적은 붓다의 사상을 자신의 역사적 배경 속에서 제시하는 것이다. 이 책이 처음 출판된 이래 많은 이들이 여러 연구 노선 중 일부의 탐구해왔으며, 나는 그들의 결과물이 최소한 나 자신의 것만큼이나 중요하고 설득력 있다고 생각한다.

이 책의 가장 두드러진 논제는 제2장과 제3장에서 다룬 붓다 당대의 자신의 사상과 브라만의 그것과의 관계이다. 이 논제는 특별히 인상적인 두 논문에 영감을 불어 넣었다. 조안나 유라비츠(Joanna Jurewicz)는 자신의 논문 'Playing with Fire: The *pratītyasamutpāda* from the Perspective of Vedic Thought'[1]에서 한 오랜 문제에 대해 내가 생각하기에 상당히 설득력 있는 답변을 찾아내었다. 붓다의 연기사상(*pratītya-samutpāda*)에 대한 의미는 항상 개괄적으로 이해돼왔지만, 각 지(支)에 대한 세부적인 의미와 왜 그러한 순서를 갖게 되었는지에 대하여는 고대와 현대의 해석가들 사이에서 거의 무한한 정도의 상위를 보여주고 있다. 유라비츠는 그 가르침이 개괄적인 부분에서뿐만 아니라 세부적인 부분에서조차 베다의 우주창조설에 대한 반론으로써 (아마 붓다에 의해) 고안되었다고 논증하였다. 붓다는 늘 그러하듯이 브라민 선조들의 교

1 *Journal of the Pali Text Society* XXVI(2000), pp. 77–103.

의를 단지 재해석을 위해 받아들였다. – 혹자는 그것이 아이러니하다는 것을 보여주기 위함이었다고 말할 수도 있다. 여기서 주된 아이러니는 베다의 우주창조설의 근본전제인 '자아'(*ātman*)에 대한 부정으로부터 나온다. 이 부정은 '베다의 우주창조설에 관한 초월적 존재의 성공적 활동이라는 긍정적인 의미를 퇴색시키는 대신에, 불합리하고 무의미한 변화의 연속으로 제시하는데, 이 창조의 과정을 일상생활에서 제식 행위로 재현하는 사람은 단지 반복되는 죽음만을 초래한다고 한다.'[2]

둘째로는 알렉산더 위니(Alexander Wynne)가 최근의 발표한 옥스퍼드 박사학위 논문에서 명상에 대한 붓다의 가르침의 기원에 대한 이해가 유사한 연구 방식으로 풍요로워질 수 있음을 잘 보여주었다. 이것 또한 브라만 교의를 다분히 의도적으로 발달시킨 것일 뿐만 아니라 그에 대한 반발로부터 생겨났다고 보여주는 듯하다.

부분적으로 처음 논제와 얽혀 여기서 추구한 다른 연구 노선은 팔리 경전 그 자체에서 관찰되는 교의의 변화를 추적하는 것이다. 지금까지 경전들을 초기와 후기의 본문으로 성층화(成層化)하는 작업은 불명예를 안고 있다. 왜냐하면 그러한 성층화를 시도한 학자들이 특정한 형식이나 내용들의 특징이 빠르거나 늦다고 한 것은 자의적이어서 설득력 없는 결론을 내렸기 때문이다. 나 스스로는 결코 이 일을 하지 않을 것이다. 다만 나는 본문을 대조함으로써 어떻게 어떤 하나가 다른 것의 선례가 되는지를 보여주려 노력하였다. 예를 들면 은유적인 표현이

2 Ibid., pp. 100–1.

때로는 글자 그대로 취해졌으며, 원래는 같은 것을 참조시키던 두 상이한 표현이 후대에는 심오한 차별성을 갖고 표현하는 것으로 해석되었다. 만약 방대한 내용의 본체인 경전들이 오랜 시간에 걸쳐 만들어졌다면 – 만약 이렇게 전제하지 않는다면, 그것은 상식을 벗어나는 것이다 – 그 과정에서 수많은 오해와 다양한 해석이 생겨난 것은 결코 놀라운 일이 아니다. 이 연구 노선은 황순일의 박사학위 논문인 '*Metaphor and Literalism: a study of doctrinal development of nirvāna in the Pāli Nikāya and subsequent tradition compared with the Chinese Āgama and its traditional interpretation*(Oxford, 2002)'에서 연구되어 다양한 성과물을 산출하였다.

내가 어떤 특정한 경전의 다양한 판본 즉 다른 말로 하자면, 우리에게 전해온 말씨에 대한 연대기적 순서를 발견했다고 주장하는 것이 거의 대부분의 경우 아니라는 점을 인지하는 것은 중요하다. 내가 추적하고 있는 발전상은 그 본문들의 진의인 사상에 관련된 것이다. 그러한 경전의 변질이 승려의 자발적인 일탈 혹은 나쁜 의도를 가진 사악한 승려들에 의해 가해졌다는 음모론을 제창하였다고 나를 의심하는 사람이 있지만, 사실 나는 그것에 동의하지 않는다.

어떤 이는 붓다로 귀속된 말에 새로운 해석들을 제안하거나, 혹은 주석전통이 틀렸을 수도 있다고 제안하는 것을 일종의 이단이나 불경죄(*lèse-majesté*)로 받아들인다. 비구 보디(Bhikkhu Bodhi)는 한 평론에서 다음과 같이 평하였다. '4부 니까야 경전들은 내가 생각하기에 놀랍도록 일관성 있고 조화로운 지식체계를 형성하고 있으며, 그 명백한 모순은 내부의 균열을 지시하는 것이 아니라, 충분한 직관을 가진 이들에게는 분명하게 드러나는 미세한 방편의 차이일 뿐이라는 점을 확신한다.' 수많은 상위의 증거를 여러 논문에서 제시했건만, 나는 그가 의미하는 '직관'이 무슨 뜻인지 진정 궁금하다. 그 박식한 학자가 유명한 경전들에 대한 나의 해석(아래 pp. 187–89)을 반박한 장문의 논문[3]을 발표함으로써 나는 더욱 당혹스럽다. 그는 다음과 같이 썼다: '곰브리치에게는 …… 무실라가 아라한의 지위를 지혜만을 통해 도달할 수 있다는 견해를 대표한다(p. 51).' 하지만 이것은 나의 관점이 아니다. 나는 단지 나라다가 '심오하고 경험적 깨달음이 없는 지성 …… 깨달음을 얻기에 적절한 방법이다'라는 것을 적절하게 부정하였다고 말한 것뿐이다. 나는 무실라가 동의하지 않는다고 어디에서도 주장한 적이 없다. 그러므로 내가 아는 한 비구 보디는 그 경전에 대한 나의 해석과 완전히 일치한다. (물론 우리 둘 다 틀렸을 수도 있다.)

내 글의 비평가들이 일반적으로 언급하지 않는 것은, 새 해석을 제안할 때 나는 어떻게 이러한 해석방식이 고대 주석가들에게 숨겨져 있었는지에 대한 설명 또한 제시한다는 것이다. 그것에 대한 가장 일반적인 설명은 그들이 붓다 당대에 존재하던 브라만 사상에 대해 무지했다는 것이지만, 또한 주석가들이 그들이 전수받은 경전의 상위를 어떻게 매끄럽게 만들려고 노력하는지를 보여주었다.

때때로 나는 우리들이 본문을 교정할 필요가 있다고 제안하였다. 나

3 'Musīla and Narāda Revisited: Seeking the Key to Interpretation.' In: Anne M. Blackburn and Jeffrey Samuels (edd.), *Approaching the Dhamma: Buddhist texts and practices in South and Southeast Asia*. Seattle: BPS Pariyatti Editions, 2003, pp. 47–68.

는 우리에게 전승된 이해방식이 허술한 의미를 형성한다고 생각할 때만 새로운 해석을 제안한다. 손가락 목걸이를 찬 강도 앙굴리말라의 전설에 관해 논하는 제5장에서 나는 통상적 이해방식이 전통적 형식과는 모순된다는 것을 보여주었다. 본문을 약간 교정함으로써 앙굴리말라를 쉬바(Śiva)의 신봉자로 전환시켰고, 그리하여 그의 행동은 [모순 없이] 이해되었다. 불교 주석가들은 아마도 그들이 브라만교에 대해 그러했듯이, 그들보다 수 세기 전에 존재한 쉬바교를 거의 알지 못했을 것이다.

이 책에서 제언된 또 다른 노선을 따른 연구에도 괄목할 만한 성과가 있었다. 제3장은 내가 붓다가 실재론자인지 아니면 관념론자인지 확정 짓지 않은 채 모호하게 남겨두겠다고 한 절(節)에서 끝이 난다. 슈 해밀턴(Sue Hamilton) 박사는 자신의 이전 연구(아래 8쪽에서 내가 언급한)를 토대로 하여, 이것을 훨씬 중요한 단계로 끌어 올렸다. 자신의 책 *Early Buddhism: a new approach*[4]에서 해밀턴은 붓다가 의도적으로 그 자신을 산 경험과 그것의 작용에 한정하였고, 대부분의 해석가와는 달리 실재 혹은 바깥세상이 정말 존재하는지 아닌지에 대해서는 언급하지 않았다고 논의하였다. 그러므로 불만족스러움[5] – 사성제의 첫째 진리인 – 은 일상적인 **경험**이자 완전한 개선이 요구되는 어떤 것이다. 열반은 우리가 세상을 올바르게 본다면 우리의 목적이 되는 경험이다. 그리고 아(我)는 이것이 비실재적 존재란 의미로서가 아니라, 이것이 존재하던지 말던지 간에 우리에게 알려질 수 없는 것이고, 따라서 우

4 Richmond: Curzon press, 2000.

5 역) Unsatisfactory: 주로 고(苦)로 번역되었으나 팔리어 *Dukkha*의 문자상 의미이다.

리의 구원과는 무관하기에 부정된 것이다. 나는 해밀턴 박사가 그 해석에 있어 강력한 사례를 만들었고, 이것은 붓다의 가르침을 훌륭한 의미로 이해되도록 만들었을 뿐만 아니라, 어떻게 다양한 해석이 나올 수 있었는지에 대한 설명을 해줄 수 있었다고 생각한다. 그녀의 접근방식의 유용성은 노아 가엘(Noa Gal)의 책 *A Metaphysics of Experience: from the Buddha's teaching to the Abhidhamma*에서 이미 증명되었다. 가엘은 붓다의 형이상학이 어떻게 아비달마에서 그와 상당히 다른 형이상학적 입장으로 변질되었가를 추적함으로써 해밀턴의 논의를 더욱 심도 있게 연구하였다.

제4장에서는 지혜에 의해 해탈(*paññа-vimutto*)했다지만, 특히 사선정에서 명상의 성취로부터 얻어지는 신통이 없는 승려들의 문제에 대해 논의하였다. 이것은 그래서 혹자가 사선정의 수행 없이도 깨달은 사람이 될 수 있는가에 대한 논쟁을 불러일으켰다. (특히 p. 185와 각주 26을 보라). 나는 한 설화적 문맥에서 관련 자료를 발견하였기에, 그것에 대한 해답을 이미 가지고 있다.

이것은 일반적으로 기원후 3세기경으로 추정하는 불교 산스크리트 본문 천상연경(天上緣經, *Divyāpadāna*)에 실려 있는 푸르나(*Pūrṇa*)의 이야기 편에 있다. 붓다와 그의 제자들은 다음 날 먼 도시로부터 식사 초대를 받았다. 어떤 한 승려가 자신도 가고 싶다는 의사를 피력하였다. 어쨌든 '그는 지혜에 의해 해탈하였고, 따라서 신통(*ṛddhi*)을 얻지 못하였다.' 문맥상 그것은 그가 날지 못한다는 것을 의미한다. 하지만 그는 진정 가고 싶었기에, 스스로 열심히 정진하였고, 그리하여 필수적 능력 – 그가 스스로 지적했듯이 선정력(*dhyāna-bala*)에 근원을 둔 – 을 성취하였다. 따라서 그는 마침내 식사 초대에 참석할 수 있게 되었다. 이 경전에는 그가 이것을 단 몇 초안에 성취한 정황이 분명히 나타난다. 이 이야기가 상식적으로 일관성을 가지려면, 그가 이전에도 선정을 수행하였건만, 그 방법으로 신통력이나 깨달음을 얻는 것에 잠재력을 전혀 사용하려 하지 않았음을 의미한다. 그 본문의 약간 후반부에는 상수제자 목건련이 붓다에게 그가 스스로 붓다가 되기를 열망하지 않았음을 후회한다고 말하는 대목이 있다. 그는 지금 이미 아라한이 되었고, 너무 늦었다. '나는 연료를 소진하였다.' 이것은 대승불교의 정서이다. 일부 학자들은 천상연경을 설일체유부의 경전, 즉 소승불교로 구분하였다. 하지만 이 일화가 내게 암시하는 것은 정통파와 비정통파의 구분에 대한 분명한 선이 존재하지 않았고, 깨달음은 이야기를 단지 재미있게 만들기 위한 목적으로 삽입될 수 있었음이다. 이것은 돌아서 Susīma경이 '일종의 서술적 사고'였을 것이라는 나의 직감에 심증적 근거를 강화해준다(p. 186).

아래 본문은 단지 두 부분만을 교정하고 난 후 재판되었다. 나는 p. 213의 운율 문제 – 비록 나의 전체적인 논의에는 영향을 주지 않지만 – 에 관한 잘못된 주장을 수정하였다. 더 중요한 것은, 그 용어가 자동사임을 확실히 하기 위해 '열반'에 대한 나의 번역어를 '꺼뜨리다'(blowing out)에서 '꺼지다'(going out)라고 바꿨다: 그 (탐, 진, 치의) 불들은 두말할 나위 없이 꺼져야 하지만, 그 용어는 그 불을 소화시키는 행위자를 전제하지 않는다.

서언

PREFACE

1994년 조던(Jordan) 강의에 강사로서 초청된 영예를 안게 되었을 때, 나는 사전에 강의 형식을 규정받았다. 네 개의 원고들이 두 달 전에 미리 보내졌어야 했고, 그래서 그것을 사기를 원하는 사람들에게 복사되어 나누어졌어야 했다. 그것들은 그것들이 주제가 되는 학술회의의 사전에 논의될 예정이었고, 그 집회는 일반인들을 위한 강의에 앞서서 진행되었다.

나는 그 공개 강의를 11월 14일 월요일에 School of Oriental and African Studies에서 진행하였다. 그런 다음 이틀에 걸쳐 오전과 오후에 미리 나누어준 네 개의 소논문을 주제로 토론하였다. 이 회의에서 학자들에 의해 그것들은 논평되었고, 질문이 주어졌다. 나는 사력을 다해 답하는 동시에 거기서 지적된 것들과 발언자의 이름을 정리하려 애썼다.

내 본래 의도는 그 학술회의에서 나온 논의들의 성과들을 반영하여 그 논문들을 출판하기 위해 교정하는 것이었다. 하지만 불행하게도 그 강의가 행해진 이후 9달 동안 나는 다른 업무로 인해 그것들을 쳐다볼 시간조차 없었다. 나중에 그 자료를 다시 살펴봤을 때, 어떻게 대답할지를 생각하는 동안 만들어진 나의 기록들이 적극적으로 활용되기에는 너무 개략적임을 알게 되었다. 게다가 일부 흥미로운 비평에 대한 발언자가 분명히 기록되어 있지 않았는데, 나의 바래진 기억은 그 기록에 더 이상 보탤 수 있는 것이 없었다. 그러므로 나는 그 학술회의의 토론들을 통해 거둘 수 있었던 소중한 정보와 논의들을 제대로 활용하지 못한 점에 대해 사과하는 바이다. 친절하게도 몇몇의 사람들이 그 이후 학술회의 당시 토론한 기록들을 보내주어서, 그들이 기여한 바는 포함될 수 있었고, 그 공헌자들의 이름은 별도로 기재되었다. 나는 또한 현저한 결점으로 보이는 것들에 대한 개선책으로 소폭 수정을 가하였다. 하지만 실질적으로 그 다섯 개의 원래 '강의들'이 변한 것은 크게 없다.

원래부터 강의 원고보다는 논문으로 쓰인 그 네 원고들의 명칭을 소논문에서 장으로 바꾸는 것에는 큰 어려움이 없었다. 하지만 첫 논문은 일반 대중을 위한 강의를 위해 작성되었기에, 그것은 다른 논문과는 상이한 양식을 가지고 있다. 그럼에도 불구하고 나는 다만 몇몇의 각주만을 더한 채 그 원래의 형식을 그대로 놔두고, 실제 강의한 그대로 출판하기로 했다. 나는 이 이질적인 표상이 독자들을 거스를까 염려되어 언급할 필요가 있다고 생각했다.

나는 또한 다른 방식에서도 일관적이지 못했다. 예를 들어, 나는 팔리어에 하이픈을 사용하는 것과 인용할 때 어간(語幹)과 주격(主格)을 사용하는 데에 일관성이 부족하다. 나의 유일한 기준은 오직 의사전달의 효율성이다. 따라서 나는 여러 팔리 용어를 번역함에 있어서 의도적으로 비일관적이었다.

팔리어의 용어는 다른 언어처럼 문맥에 따라 의미가 변할 뿐만 아니라, 한 용어가 번역될 때 다양한 경우의 수가 있다는 점을 인지하는 것은 중요하다. 반면에 물론 나는 여러 다른 곳에서 사용된 용어가 같은 것임을 여실히 드러내기 위해 일관성 있게 사용하고자 노력하였다. 품위와 명료성이 충돌하는 곳에서는 나는 항상 품위보다 명확성을 더 우위에 두었고, 그렇지 않은 곳에서는 최대한 양자가 소량이라도 공존하도록 노력하였다.

Karma와 Nirvana라는 용어는 이미 귀화된 영어 단어라 생각하기에, 일반적 개념을 참조할 때는 부호 없이 그대로 사용하였다. 그것들을 산스크리트어라고 특별히 참조하고자 할 때는－예를 들어 브라만 사상의 문맥에서 사용했을 때－*karman*과 *nirvāṇa*를 사용하였다. 같은 방식으로 내가 팔리 경전과 테라바다 용어들을 사용했음을 특별히 참조시키고 싶을 때는 *kamma* 와 *nibbāna*를 사용하였다. Brahman이라는 용어 또한 귀화된 영어단어라고 자의적으로 정했다. 이 용어의 어간은 산스크리트나 팔리에서 동일하다. 어쨌든 이러한 사용방식은 특유의 문제점을 가지고 있다. 그것은 중성형－원리를 지칭하는 것－과 남성형－신이나 복수형인 신들을 지칭하는 것－을 구분하는 것이 때때로 중요하기 때문이다. 나는 그 후자의 단수형을 Brahmā, 복수형은 Brahmās로 사용하였다. 브라만과 관련된 세습적 지위 혹은 사람은 토착화된 영어 단어 Brahmin(브라민)을 사용하였다.

나는 케이트 크로스비(Kate Crosby)와 엘이자베스 파슨(Elizabeth Parsons)으로부터 없어서는 안 될 전문적인 조교, 그리고 루시 로젠스테인(Lucy Rosenstein)에게 색인에 관한 도움을 받았음에 감사를 표하는 바이다.

또한 이 책을 집필하고 발행하는 데에 누마타 재단(Bukkyo Dendo Kyokai)으로부터 큰 은혜를 입었음을 밝히고 싶다. 재단이 발리올(Balliol) 대학에 준 혜택 덕분에 어니스트 스테인켈너(Ernst Steinkellner) 교수가 옥스퍼드로 초청될 수 있었고, 그 덕분에 나는 비엔나에 있는 그의 학교에서 제4장과 제5장 전체를 무사히 쓸 수 있었다.

1995년 9월

옥스퍼드에서

약어

ABBREVIATIONS

AA	*Aṅguttara Aṭṭhakathā*
AN	*Aṅguttara Nikāya*
AS	*Aṅgulimāla Sutta*
BAU	*Bṛhad Āraṇyaka Upaniṣad*
ChU	*Chāndogya Upaniṣad*
DA	*Dīgha Aṭṭhakathā*
DhA	*Dhammapada Aṭṭhakathā*
DN	*Dīgha Nikāya*
D.P.P.N.	*Dictionary of Pāli Proper Names*
J	*Jātaka*
MA	*Majjhima Aṭṭhakathā (=Ps)*
MN	*Majjhima Nikāya*
Pad	*Paramattha-dīpanī*
P.E.D.	*The Pali Text Society's Pali-English Dictionary*
Ps	*Papañca-sūdanī (=MA)*
RV	*Ṛg Veda*
SA	*Saṃyutta Aṭṭhakathā*
SN	*Saṃyutta Nikāya*
s.v.	*sub voce*
Thag	*Therā-gathā*
Ud	*Udāna*
Vin	*Vinaya*

팔리 본문들의 참고서는 P.T.S.(Pali Text Society)판이며 그렇지 않을 경우에는 별도로 명기하였다.

대괄호(Square Brackets) 안에 설명된 내용은 독자의 이해를 돕기 위한 역자의 개인적 의견임을 밝힌다.

For Maria Gerger and Ernst Steinkellner

목 차

I

논쟁, 방편, 비유 그리고 직해주의

Debate, Skill in Means, Allegory and Literalism

I 논쟁, 방편, 비유 그리고 직해주의
Debate, Skill in Means, Allegory and Literalism

이 강연들에서 나는 답을 제공하는 것보다 문제를 찾아내고 이의를 제기하는 것에 더 역점을 두었다. 시작부터 내가 말하려고 하는 것들은 연구가 진행 중인 것들이며, 대부분의 결론은 잠정적이며, 어떤 것들은 다른 것들보다 더욱 잠정적이라고 분명히 밝혀두고 싶다. 연구를 진행하면 할수록 나는 더욱 생생하게 말 그대로 나의 무한한 무식[1]을 깨닫게 되기에, 나는 실상 내 학식으로 일부 사람들에게라도 감명을 줘야 하는 내 역할이 달갑게 느껴지지 않는다. 이런 상황 속에서 나는 단지 칼 포퍼(Karl. R. Popper, 1902-1994)의 인식론에서 위안을 얻는다. 그에 따르면, 지식은 필연적으로 가설적일 뿐이고, 그것의 진보는 대체적으로 자신의 사상을 비판에 노출함으로써 만들어진다. 나는 이 강의들에 이의가 제기될 수 있기를 바라고, 가급적이면 건설적인 종류의

1 모든 이들의 무지는 말 그대로 무한하며 이것은 식상한 것이기에 재론의 여지가 없다. 그렇다 할지라도 이 식상한 것을 학생들에게 상기시켜주는 것은 현명한 처사라 생각한다.

비판이길 바란다. 앞으로 이틀 동안 진행될 4가지 학술회의의 토론들로부터 나는 뭔가를 배울 수 있기를 진심으로 고대한다. 만약 다른 사람들이 나의 이론으로부터 영감을 받아 내가 제안한 노선들을 따라 연구한다면 정말 기쁠 것이다. 초기 불교에는 쓰라리게도 지성적 연구가 더욱 필요하기 때문이다.[2]

칼 포퍼는 또한 '본질주의'(essentialism)를 경계하였다. 그는 지식과 이해가 존재의 실체의 정의를 탐구할 때가 아니라, 왜 그것들이 일어나며 그것들이 어떻게 작용하는지에 관하여 물을 때 진보하는 것이라 밝혔다.[3] 명료성은 언제나 절대적인 중요성을 가지고, 그 목적을 위해 혹자는 실제적인 정의를 제시해야 할 것이다. 그것은 특정한 용어를 어떤 의미로 사용하는지 다른 사람에게 알리기 위함이다. 혹자가 어떤 추론의 과정에서처럼, 그 용어의 사용을 정당화하는 과정에서 물론 그 사람은 어떤 유용한 정의를 발명하거나 말할 수 있다. 하지만 정의를 제시하는 것 그 자체는 별로 유용한 것이 아니다. 관련된 예를 제시하

2 이 연구들은 팔리어에 관한 지식을 필요로 하지만, 팔리는 어렵지 않은 언어이기 때문에 큰 장애가 되지 않을 것이다. 팔리어는 산스크리트보다도 훨씬 쉽고, 한자에 비하면 말할 나위도 없다.

3 Popper, 1960:10절, 특히 pp. 28-9 방법론적인 본질주의.
과학적 관점에서 '강아지는 어린 개다'의 정의는 '강아지는 무엇인가?'라는 질문에 대한 답이라기보다는 '어린 개를 무엇이라 불러야 하는가?'라는 질문에 대한 답일 것이다. ('인생의 의미는 무엇인가?'나 '중력은 무엇인가?'라는 질문은 과학에서는 어떠한 주어진 역할도 없다.) 정의의 과학적 유용성은 …… 아리스토텔레스학파 혹은 본질주의학파적 해석에 대비되는 유명론자(nominalist)의 해석이라 불릴 것이다. 현대 과학에서는 오직 유명론자들의 정의만 받아들여진다. 그것은 말하자면 긴 이야기를 짧게 줄이기 위해 축약 기호나 호칭들이 도입된 것이다(Popper, 1952, vol. II, p. 14). '…… 본질주의가 정의는 사실에 관한 지식에 추가될 수 있다고 제시한 것은 잘못이었다…….' 마지막으로 인용된 구에서 포퍼는 어떻게 본질주의가 '우리 지식의 권위적인 원천이 존재한다'는 잘못된 믿음에 연루되었는가를 보여준다(Popper, 1974:20).

자면, 비교종교학계에서 말해진 것과 쓰인 것의 많은 작업들은, 아! 애석하게도 시간 낭비였다. 왜냐하면 이것은 '정확한' 정의들을 찾는 것에 해당하기 때문이다.

무엇보다도 먼저, 종교 그 자체의 정의에 대한 끊임없는 논의들이 진행 중이다. 하지만 그 논의는 결코 끝나지 않을 것이다. 왜냐하면 이 문제는 유사 문제(pseudo-problem)이고, 그것의 '정확한' 해법은 존재하지 않기 때문이다. 어떤 정의는 특정한 목적에 이바지할 수 있기에 해당 맥락상 그 정의가 정당화될 수 있으나, 다른 목적을 가진 다른 것들에조차 이 정의가 왜 수용되어야 하는지에 대한 근거는 어디에도 존재하지 않는다. 종교는 오랫동안 서구 학자들에 의해 일반적으로 신 혹은 신들에 대한 믿음으로 정의되어 왔고, 그것은 불교가 종교인지 아닌지에 대한 논쟁을 불러일으켰으며, 그 논의는 불교도들에게 일정 정도의 영향을 남겼다. 인류학자들은 당시 대부분의 불교도가 신들을 믿는다는 것을 알아차렸고, 그 선상에서 그 논의는 어떤 발견법(heuristic)적인 가치를 갖는다고 할 수도 있다. 하지만 여러분이 그것으로부터 '불교는 종교다'는 명제를 연역할 수 있는지 아닌지는 전혀 별개의 문제이다.[4] 기독교－특히 개신교－의 문화적 배경에서 온 그것들은 종교를 믿음 혹은 신앙과 쉽사리 동일시했으며, 이것은 다른 종교에 대한 그들의 이해에 심각한 왜곡을 초래했다.

내가 불교의 다양한 조직들에 집중한 Theravāda Buddhism의 사회역사

4 불교가 종교라 불리는 데는 적당한 이유가 있는데, 그것은 신들에 대한 믿음 덕이 아니라, 일반적인 합의에 의한 것이다.

서(Gombrich, 1988b)를 썼을 때, 종교의 사회역사에 관한 책을 쓰는 그 생각 자체를 정당화하는 것으로부터 시작하는 것은 사려 깊은 것으로 생각했다. 영원한 진리에 대한 믿음과 표현이 역사적 우연성으로부터 영향을 받았다는 개념은 어떤 사람에게는 결국 신성모독으로 받아들여지는 경향이 다분히 존재한다. 그 책의 제3장에서 나는 적어도 부분적인 붓다의 교설들이 어떻게 당시의 사회적·지적 상황에 반응하여 형성되었는지를 보여주었다. 그리고 나는 그 도전으로 인해 내가 아는 한에서 다른 누구의 감정도 상하게 하지 않았음을 다행으로 생각한다.

이 강연들에 대한 나의 관심은 아주 엄밀하게 교의의 역사와 그 속에 있는 명시적 사상에 있다. 나의 첫 두 발표문(제2장과 제3장)은 주로 '어떻게 붓다의 가르침이 당시 다른 종교의 스승들과 논쟁을 통하여 생성되었는가?'라는 논제를 추구하는 것에 있다. 오늘 강의와 학술회의의 발표문 양자, 특히 셋째(제4장)에서 나는 또한 불교 교의의 발달에 관한 차후 단계에 관하여 논의하였다. 그것은 다름 아닌 어떻게 붓다의 초기 제자들이 그의 가르침을 보존하는 노력의 일환으로써 미세하게 그리고 무의식적으로 그것을 수정하였는가에 관한 것이다. 이것은 즉각적으로 두 의문을 제기하게 만든다. 1) 우리가 읽는 팔리 삼장의 일부분이 틀림없이 붓다의 제자들에 의해 창작되었다는 생각에 대해 불교도들이 어떻게 반응할 것인가? 2) 보다 일반적으로, 붓다가 말한 것과 그의 언행을 기록한 경전들과의 관계를 나는 어떻게 보고 있는 것인가?

나는 이 두 질문에 대한 해답을 금방 제시할 것이다. 어쨌든 나의 해답에 대한 사전지식으로서 우선 나의 골칫거리인 본질주의와 그것의 대립적인 사상인 유명론(nominalism)에 대한 논의로 회귀해야 한다.

지성적 입장의 타당성은 결코 권위에 의지하지 않는다. 비록 종교단체들에서, 혹은 유감스럽게도 학계에서조차, 사람들 대부분이 그렇게 생각하는 것 같지만, 그것을 누가 취하고 있는지 혹은 과거에 취하고 있었던지는 전혀 문제가 되지 않는다.

칼 포퍼와 붓다가 어떠한 것에 대해 동의한다는 단순한 사실은 아무것도 입증하지 못한다. 그럼에도 불구하고, 나는 역사학자로서 그들의 사상이 대체적으로 본질주의에 [부정적으로] 일치하는 것이 사뭇 흥미롭다. 붓다 시대의 브라만 성전들인 브라흐마나(Brāhmaṇa)[5]들과 초기 우파니샤드들은 사람과 희생제 그리고 우주의 실재들의 본질을 찾는 것에 주로 관련되어 있다. 실로 브라만 철학은 수 세기에 걸쳐 이런 본질주의적인 양상으로 지속되었다. 붓다는 스스로 철학자가 아님을 공언했다. 하지만 그의 모든 가르침의 암시하는 바는 우리가 인식하고 말하는 것의 실재는 단지 개념화(conceptualisation)이자 명칭들일 뿐이라는 전통(*prajñapti-mātra*)을 수천 년간 고수해온 불교 철학인 명백한 유명론이다. 이것은 때때로 후기 유식학파와 마찬가지로 초기 불교는 관념론이라는 의미로 받아들여졌다. 하지만 이것은 잘못되었다. 팔리

5 역) 베다에 덧붙여진 산문체 주석서. 브라흐마나라는 용어는 브라만 성직자의 말씀 혹은 성스러운 말씀에 관한 주해를 의미한다. 하지만 후자가 보편적인 의미로 사용되고 있다.

경전의 존재론은 '외계 대상'의 실재를 부정하는 것이 아닌[6] 실재론이며 다원론이다.

슈 해밀턴 박사는 자신의 괄목할 만한 박사학위 논문 *The 'Constitution of the Human Being according to Early Buddhism'*(Hamilton, 1993)에서, 포퍼가 과학적 특성이라고 증명한 비본질주의적인 방식으로 붓다가 논의했다는 것을 보여주었다. 붓다가 모든 유정을 색, 수, 상,[7] 행 그리고 식의 다섯 구성요소(蘊, *khandha*)로 구분한 것은 매우 잘 알려져 있다. 해밀턴 박사는 붓다－만약 우리가 초기 경전의 작자들을 줄여서 쓴다면－의 관심사는 '이 구성요소들이 어떻게 기능하였는가?'였음을 세심하고 설득력 있게 논증하였다. 붓다는 오온이 어떻게 작용하는지를 논의하는 데 필수적인 범위 안에서만 그것의 본질을 논하였다.

나는 붓다가 불교 그 자체에조차 비본질주의적 관점을 취했다고 논할 것이다. 여기서 우리들은 '불교'가 무엇을 의미하는지에 대해 분명히 해야 한다. 붓다는 자신의 가르침의 내용인 '법'을 '교육체계(institutionalisation)'로부터 분리했는데, 후자는 테라바다 전통에서 교법(*sāsana*)이라 불린다. 법은 진리의 집합체이며 다른 모든 진리와 마찬가지로 추상적이고 영원하다－수학적 진리의 예를 생각해보라. 진리는 존재하고, 누가 깨닫든지 말든지 간에 그것은 [존재함이] 진실하다. 그것은 포퍼가 제3세계라 부르는 추상의 세계에 속한다.[8] 추상은 심리

6 붓다 자신이 존재론적인 입장을 조금이라도 취했는지는 (비록 총망라하진 못했지만) 제2장에서 논의된 논제 중 하나이다.

7 통각(apperception)은 재인식(再認識)이 포함된 지각작용이다. p. 135를 참조하라.

8 '제3세계(the third world)'로 소개되었다. Popper, 1972. (그 책의 서문은 용어의 변환에 대

적 사건 – 포퍼의 제2세계 – 과 물질적 상태 – 포퍼의 제1세계 – 에서 인과적으로 작용하지만, 자신의 존재 자체는 그들에 의존하지 않는다.

유사하게, 붓다는 법의 영원한 진리를 재발견하였고, 그것을 다른 이들에 알게 함으로써 그들의 삶과 마음에 영향을 끼쳤다고 알려져 있다. 법의 진리는 실로 [의학처럼] 처방하는 힘이 있다 – 그것은 경험적 실존으로부터 해방, 윤회로부터 해탈하는 방향을 지시한다. 붓다는 "바다가 소금의 한 맛이듯 그의 가르침의 본질도 해탈이라는 한 맛이다"[9]라고 했다. (혹자는 사실상 해탈이 그의 가르침의 정수였다고 말할 수 있지만, 그것은 본질주의적이 아니다. 이것은 단지 그의 가르침이 무엇이었는가를 서술할 뿐이다.) 붓다는 자신의 교의를 진리로서 가르칠 정당성이 단지 배움이나 추론이 아닌, 자신의 진리의 직접적 경험에 존재한다고 강조했다.[10]

역사적 현상으로서의 불교는 이미 말했듯 교법이라 불린다. 불교 교의의 그리고 법의 기본명제 중 하나는 모든 경험적 현상과 심리적 사건, 그리고 모든 물질적 상태는 무상하다는 것이다. 이것은 다른 것과 마찬가지로 경험적 현상으로서의 불교인 교법에도 적용될 수 있다. 팔리 경전에 의하면 붓다는 자신의 생전에 이것의 조기 쇠락을 언급하였고,[11] 다른 곳에서는 소멸을 예언하였다고 추정된다.[12] 불교의 모든 전

해 언급한다.)

9 AN IV, 203.

10 예를 들어, *Brahmajāla Sutta* (DN I, 12)의 뒤따르는 절 전체가 이 논의로 구성되어 있다.

11 MN I, 444–5. 더 많은 실례를 원한다면 Rahula, 1956, pp. 201–3을 참조하라.

12 AN IV, 278 = Vin II, 256.

통은 고타마 붓다가 이 세상에 세운 이 교법이 사라질 것임을 인정한다. 하지만 그들은 역사적 인물이라고 간주되는 그 붓다가 무한한 역대 붓다 중 한 명이기에, 광대한 겁의 시간 동안 법은 반복적으로 재발견되고 재공표되었다 믿는다. 다만 응분한 과정에서 다시 잊혀진다. (이것은 교수로서의 나의 긴 경력을 구슬프게 연상시킨다.) 불교도들은 따라서 우리가 목격하고 있는 불교가 쇠락 중이라는 것을 기꺼이 받아들인다. 그들은 '타락'이나 '불순(syncretistic)'이라는 호칭조차 순순히 받아들일 것이다. 그들은 이 강의들의 근간이 된 명제를 받아들임에 있어 아무 문제가 없을 것이다 – 인간 현상으로서의 불교에는 변하지 않는 본질이 없고, 그래서 그것은 시작의 순간부터 틀림없이 변질하기 시작했다. 이것은 어쨌든 일부 현대 학자들을 우려시키는 듯하다. 얼마 전 나는 인도 종교에 관한 영국 사학자의 회의에 참석했다. 그것은 다행스럽게도 종교의 정의에 관한 것이 아닌 불교의 정의에 관한 것이었다. 나는 대부분의 참석자들이 본질주의적인 정신으로 그 의제에 접근했다고 생각하지 않는다. 그들은 유명론적 방법으로 불교도라 주장하는 사람들의 종교로서 불교가 적절히 정의될 수 있다는 것을 받아들일 준비가 되어 있었다. 하지만 그들은 다양한 형식의 불교가 그러한 사람들에게 종교적 일체성을 부여하는 어떤 공통적 특색을 가지는지에 관한 의문을 제기하였다. 그들은 그 어떠한 것도 발견하지 못하였고, 그래서 조금은 실망스러운 결론인 '불교는 결코 실용적인 개념이 아니다'에 이르렀다.

나는 이것은 너무 나갔다고 생각한다. 실제로 테라바다 전통의 농부와 일본의 정토 불교인, 그리고 국제 창가학회(Soka Gakkai International) 영국 지부의 회원에게 공통적 특색이 있음을 한눈에 파악하기 어렵다. 이것은 자신들의 불교 전통 안에서 안정된 그 자신들에게는 근심거리가 되지 못하고, 그들이 그 문제에 대해 심각하게 토론했다는 것을 나는 들어보지 못했다. 하지만 나는 붓다의 가르침이 다시 한번 해법을 제공한다고 생각한다 – 인과론과 조건적인 발생(연기법)을 통하여. 붓다와 그의 제자들에게는 실재 – 그들은 주로 유정들에 초점을 맞추었다 – 는 견고한 본질로서가 아니라 역동적 과정으로서 존재한다. 이 과정은 무작위(*adhicca samuppanna*)가 아니라 인과적으로 정해진 것이다. 모든 경험적 현상들은 인과적 연속으로 인식었되고, 그것은 교법에도 똑같이 적용된다. 영어 관용어에도 있듯이 '어떤 하나는 또 다른 하나로 이끈다(One thing leads to another).' 우리가 공통적 특색을 볼 수 있든 없든 간에 국제 창가학회 영국 지부의 회장이었던 고 리차드 코스톤[13]과 용수 그리고 붓다 그 자신의 종교 간에는 인과적으로 그들을 연결하는 인간사의 행렬이 존재한다. 불교는 정지해 있는 어떤 한 물체가 아니라 일련의 사건들이다.

이 강연에서 나는 불교의 이런 직관을 불교 그 자체의 역사, 그리고 그것 중 주로 역사적 연구가 아주 적게 된 분야에 적용하고 싶다 – 최초기 경전에 관한 것이다. 나는 불교에 유일한 역사가 존재한다는 말로 새로운 지평을 열었다는 터무니없는 주장을 하는 것이 아니다. 하

13 Caustone, 1988. Wilson & Dobbelaere, 1944, 특히 소개글을 참조하라.

지만 그 명백한 것도 때로는 개정이 필요하며, 최첨단의 지식은 수축으로부터 방지되어야 한다. 어떤 본문에 대한 한 판독이 – 이를테면 역사적 문헌 같은 – 다른 유사한 것들과 동일한 근거를 가진다는 극단적 형태의 상대주의를 나는 그러한 지식의 수축이라고 간주한다. 나는 두 극단 사이에서 불교적 중도를 취하려 한다. 한 극단은 추가적인 구체화 없이 '붓다는 X를 가르쳤다' 혹은 '대승불교도는 Y를 믿는다'라고 말하는 지독한 초·단순화는 대학에서는 논외이지만 초보자들에게는 필요하다. 다른 극단은 모든 일반화와 합리적 예측의 가능성을 부정하기에 일반적으로 우리를 교화하지 못하지만, 사회 과학자들 사이에서 유행하는 해체이론(deconstruction)이다(Gombrich, 1992b, p. 159).[14] 나는 이 양 극단에 단순히 반대해서 설교하는 것이 아닌, 중도가 어디에 위치해 있는지 예를 통해 보여주려 한다.

•● •● •●

무상과 연기의 불교 가르침을 나는 지금까지 불교 역사 전체에 적용

14 조던 강의의 저명한 나의 선임자 데이비드 세이포트 루엑 교수(David Sayfort Ruegg)의 글을 참조하라: '전통적으로 행해졌던 불교 해석학에서는 경전적 발언이나 본문이 의도했던 목적 – 의미론적 자주성(semantic autonomy)이라 불리는 – 과 어떤 특정한 해석 혹은 '판독'의 편애를 위해 작자가 의도한 생각을 버리는 것 – 작자 무시(authorial irrelevance)이라 불리는 – 의 극단적 상대성에 대한 의문의 제기가 있을 수 없었기에, 독자들(혹은 청중들)의 예단(豫斷)과 사전지식의 배경에 반하여 특정한 해석이 채택되었다. 불교 해석학 이론은 비록 실용적인 상황과 실천적이고 교화적인(perlocutionary) 언어적 대화 양상에 관해 분명히 논하나, 문학적 해석의 해당 주제에 관한 당대의 다수의 글과 해석학 단체에 따라 그에 상응하게 다르다(Ruegg, 1989, pp. 31–2, fn. 40).' 내 자신의 '해석학 단체'에 관한 (Popperian) 이해는, Gombrich, 1993b, IV항과 V항을 참조하라.

하였다. 이제 나는 그것들을 나의 연구의 주요 소재인 팔리 경전에 적용하려 한다. 이 본문들은 과연 어떤 종류의 실재물인가?

다른 학문 영역에서는 수 세기 간의 전승 과정 동안 본문들은 변형하며, 학자들의 근본적 의무는 이 변형들을 분석하고, 가능하다면 원래대로 교정하는 것이라 생각하는 것이 오히려 일반적이다. 성경에 대한 비평적인 연구는 19세기에 진행되었고, 이는 현재 기독교의 심화적 연구에 있어 근본적인 것으로 받아들인다. 비록 많은 이들이 불교 경전들도 그 같은 방법으로 연구해야 한다는 명제의 개요에 동의하겠지만, 의아스럽게도 그러한 동의는 팔리 경전 연구에 지금까지 거의 영향을 미치지 못했다. 이러한 현상은 이론적인 거부감보다는 유능한 학자의 결핍에 기인한다. 붓다고샤나 대략 기원후 5세기나 6세기경[15]의 다른 스리랑카와 남인도[16]의 주석가들에 의해 우리가 현재 가지고 있는 형태로 구성된 팔리 삼장의 주석들은 종종 그 본문의 다양한 판독을 논의하기에, 고대의 변형들을 찾아내는 것은 테라바다 전통에서 전혀 이질적이지 않다.

현대 팔리 경전들의 편집자들은 고작 일반적으로 공인 원전(公認本文) 혹은 '텍스터스 리셉터스'(textus receptus)를 확립하려 노력하는 정도에 만족한다. 부연하자면, 대부분의 팔리 경전의 물질적 증거는 경악스럽게도 서양의 고전들과 성경보다 훨씬 더 근대의 것이다. 이것을

15 K. R. Norman 1983, p. 134: 달마팔라(Dhammapāla)는 남인도에 살았었고, 아마도 아누라다푸라(Anuradhapura)를 방문했을 것이다.

16 Ibid, III.3 항, pp. 118–37.

언급하는 와중에, 올해 초 나의 출판물에 있는 오류를 교정하는 기회를 가지고자 한다. 팔리 성전 협회(P.T.S.)에서 출판한 '가이거의 팔리 문법'(Geiger, 1994)의 걸출한 개정판이 노만(K. R. Norman) 교수에 의해 출판되었고, 나는 거기에 '팔리는 무엇인가?'(Gombrich, 1994a)라는 서문을 썼다. 거기서 나는 만약 우리가 음성표기가 표준 팔리어에서 다소간 벗어나는 데브니모리(Devnimori)와 라트나기리(Ratnagiri)의 금석문들을 제외한다면, 기원후 800년경의 카트만두 필사본이 '현존하는 가장 오래된 실질적인 성문화된 팔리'라고 썼다(p. xxv). 하지만 이것은 틀렸다. 혹자는 '실질적인'의 의미를 가지고 틀린 것이 아니라 얼버무릴 것이다. 하지만 이것은 1926-7년 버마 스리 크세트라(Śrī Kṣetra) 근처의 킨 바 곤(Khin Ba Gôn) 수집품에서 듀로젤(Duroiselle)에 의해 발견된 스무 개의 금엽(金葉) 한 짝을 반드시 포함시켜야 한다. 하리 팔크(Harry Falk) 교수는 고문서학을 근거로 그것의 연대를 기원후 5세기 후반으로 추정하였다. 이 연구는 그것을 팔리 본문 중에 가장 오래된 물질적 증거로 격상시켰다(Stargardt, 1995).

나는 이것을 교정할 수 있음에 매우 흡족하다. 어쨌든 몇 개의 짧은 어구의 존재는 내가 제시하려고 하는 전체적인 그림에는 크게 중요하지 않다. 대부분의 불교 경전에 대한 증거들은 필사본으로부터 나오지만, 오백 년이 넘는 팔리 필사본은 거의 존재하지 않는다'라는 전체적인 사실에는 변함이 없다. 대부분은 삼백 년을 넘지 않는다.

그것은 판독을 위한 더 오래된 증거가 없다는 것을 의미하는 것이 아니다. 주석서에는 유사한 시기지만 오히려 상대적으로 최신인 필사본들이 활용 가능한데, 대조 조사를 위해 많은 기회를 제공한다. 우발적으로 변형된 곳도 있지만, 일반적으로 주석서가 어떤 경전을 판독함이 확실한 곳에서는 우리가 그 주석가들이 5세기나 6세기에 읽었던 본문에 접근했다고 간주할 수 있다. 어쨌든 그 주석가들은 단지 그 경전 가운데 소수의 언설들만 인용하거나 논하였다.

스리랑카, 미얀마, 태국 그리고 캄보디아의 팔리 필사본의 비교를 통해 현대 편집자들은 예전의 주석가들이 읽었던 것을 되찾으려 했다. 이것이 바로 내가 말했던 공인 원전이다. 주석가들은 불멸 후 8세기 혹은 9세기, 그리고 (그럴듯한 전통들에 따르면) 경전이 처음으로 성문화된 기원전 1세기로부터 오백 년경 이후에 살았다.

경전의 본문들은 기원전 1세기 이후에 생성되었을 리는 없고, 사실 나는 그것들 대부분이 실질적으로 최소 기원전 3세기로 거슬러 올라간다고 주장하는 바이다. 여러 세기에 걸친 구전과 성문화의 전승기간 동안 그것은 불가피하게 변형되었다. 그리고 나는 이 단순한 사실을 마음속에 간직하고 경전을 읽으면, 누구에게라도 여러 구절들이 진정 변형된 것으로 나타난다는 것을 즉각 알아차린다고 생각한다.

우리는 무엇을 할 수 있을까? 일단 단순하게 설교, 즉 경전을 검토해 보자. 현존하는 대부분의 경전은 한역본으로도 남아 있지만, 때로는 한 가지 이상의 판본(版本)이 존재한다. 팔리본과 한역본을 비교함으로써 많은 성과를 얻을 수 있다. 불행하게도 나는 한자를 모르기에, 다른 이들의 도움에 의지한다. 하지만 나는 한역 경전의 힘을 빌리는 것이 얼마나 유용한지에 대해 나의 세 번째 강연회 발표문(제4장)에서 실례들을 통해 설득력 있게 보여주었기를 기대한다.

그럼에도 불구하고 이 연구방법은 큰 어려움에 직면해 있다. 첫 장애는 물론 이 세상 사람들 중 연구에 필수적인 팔리와 한문의 지식을 습득한 이의 수는 아마 한 자리 숫자일 것이고, 그들은 생계 때문에 대부분의 시간을 다른 일에 할애해야 하기조차 하다. 한문이 그 두 가지 가운데 확실히 더 어려운 언어이기에, 나는 많은 학생이 대학교에 올 때 이미 한자를 알고 있는 극동학계의 미래에 희망을 품고 있다. 비록 테라바다 연구는 전통적인 대승불교 국가들에는 아직 활발하진 않지만, 그것에 변화가 나타나기 시작했다는 희망적 전조가 있다.

연구 소재의 한계로 인한 다양한 종류의 문제들이 야기되고 있다. 팔리 경전에 상응하는 한역본은 4세기 사사분기 이전에는 정말 소량만이 역경되었다(Zürcher, 1959, pp. 202-4). 한역 경전들은 팔리본이 아니라 인도의 다른 언어로 쓰인 다양한 판본으로부터 번역된 것이다. 모든 번역가들은 실수하고, 이 역경가들 또한 예외일 수 없었다. 그리고 모든 역경가들이 현대의 직해주의적 정확성에 대한 이해를 공유했던 것은 아닐 것이다. 하지만 그들이 번역했던 경전의 원문이 현존하지 않기에, 우리는 단지 그 역경의 정확성을 추측할 수 있을 뿐이다.

여하튼 한역본과 대조하는 것을 제외하고도 우리가 할 수 있는 것이 있다. 우리는 비평적 지성을 이용할 수 있고, 그래서 본문의 내용이 비일관적인듯 하기에 변형되었을 수도 있는 곳을 지적하는 정도도 할 수 있다. 때로는 우리가 교정을 제안할 수조차 있을 것이다. 편집자들은 지금까지 필사본의 근거가 없는 교정을 제시하는 것을 꺼려왔다. 나는 그들이 좀 더 대담해지길 바란다. 혹자가 여러 필사본으로부터 판독한 것들을 언제나 각주에 쓸 수 있다면, 나는 보다 분명한 의미를 형성하는 것을 본문으로 출판하는 것에 어떤 해악도 존재하지 않는다고 생각한다. 만약 제시된 그 교정이 설마 받아들여지지 않는다고 할지라도 무엇을 잃을 것인가? 하지만 일부 교정은 진정 설득력 있을 것이다. 나의 마지막 강연회 발표문(제5장)에서 나는 어떻게 한 글자의 교정으로 횡설수설한 본문을 의미심장하게 만들 수 있는지를 보여줄 것이다. 나는 그곳에서 필사본의 근거가 없는 그 교정이 진정 확실하지 않다면, 최소한 개연성이 있다고 받아들여질 것이라 확신한다.

경전과 붓다가 가르친 것 사이의 관계에 대해 과연 나는 어떻게 생각하고 있는가? 이 논제에 관한 입장에 있어서 나는 과거에 잘못된 인상을 준 것에 대하여 자책감을 느끼고 있기에, 그 불균형을 바로 잡으려 한다. 람버트 슈미트하우젠(Lambert Schmithausen) 교수가 감사하게도 나를 '최초기 불교(The Earliest Buddhism)'라 명명된 1987년도에 레이덴에서 개최된 제7회 국제 산스크리트 학회에서 발표위원으로 참여할 수 있도록 초청하였다(네덜란드에서는 정치적으로 '워크숍'이라고 부르는 것이 정확하다). 그 학회의 회의록이 출판되었을 때(Ruegg & Schmithausen, 1990), 슈미트하우젠 교수는 분명 아주 좋은 의도를 가지고 내가 수긍하지 않는 나의 입장에 관한 개요를 썼다－그는 나를 일종의 근본주의의 극단으로 묘사하였다. 이것은 의심의 여지없이 '팔리 삼장 안에 존재하는 일부의 사상은 불멸 후의 것이라고 주장하는 일부의 논의들이 타당하지 않고, 경전 안에 보이는 모순 자체가 경전이 허위임을 증명하지 않는다'고 주장한 나의 소논문(Gombrich, 1990) 때문에 생겼다. 예를 들어 나는 모든 신성한 전통은 최소한 모순들을 알게 되자마자 그것들을 깨끗이 정리하려 할 것이라고 논하였다. 이것은 문헌 비평가들에게 '진부한 판독이 일반적으로 특이한 판독으로 대체되기보다는, 특이한 판독이 진부한 판독으로 대체된다'고 알려진 렉티어 디피실이어 포티어(Latin: *lectior difficilior potior*) 원리이다.[17] 나는 슈미트하우젠 교수와 다른 학자의 깨달음을 선사하는 경전에 관한 이야기를 비웃었을까 염려된다. 나는 그들의 분석이 지나치게 자구에 구애받고 있음을 발견하였고, 동일한 사람−심지어 붓다조차−언어도단의 경험 같은 다양한 상황에 관해서는 다르게 설명하였음을 논하였다. 내가 본문 안의 어떤 부분은 붓다 자신에게로 귀속되어야 한다고 적극적으로 논의한 대목은 그것들이 농담이었음을 지적했을 때였고, 수사적으로 '농담이 위원회에 의해 만들어진 적이 있었나?'라며 되물었다. 나의 논문에서 적극적인 부분은 어쨌든 주석가들이 알지 못했던 중요한 브라만교에 관한 암시를 경전들이 포함하고 있음을 보여주는 것에 주로 집중되어 있다. 이것은 후기 불교 전통에서는 잊혀졌지만, '최초기 불교(the earliest Buddhism)'에는 우리가 찾아낼 수 있는 흥미로운 특색이 있다는 것을 증명한다. 비록 일부 경우에는 증거들이 상당히 개연적일지라도, 이 특색들이 붓다 자신에게로 귀속된다는 것을 입증하지는 않는다. 하지만 나는 슈미트하우젠 교수의 말처럼 '이 문헌들 안에

17 나는 일부 경구들이 원래 문맥에서 다른 문맥으로 반복적으로 전이되면서 평탄화 작업이 정전들에 광범위한 규모로 행해졌음을 지나가는 말로 언급한다.

서 상위를 용인한다(니카야들)', '그리고 상위들은 별 문제가 아니다'라고 생각하지 않는다. '구두 전승의 시기 동안 교의의 발달은 거의 없었다고 생각한다'(p. 1)라고 한 말에는 더더욱 그렇다. 어쨌든 나는 본질주의적 오류인 나의 주장을 공고화하기보다, 그 네 개의 학술집회의 강연문들(제2장부터 제5장까지)에서 일련의 구체적 실례를 통해 상세히 논하고자 하였다. 나의 연구의 주목적은, 비록 나의 일부 논의들의 부산물일 수는 있지만, 경전을 성층화하는 것이 아님을 강조한다. 나는 경전이 말하는 것을 명확히 이해하기 위해, 팔리 본문에 기록되어 있는 붓다의 가르침에 담긴 일부 사상들의 발달과정을 추적할 것이다.

•● •● •●

이 강의의 나머지 부분에서는, 이제 이 경연회 전체를 통해서 더 상세히 논의할 그 진화의 과정과 매커니즘을 개괄하는 것으로 넘어가겠다. 이것 중 처음은 논쟁이다. 지난 여러 해 동안에 나는 여러 출판물을 통해서 붓다가 다른 여느 사람처럼 사회적 맥락 속에서 소통하였고, 자신의 사회적 환경에 반응하였으며, 그 결과로서 자신의 주위 사람들에 영향을 끼칠 수 있기를 희망했음을 재차 강조하였다. 붓다의 깨달음의 경험은 물론 개인적이고 초언어적이지만, 그가 깨달았던 진리 혹은 진리들은−환원될 수 없이 사회적인(irreducibly social)−언어로 표현되어야 했다. 나는 언어를 산스크리트나 팔리와 같은 협소한 문자적 의미가 아니라, 해당 언어로 실체화된 범주와 개념의 집합을 가리킨다.

불법은 빈발하는 어구가 보여주듯 기원전 5세기에 갠지스 평야 상부에서 구두문화로 향유된 사문과 브라민 간의 논의와 논쟁의 산물이다.

불행하게도 나는 당시 상황에 대한 우리의 증거가 안타까울 정도로 부족하다는 사실을 강조할 수밖에 없다. 하리 팔크 교수의 근년의 책(Falk, 1993)은 최종적으로 문자로 기록하는 행위가 붓다 재세시의 인도에 존재할 수도 있었다는 사고를 불식시켰다－대략 한 세기 반이 지난 아쇼카의 치세 전까지는 [성문화에 대한] 어떤 확실한 증거도 존재하지 않는다. 붓다가 응답했던 브라만 경전들은 그 시기 이래로 상당히 변천되었을 것이다. 그것들은 구두로 전수되었었기에 붓다는 자신의 기억으로부터 그것들을 인용했었다－혹은 오히려 나는 '암시했었다'고 할 것이다. 게다가 그것들은 일종의 비전(祕典)이었기에 브라민이 아닌 붓다는 그것들에 접근하기가 쉽지 않았을 것이다. 그러한 상황은 사문들의 집단에서 더욱 심각하였다. 삼장의 경전은 자이나교를 비롯한 일부 외도－즉, 비브라만－집단의 교의를 공공연하게 언급하지만, 이 상대편의 논지에 대한 암시적 언급은 [전수과정에서] 쉬이 왜곡되었을 것이다. 자이나 경전들은 아마도 기원후 5세기경에 처음 성문화된 이래 우리에게 전수되었을 것으로 추정된다. 일부 소재들은 분명 더욱 오래되었을 것이지만, 광대하고 난해한 자이나 경전에 대한 과학적 연구는 아직도 걸음마 단계이다. 어쨌든 우리는 불교경전에서 붓다와 동시대인인 손아래의 마하비라에게 기원을 돌린 가르침 중－전체가 아닌－일부는 자이나 전통에서 마하비라가 가르쳤다는 것과 같지 않다는 것을 보여주기에 이미 충분한 자료를 가지고 있다. 기타

이교도 종파는 자신들의 경전이 현존하지 않기에 자이나교의 그것보다 상태가 훨씬 나쁘다. 이 모든 것은 우리가 확실히 – 헤아릴 수 없이 – 많은 [타종교 교리에 관한] 암시를 파악하지 못하고 있고, 심지어 우리가 무엇을 파악하지 못한다는 것조차 모른다는 것을 의미한다.

상황은 비관적이다. 하지만 우리가 고금의 주석가들이 지금까지 놓친 일부 암시를 결국 복원해냈다는 점을 상기한다면, 조금은 자족해도 괜찮을 듯하다. 우리는 지금, 예를 들어, 우파니샤드에 관한 암시 일부를 발견하였다. 하지만 1927년까지는 푸셍을 제외한 어떤 학자도 '우파니샤드가 불교도에 알려지지 않았음을 믿었었다'는 것을 쓸 수 없었다(de la Vallée Poussin 1927, p. 12).

만약, 내가 주장하듯이, 법이 논쟁을 통하여 발생하였다면, 내가 탐구하고자 하는 두 가지의 결론이 존재할 것이다. 하나는 일관성에 관련된 것이고, 다른 것은 비교 연구이다. 후자를 먼저 탐구해보자. 그렇게 함으로써 나는 내 과업 중 일부를 달성할 수 있기를 소망하는데, 조던 강의는 대외적으로 비교종교에 관한 것이기 때문이다.

붓다의 가르침의 기원을 그 자신이 생겨난 종교적 환경에 의해 조건된 것으로 보는 것은 진정한 불교의 연기적 관점을 정견으로 채택하는 것이며, 또한 좋은 역사기록학(historiography)이라 믿는다. 이것은 또한 불교는 힌두교의 하나의 형태일 뿐이라는 관점과 인도적인 맥락과 전혀 관련이 없다는 견해의 중도를 취하는 것이다. 그 명제를 엄격하게 적용하는 것은 부조리하게 들릴 뿐 아니라, 문호개방을 강요하는 것으로 비칠 것이다. 하지만 사실상 나는 이 세상에서 행해지는 99퍼센트의 불교에 관한 가르침들이 이 한 극단 혹은 다른 극단에 치우쳤다고 생각한다. 이 비관적인 주장을 정당화해보겠다.

인도 아대륙에서는 붓다의 힌두교적 출신을 지나치게 강조하는 강한 경향이 전해지고 있다. 힌두 논사들은 이미 천여 년 전에 사실상 붓다는 단지 비슈뉴(Viṣṇu)의 화신 중 하나라고 주장하였다(Gupta, 1991). 일부는 비슈뉴가 붓다의 형상을 취한 목적이 무지한 사람들을 속이고, 비슈뉴의 진정한 추종자가 아닌 사람들을 뿌리 뽑기 위함이었다고 말했다.[18] 다른 이들은 최소한 붓다의 가르침이 동물 희생제에 반대하기에 그를 자비롭다고 여겼다.[19] 불교 식민지화를 위한 시도의 현대판은 불교는 단지 힌두교의 한 종파일 뿐이라는 네팔 정부의 공식 정책이다. 이것은 학교 교과 과정에서 별개로 취급되지 않음을 의미한다.[20] 힌두교가 가르쳐지지만, 불교는 별개로 가르쳐질 자격이 없다. 만약 불교도들이 이의를 제기하면, 자신들의 [원래] 종교인 힌두교는 실제로 가르쳐진다는 답변을 듣게 된다. 내가 불교를 인도 대학에서 강의했을 때, 붓다는 '힌두 출신'이자 힌두 개혁자라는 것이 사실상 보편적인 관점이라는 것을 발견했다. 그 시기에 '힌두교'라는 바로 그 사상이 존재했다는 것은 터무니없이 시대착오적이라는 사실의 미묘함은 그 누구도 성가시게 하지 않는 듯했다.

다른 극단은 정치적으로는 더 순진한 듯하나, 지적으로는 더욱 기만

18 예를 들어, *Viṣṇu Purāna* 3, 17, 42; *Bhâgavata Purāṇa* 1, 3, 24.

19 예를 들어, *Pauṣkara Saṃhitā* 36, 226.

20 Dr David N. Gellner, 사적 대담.

적이다. 붓다의 가르침을 인도적 맥락의 설명 없이 제시하는 것은 이것의 수많은 요점을 반드시 놓치게 만든다. 단순하지만 중요한 예를 제시하겠다. 서양의 언어로 붓다는 영혼의 부재(*anātman*)의 교설(*vāda*)을 가르쳤다고 제시되었다. 무엇이 부정되었는가?－무엇이 영혼(我)인가? 서양의 언어는 자신의 본고장에서 기독교적 문화 전통을 가진다. 영혼의 본질에 대하여 기독교 신학자들은 상당히 다른 의견을 가지고 있다. 아리스토텔레스에게는, 따라서 아퀴나스에게도, 이것은 육신의 몸(form of body)이었으며, 이것은 소정의 개개인을 단지 부분들의 조합이 아니라 유기체로 만드는 어떤 것이다. 어쨌든 대다수의 기독인들이 생각하는 영혼은, 그것이 얼마나 애매하든지 간에, 플라토까지 거슬러 올라가는 완전히 다른 것이다－일반적 표현인 '육체와 영혼'에서처럼 영혼은 육체와는 정반대의 것이고, 육신이 죽을 때에도 잔존하는 육체와는 분리된 정신적 그리고 결국에는 도덕적 행위자이다. 하지만 이 모든 것은 붓다의 입장과 아무런 관련이 없다. 그는 우파니샤드 이론에 있는 영혼을 반대하였다. 우파니샤드에서는 영혼이 몸과 마음 모두에 대비(對比)된다. 예를 들면 이것은 기억이나 의지 같은 정신 기능을 수행할 수 없다. 이것은 본성이며, 정의에 의해 본성은 변하지 않는다. 게다가 각개 유정의 본성은 문자 그대로 우주의 본성과 같다고 선언되었다. 이것은 비록 우파니샤드적 영혼을 총망라한 설명이 아니지만, 현재의 목적을 위해서는 적당하다.

일단 붓다가 무엇을 반대하여 논의하였는지를 알면, 우리는 이것이 단지 극소수의 서양인들만이 알았던 어떤 것이며, 대다수 사람은 들어

보지조차 못한 것임을 깨닫는다. 그는 인간이 불변하는 본성을 가지고 있다는 명제를 받아들이기를 거부했었다. 게다가, 그는 '무엇'보다는 '어떻게'에 관심이 있었기에, 사람은 이러이러한 요소로 구성되어 있는데 영혼이 그중 하나가 아니라고 주로 말하기보다, 사람은 이러이러한 방식으로 작용하고, 그들의 작용을 설명하기 위해서 영혼의 존재를 가정할 필요가 없음을 설파했다. 이 접근방식은 실용적이며, 순전히 사변적인 것이 아니다. 물론 붓다는 자신의 실용주의가 올바른 전제에 기반을 두었기에 먹혀들 것이라 주장하였고, 사람들은 그 전제들을 조만간 토론하려 할 것이기에, 쉬이 이론화나 존재론으로 빠져들 것이라 하였다. 이것은 내가 생각하기에 왜 한편으로는 합리적으로 영혼을 부정할 수 있도록 해석되는 무아상경(*Anattalakkhaṇa Sutta*)[21] 같은 경전이 존재하지만, 다른 한편으로는 붓다가 그 자신의 '이론'(*vāda*)을 내세우는 것을 회피하였는지를 설명해준다 – 그는, 예를 들면, '해탈한 승려는 그 누구와도 화합하거나 싸우지 않고, 말해진 것을 따라서 집착함 없이 세상을 살아간다'고 하였다(MN I, 500). 유사하게, 그는 세상과 더불어 논쟁하지 않는다고 하였다 – 그와 논쟁하려 드는 것은 바로 세상이다(SN III,138). 이것으로부터 그는 '견해가 없다(無見)'고 하는 선언으로의 도약이 있었던 듯하다. 하지만 이 극단적 입장은 *Sutta-nipāta*에서만 발견되었다고 알고 있다.[22] 사람들을 개종하기를 열망하는 종교

21 Vin I, 13.

22 *Sutta-nipāta*의 *Aṭṭhaka* 와 *Pārāyaṇa Vagga*; 예를 들어 787, 800, 882번 계송을 참조하라. 나는 이 부분에 관하여 다음 제2장 시작 부분에서 다시 언급할 것이다.

는 토론으로부터 자유로울 수 없고, 다수의 경전은 붓다가 대론하는 것을 보여준다. 증거들이, 따라서, 다소간에 일치하지 않기에, 혹자는 균형을 맞추기 위해, 붓다가 일반적으로 이론을 세우기를 거부하였고, 특정한 주장을 택하지 않았으며, 토론이 생겨났을 때 방편을 사용함으로써 직접적 대결을 회피하였다고 결론내릴 수 있다.

••• •• ••

붓다의 '방편'은 대승불교의 특색으로 여겨지는 경향이 있다. 방편이라고 번역되는 용어 '*upāya kauśalya*'는 사실 후·경전 시기(post-canonical)에 속하지만, 대상을 향한 수완의 영위, 즉 독자에게 혹자의 메시지를 선택해서 전달하는 능력은 팔리 경전에서 상당한 중요성을 갖는다. 리즈 데이비즈 박사(T.W. Rhys Davids)는 한 세기 이전인 1899년에 *Dīgha-Nikāya*를 세 권에 걸쳐 번역한 역서 *Dialogues of the Buddha*의 제1권에 이미 이것에 관하여 언급했다. 그가 언급한 것은 더할 나위 없이 훌륭하기에 그의 말을 얼마간 인용하겠다.

> '희생제에 관하여 희생제를 주관하는 성직자들에게, 신과의 합일에 관하여 그 신학의 추종자에게, 우월한 사회적 지위를 주장하는 브라민에 관하여 자만하는 브라민에게, 신비적 직관에 관하여 그것을 믿는 사람에게, 영혼에 관하여 영혼의 이론을 믿는 사람에게 이야기할 때 그것에 따르는 방법이 항상 같았다. 고타마는 가능한 한 질문자의 지적인 입장에 자신을 위치시켰다. 그는 당사자들이 소중히 여기

는 어떤 믿음도 비판하지 않았다. 그는 자신의 해석의 시작점을 상대편이 소중히 여기는 행위나 조건의 바람직함－(*Tevijja*경에서) 신과의 합일, (*Kūṭadanta*경에서) 희생제, (*Ambaṭṭha*경에서) 사회적 지위, (*Mahāli*경에서) 천국의 광경을 봄, 혹은 (*Poṭṭhapāda*경에서) 영혼의 이론 같은－에서 취하였다. 그는 심지어 질문자의 말투(phraseology)까지 차용했다. 그런 후 부분적으로 새롭지만 (불교적 관점으로부터) 더 높은 차원의 의미를 그 용어들에 부여함으로써 그리고 부분적으로 그들 사이의 공통적 전제가 되는 그러한 윤리적 개념에 호소함으로써 그는 점진적으로 자신의 상대자를 자신이 원하는 결론으로 인도했다. 물론 이것은 항상 아라한의 지위였다…….

이 방법에는 공손함과 정중함 양자가 사용되었다. 하지만 적지 않은 변론술 그리고 관련된 윤리적 논점의 교묘한 통솔력이 그 결과를 도출하기 위해 요구되었다…….

붓다가 삼장에 묘사된 훈련과 인격을 가졌던 역사적 인물이었다는 가정 아래에서 그 방법은 정확히 그가 실제로 추종하였음직한 것에 가깝다.

누구든 그 대화에 참여한 사람은 그가 대화한 방법에 대하여 상당히 인상 깊은 기억을 가졌을 것이고, 아마 세부적 상황과 사람들을 잘 기억했을 것이다. 편집자의 정신적 현상(vision)에는 설파된 교의가 다른 어떤 것보다 더 크게 드러났을 것이고, 그는 이야기의 세세한 기술에서 필연적으로 역사적 정확성보다 그것에 더욱 집중하였을 것이다. 이 점에서 그는 소크라테스의 문답을 기록하던 플라토의 입장과 같다. 하지만 불경 편집자는 플라토처럼 자신의 의견을 제시하지 않았다. 의심의 여지 없이, 우리는 한 사람의 편집자보다는 복수의 편집자를 생각하게 된다. 동료인 제자들의 기억은 모두 존중되었고, 마음에 담아두었다. 실제의 교의에 관계된 우리가 가지고 있는 그 문답은 아마 플라토의 문답보다 붓다의 사상에 대한 더욱 정확한 표상일 것이다. 그렇다 할지라도, 이 모든 문답에 사용되었던 그 방식은 하나의 결점이 존재한다. 적대자의 입장을 받아들이고, 그들의 언어를 차용하면서, 작자 자신들이 고타마의 견해라고 적시한 것을 독자가 알려고 그들의 문장을 읽을 때, 그것에 만족하기를 강제당한다. 대인논증(*argumentum ad hominem*)은 어떤 특정한 사람과 관련되지 않은 단순한 의견의 진술과 결코 같을 수 없다.'[23]

만약 붓다가 지속적으로 대인논증을 활용하였고, 그가 대담자의 말씨로 말하는 것을 차용하였다면, 이것은 당연히 그의 표현 방식에 수많은 일관성 – 혹은 오히려 비일관성 – 에 관한 막대한 함의를 지니고 있다. 그는 명료하고 설득력 있는 진리의 현상(現像)을 지녔었고, 다른 기호와 다양한 신념을 가지고 있는 광대한 범위의 사람들에게 전달하려고 노력하였다. 그래서 그는 이 전언을 아주 다양한 방법으로 표현해야 했다. 내가 이미 렉티어 디피실이어 포티어 원리를 참조시키며 논의했듯, 어떤 전통이 수많은 표현의 비일관성을 평탄화시켰다고 예상하는 것은 논리적이다. 만약 우리가 붓다의 말한 것들의 진정한 기록을 가지고 있다면, 우리는 그의 45년간의 포교 기간에 그가 자신을 셀 수 없는 다양한 방식으로 표현했음을 발견했으리라 생각한다. 게다가 쉽게 무시될 수 있는 다른 요소도 있다. 일반적으로 붓다의 전법 활동은 개종자를 만드는 것에 성공적이었다. 그 같은 특징 때문에 개종

23 '*Kassapa-Sīhanāda*경의 서문'(Rhys Davids, 1899, pp. 206-7). 내가 현대식으로 음역하였다.

자들은 다양한 출신의 배경을 갖는다. 당시에는 불교가 단지 기초적인 조직만을 가졌고, 학파도 없었을 것이며, 아마 오히려 개종자의 무질서한 사회였을 것이다. 승가 구성원 대다수는 당연히 자신들이 [개종] 이전에 사용하던 용어와 개념 일부를 사용하였을 것이고,[24] 붓다는 그들과 이야기할 때, 그것들을 어느 정도 용인하였을 것이다. 그러므로 붓다의 방편이라고 특징된 표현의 다양성은 개종 활동 중도에 멈추지 않았고, 혹은 붓다가 입멸하였을 적에 필연적으로 소멸하였을 것이지만, 그 가르침을 체계화하는 데 분명히 일정한 영향을 끼쳤을 것이다. 불제자의 출신 배경의 다양성은 그들이 (공동으로) 작성하였던 경전의 변화가 단선적이지 않았을 것임을 암시한다. 몇몇 개의 통용되고 있던 판본들이 틀림없이 뒤섞였을 것이다.

논쟁이 승가 내부에서도 그 주변만큼이나 벌어졌고, 내가 금방 개종자들에 대하여 언급한 것의 요점은 그 둘 사이에 명확한 선을 긋기가 어렵다는 것을 의미한다. 많은 경들이 교의의 요점에 대하여 둘 혹은 그 이상의 승려들이 논의하는 것으로 시작한다. 일반적으로 그들은 그

24 나의 책 Gombrich, 1994b, p. 1079에서 나는 이것이 자이나교에서 불교로 개종한 사람에 의해 행해졌다는 확실한 사례를 제시했다. 더 많은 수의 브라민 개종자들이 존재했고, 그들은 추측건대 최소한 어느 정도 브라만의 사상과 용어에 익숙했을 것이다. 그러므로 나는 브롱코스트 교수(Prof. Bronkhorst)가 본문들의 상위(相違)를 설명하기 위한 '외부 영향'(outside influences)이라 부르는 것에 공감한다. 어쨌든 이 강의는 왜 내가 모든 상위가 단 하나의 원인으로써 가장 잘 설명될 수 있다는 그의 주장 – Gombrich, 1994b에 대한 응답으로 만들어진 것으로 그는 친절하게도 출판에 앞서 내게 보여주었다 – 에 대해 동의하지 않는지를 보여주려 한다. 화학 반응과 같은 물리 현상을 설명하는 데 있어서 우리는 그것을 촉진한 유일한 조건들의 집합을 찾으려고 노력한다. 하지만 종교 경전의 작성을 포함한 사회현상은 그런 단일한 설명으로는 [실체적 진실에] 거의 부합하지 않을 것이고, 그렇기에 사실 종종 부당하게 결정되곤 하였다.

런 다음에 붓다에게 가서 그 문제를 해결해달라고 부탁하는데, 그러면 그는 그들 모두가 옳다고 하거나, 혹은 그들 중 한 사람이 옳다고 하거나, 모두가 번지수를 잘못 짚었다고 했을 것이다. 불제자 간의 이러한 논의들은 반드시 그가 첫 개종자를 만든 날부터 시작되었고, 붓다 생전에 그에게 접근하지 못하였거나, 혹은 불멸 후 그는 더는 그들을 중재할 수 없었기에, 수많은 논의가 해결되지 못하고 남았음은 의심의 여지가 없다. 나의 세 번째 강연회 발표문(제4장)에서 나는 이러한 논쟁들의 확장된 실례를 제시하고, 어떻게 그것들이－비록 교설에서 붓다에 귀속되도록 나타나지만, 나는 결단코 불멸 후라고 믿는－교의의 발달로 이어졌는지에 대해 보여주려고 한다.

붓다가 다른 관점의 제시자들과 대담한 논의는 때로는 풍유(諷諭)로 꾸며졌다. 율장 *Mahāvagga*의 시작 부분을 예로 들자. 해당 경전의 이 부분은 핵심적으로 어떻게 붓다가 승가 조직을 설립했는지에 관한 설화이고, 굉장히 유명하기에, 산스크리트 이름인 *Catuṣ-pariṣat-sūtra*(四會衆經)라는 별개의 본문으로 유포되었다. 그 경전은 붓다가 막 해탈을 성취한 시점으로부터 시작한다. 이 성취는 그가 자기 자신을 반복적으로 브라민으로 지시하는 삼 연에 걸친 시구(Vin 1,2)에 표현되어 있다. 붓다는 출생으로 정해지는 문자상 의미의 브라민이 아니다. 하지만 경장(經藏)에는 붓다가 만약 브라민을 제대로 이해한다면, 그것은 사회적 성격이 아니라, 현명하고 덕이 높은 사람을 지칭하는 도덕적인 그것이라 논의하는 몇 개의 구절을 포함하고 있다. *Mahāvagga*에는 한 교만한 브라민이 다가와 붓다에게 어떤 가치로 인해 자신을 스스로 브라민이라 주장하는가에 관해 물은 구절이 있다. 붓다는 브라만의 용어를 가지고 말장난(pun)하는 것이 포함된 자신의 넷째 시구로써 – 그중 하나는 (프라크리트어의 형식으로)[25] *brāhmaṇa*라는 용어를 가지고 친 말장난 – 답하였다. 이것은 상대의 용어를 왜곡시키는 전형적 형식으로 '방편'을 드러낸 것이다. 어쨌든 붓다는 얼마 후 그가 발견한 것을 가르치는 것이 지나치게 성가시리라는 점에 이르렀다. 바로 이 순간에 범천(Brahmā)이 나타나 붓다 목전에서 간청하는 자세로 무릎 꿇고 설법해주실 것을 애원한다. 붓다는 그 요청에 응하기 전에 범천이 세 번 애원하도록 만든다.

범천은 브라민들의 최고의 신이자, 그 이상(以上)이다. 그는 또한 브라만(梵, *Brahman*) 원리의 화신이다. 그 원리는 한편으로는 브라민을 브라민으로 만들고, 다른 한편으로는 브라민 신비주의를 통해 밝혀지는 유일한 참된 실재이다. 여기서 브라민들이 신성하다고 여기는 모든 대의가 제시되었고, 그것들은 붓다 목전에 자신 스스로를 낮추는 의인화된 형태로 나타났으며, 붓다는 불멸의 문을 열었음을 선언 – 브라민들이 브라만 안에 있거나 그것을 통해서만 얻을 수 있다고 주장하는 – 하고, 그들은 붓다에게 세상에 진리를 계시(啓示)할 것을 간청한다.

이 본문에는 특히 불의 설교[26]라고 알려진 붓다의 설교가 이어지는 긴 이야기에서 비유가 연속적으로 장황하게 사용되고, 그 안에서 붓다

25 그 프라크리트 형식(Vin I p. 3의 5번째 줄에 있는 *brāhmaṇo*가 원래는 이것이었다고 가정했다)은 *bāhaṇo*이다. 이것은 역설적이게도 나쁜 가르침을 '격퇴한'(*bāhita*-) 사람으로부터 어원을 찾았다.

26 Vin I, 34–5.

는 우리의 모든 감관과 의식 작용을 포함한 그것들의 작용이 탐, 진, 치의 불이라 설파한다. 나는 이것을 포함한 다른 비유의 실례들에 관한 설명을 나의 두 번째 학술집회 강연문(제3장)으로 미룰 것이다.

•• •• ••

붓다 자신이 비유를 사용했는지 나는 확신할 수 없다. 이것은 경전 편집자들의 방편의 일환일 수도 있다. 내가 설화에서 은유의 확장이라고 여기는 비유는 직해(literalism)를 예술적인 형식으로 [승화한] 것이다. 반면에 나는 의도하지 않은 직해주의가 초기 불교 교리사의 변천에 주요한 원동력이었음을 논할 것이다. 경전은 사용된 바로 그 단어들에만 지나치게 주의를 기울여 해석되어 왔지만, 그 본문의 영혼 격인 화자의 의도에는 충분하지 않았다. 세부적으로는 (아마 붓다의 직설이었을) 이전 본문 속의 용어나 문구를 결코 과거에는 의도된 적이 없었던, 완전히 별다르게 판독하는 방식인, 내가 교조적 직해주의(scholastic literalism)라고 부르는 것에서 일부 교의의 발달을 본다. 나는 이 학술집회의 강연문들에서 이것을 충분히 논의할 것이다.

붓다는 직해주의의 위험성에 관한 명료한 인식이 있었던 것으로 보인다. 한 짧은 본문(AN II, 135)은 그의 가르침을 배우는 사람을 네 종류로 구분한다 – 그 용어들은 *Puggala-paññatti* IV, 5(= p. 41)에 설명되어 있다. 대개 그렇듯, 그 목록에는 서열이 있는데, 최상의 양상이 맨 처음에 배치되었다. 첫째 양상의 사람(*ugghaṭita-ññu*)은 가르침을 듣자마자 이해한다. 둘째 양상(*vipacita-ññu*)은 심사숙고하고 나서야 이해한다.[27] 셋째 양상(*neyya*)은 '교화 가능한 자'이다 – 그는 이것을 자신이 실제로 경험했을 때, 사색했을 때 그리고 현명한 친구들을 교화했을 때 이해한다. 넷째 양상의 사람은 '말이 앞선다'는 뜻의 *pada-parama*이고, 비록 그는 많이 듣고, 많이 설교하고, 많이 기억하고, 많이 암송할지라도 현생에서는 그 가르침을 이해할 수 없는 사람으로 정의된다. 아마 그 누구도 직해주의를 붓다보다 더 명확하게 비판할 수 없을 것이다. 이 강의를 전체를 통하여 나는 단순히 불교 교의가 그 자체의 분석을 위한 가장 훌륭한 도구를 제공한다는 것을 지적하고 있다.

사실 붓다가 직해주의를 힐난하는 아주 유명한 경전이 팔리 삼장에 있다. 하지만 나는 그 본문 속의 말이 너무 문자적으로 이해되었기에 논점을 놓친 엄청난 모순을 여기서 발견했다. 나는 물뱀의 비유를 든 교설인 *Alagaddūpama*경(MN *sutta* 22)의 뗏목의 비유를 가리키고 있다.

이 본문은 아리타(*Ariṭṭha*)라 불리는 승려의 고약한 고집에서 시작한다. 그는 '붓다의 가르침을 내가 이해한 바로는 비록 붓다가 장애라 천명한 것을 수행하더라도 그것은 장애가 아니다'라는 말로 고집부렸다. 물론 그것은 자기모순이기 때문에 그는 엄밀히 그렇게는 말하지 말았어야 했다. '장애라 선언된 것'은 성적 교제의 완곡한 표현이다. 아리타

27 나는 AN II, 135의 판독을 따르고 나 자신의 해석을 넣었다. *Puggala-paññatti* 41은 *vipaccita*라 판독한다. 후자의 주석 또한 *vipaccita*로 판독하지만, *vipañcita*라는 이형은 *vitthārita*로 주석하였다. 따라서 두 번째 양상은 부연되었을 때 이해한 사람이다. 이 후자의 해석은 *vipañcita*라 판독되는 다른 후·경전(post-canonical)의 출전을 따르는 Ruegg(1989, p. 187)과 일치한다.

는 성적 교제를 금지하는 승원 규범의 첫째 규칙을 비판하고 있다. 승려들은 아리타를 붓다에게 일러바쳤고, 붓다는 그를 산들바람(whiff)만큼의 법과 율도 얻지 못했다며 아주 엄한 어조로 책망하였다. 붓다는 감각적 욕망을 모든 종류의 위험하고 불쾌한 것들과 비교한 것을 그 승려들과 함께 되풀이하여 말했고, 감각적 욕망 없이는 성적 교제를 할 수 없음을 지적하였다(p. 133). 이것으로부터 나는 아리타가 '붓다는 감각적 욕망을 거부하도록 가르쳤지만, 성적 교제는 배제하지 않았을 것'이라 주장하였다고 연역한다.

붓다는 그런 후 일부 어리석은 사람들은 비록 그의 가르침을 암송할지라도, 그것이 무엇을 의미하는지를 알기 위해 자신들의 지성을 사용하지 않기에, 자신의 가르침으로부터 지혜를 얻지 못함을 이야기했다. 그들이 배움으로부터 얻는 이익들은 다른 이를 비판하는 것과 인용할 수 있는 것이지만, 그들은 정작 그 가르침으로부터 받아야 할 진정한 혜택을 얻지 못한다. 왜냐하면, 그들은 그 가르침을 오해했기 때문이고, 그것은 그들에게 오직 해만 될 뿐이다. 그는 이것을 물뱀을 잡아 쥐는 것에 비교하였다. 이 비유는 '오해했다'란 말의 팔리어 *duggahīta*가 문자 그대로 '잘못 쥐었다'는 것을 의미하는 사실에 기초한다. 물뱀을 사냥하는 사람이 똬리나 꼬리를 쥐었다는 것을 알아차렸을 때, 그는 그것을 잘못 쥐었기 때문에, 물리게 되고, 아마 죽기조차 할 것이다. 역으로(p. 134), '붓다의 가르침을 적절하게 파악(把握)한 사람은', 붓다가 말하길, "그것으로부터 혜택을 얻을 것이다, 마치 끝이 쪼개진 막대로 뱀의 [머리를] 누른 후 목을 쥔 사람처럼……." "그래서", 붓다가 결론지었다, "만약 당신이 내가 말한 어떤 것의 의미를 이해한다면, 기억하라. 만약 당신이 이해하지 못한다면, 나에게나 혹은 다른 영민한 승려에게 물어라(p. 134)."

이 말은 유명한 뗏목의 비유에 바로 연이어 존재한다. 붓다는 자신의 가르침을 뗏목에 비유한다. 혹자는 큰 강을 건널 수 있는 아무런 현저한 수단 없이 왔을 때 뗏목을 만들 수 있다. 그 강을 건너고 나면, 그는 뗏목을 가져갈 필요가 없을 것이고, 그가 분별이 있다면, 그것을 버릴 것이다. 붓다는 말했다, "그렇기에, 나는 나의 가르침을 지니기 위함이 아니라, 건너기 위한 뗏목과 같이 가르쳤다. 승려들이여, 만약 당신들이 그것이 뗏목과 같음을 이해했다면, 나의 가르침을 필경 떠나가게 할 것인데, 물론 내가 가르치지 않은 것에는 말할 나위도 없다."

이 마지막 문장은 여러 다양한 방식으로 해석－오역－되어 왔다. 그 난제는 *dhammā*라는 용어가 복수형이기에 생겨난다. *Dhamma*에는 많은 의미가 있고, 종종 번역하기가 힘든 것은 주지된 사실이다. 하지만 뗏목 비유에서의 그 의미는 정황상 완전히 분명하다고 생각한다.

내가 선행하는 문구에서 개괄했듯, 붓다는 자신의 가르침을 때로는 단수형인 *dhamma*로, 때로는 복수형인 *dhammā*로 지칭하는데, 우리가 (영어에서) '그의 가르침' 혹은 '그의 가르침들'을 의미의 변화 없이 사용할 수 있는 것과 같다. 유사하게, 뗏목 비유에서는 단수형 *dhamma*로 시작하였고－'나는 나의 가르침을 뗏목과 같다고 가르친다'－, 복수형인 *dhammā*로 끝난다. 하지만 [이 차이에 의해] 지시한 것에 대한 변화가 있다고 생각하는 것은 순전히 교조적 직해주의이다.

붓다는 *adhammā* 즉 자신이 가르침이 아닌 것뿐만 아니라, 자신의 가르침인 *dhammā*조차 놓아버려야 한다고 결론내린다. 이 담화 전체가 생겨난 연유는 어떤 특정한 의미로 붓다의 가르침을 이해했다고 고집스럽게 주장한 아리타 때문이다. 붓다는 자신의 가르침에 관한 아리타의 이해를 정신보다는 글자에 천착했음을 꼬집어 부정하였다. 결론적으로, 붓다는 "나의 말을 아리타가 아무리 정확하게 인용하더라도, 그는 내가 의미한 바를 놓쳤다"라고 말했다. 그래서 붓다가 뗏목 비유의 설법을 종결할 때, '혹자는 나의 가르침에 집착하지 말아야 한다'고 말한 것의 역점은 자신의 가르침의 문구에 집착하지 말라는 것이었다. 그 말의 핵심은, 혹자가 깨달았을 때 붓다가 가르친 것의 내용 자체를 버려야 한다는 말이 아니라, 그의 가르침은 실용적이자, 목적에 대한 수단이기에, 그가 사용한 특수한 어법(a particular formulation)에 집착하지 말라고 한 것이다－붓다가 절대 가르치지 않은 것에는 말할 나위도 없다.[28]

28 나의 해석은 위대한 주석가인 붓다고샤의 그것(*Papañca-sūdanī* II, p. 109)과는 다르다. 그렇지만 이것이 나를 멈추게 하지 않는다. 팔리에서는 비록 '*attha*'라는 한 단어이지만, 의미와 참조 혹은 지시(reference)는 반드시 구분되어야 한다.
붓다고샤가 (해당 페이지 하단에 있는) 자신의 해석 말미에서 '법(*dhammā*)은 물론 비법(*adhammā*)조차 놓아버려야 한다'고 한 그 마지막 문장이 아리타를 위함이라 말한 것은 옳다. 하지만 그는 그 구절을 문맥상에서 취해, 비법은 아리타가 말한 것을 지시한다고 정의한다. 나는 이것에 동의한다. 그럼에도 불구하고, 나는 붓다고샤가 이 구절에서 비법의 의미를 잘못 선택했다고 생각한다.
의심의 여지 없이 법과 비법은 그 문장에서 한쌍이다. 즉, 비법은 법의 반대어이다. 법은 '규정된 행위나 조건'을, 비법은 그 반대인 붓다에 의해 '견책된 행위나 상태'를 의미한다. 붓다고샤는 여기에서 비법에 해당 의미를 선택하지만, 그 결과로서 그는 법을 '권장하는 상태'로 해석해야 했다. 그렇게 되기 위하여 그는 그것이 지시하는 '권장하는 상태를 찾아야만 했다. 그리하여 그는 해당 경전 어디에도 없고, 문맥상 완전히 이질적인 명상의 여러 종류를 거기에 집어넣었다.

이 본문을 전체적인 일관성보다 구구절절 파악하려고 했기에, 후기 해석가들은 이상한 잡탕을 만들었다. 복수형인 *dhammā*는 마치 소리가 듣기에 상응하듯 생각의 기능에 상응하는 생각의 대상, 즉 '노에타'(Gk: noeta)로 생각할 수 있다.[29]

문맥의 마지막 용어를 치켜세워서, 대승 경전은 붓다가 모든 생각의 대상을 버려야 한다고 규정했고, 바로 그 표상으로 그는 그 반대의 것 – 그것이 무엇이건 간에 – 즉 생각의 대상이 아닌 것 또한 버려야 한다고 권하였다.[30] 그리하여 뗏목 비유는 모순과 비이성의 현장이 되었다.

붓다고샤의 비법에 관한 해석은 일반적으로 그 문맥에는 들어맞지만, 그 의미는 해당 본문의 이전 부분으로 거슬러 올라가 뗏목의 비유로까지 이끄는 그 전의 구절에 대한 해석을 등한시한다. 그 구절은 법을 바르게 혹은 그르게 파악하는 방법을 (그 경의 이름과 같이) 물뱀을 잡아 쥐는 바른 방법과 잘못된 방법으로 비유하는 것에 관한 내용이다. 잘못된 방식은 그 말들의 의미를 이해하지 못한 채 배우는 것이다. 그렇게 잘못 취한 가르침은 '그가 가르침을 잘못 파악했기에'(*duggahīttā dhammānam* (p. 133)) 다만 그 확인을 해롭게 할 뿐이다. 그것들을 올바르게 익히는 것은 그것의 의미(*attha*)를 이해하는 것이고, 만약 그렇게 파악한다면, 그것들은 혜택을 가져다줄 것이다.

29 나의 가설 '어떻게 그 용어가 이 뜻을 가지게 되었나'에 관하여는 아래 p. 51을 참조하라.

30 금강반야바라밀다경(*Vajracchedikā Prajñāpāramitā*, ed. and tr. Edward Conze, Serie Orientale Roma XIII, Rome, 1957). '보살 마하살에게는 법의 지각도, 그같이 비법의 지각도 존재하지 않는다. 수보리여, 지각도 비지각도 그들에겐 일어나지 않는다. 왜 그런 것인가? 만약, 수보리여, 이 보살 마하살에게 법의 지각이 일어난다면, 아상·인상·중생상·수자상에 대한 집착이다. 왜 그런 것인가? 이 보살 마하살은 법과 비법을 파악하려 하지 않기 때문이다. 그러므로 이 말은 '법의 교설을 아는 이들에게 법은 뗏목처럼 버려져야 하고, 비법에는 더욱더 그러하다'라는 미묘한 의미로 여래에 의해 설파되었다.

붓다: 어떻게 생각하는가, 수보리여? 여래에 의해 완전히 깨달아진 '아뇩다라삼먁삼보리'라는 법이 있는 것인가? 혹은 여래에 의해 시설(示說)된 어떠한 법이라도 있는가?

수보리: 아닙니다, 제가 붓다의 가르침을 이해하기로는 여래에 의해 완전히 깨달아진 '아뇩다라삼먁삼보리'라는 법이 존재하지 않고, 여래께서 시설하신 어떠한 법도 존재하지 않습니다. 왜 그러한 것인가 하면, 여래에 의해 완전히 깨달아졌거나 시설된 법은, 파악되는 것이 아니며, 말할 수 있는 것이 아니며, 법도 비법도 아니기 때문입니다.'

상응하는 산스크리트 본문은 pp. 31-3에 있다.

•● •● •●

붓다는 위대한 소통가였고, 최상의 방편의 대가였지만, 그는 자신의 가르침을 변형으로부터 보존할 수 없음을 정확히 예견하였다. 그가 가르칠 때는 최소한 자신의 청취자들을 문답 속으로 끌어들일 수 있었을 뿐만 아니라, 요즘 말로 하자면, 그들의 주파수에 확실히 맞출 수 있었다. 나는 방편에 대한 그러한 허세를 부릴 수 없고, 나의 청취자 구성원들의 선입관과 기대를 알 수 있는 능력조차 없다. 다만 나는 내가 의도한 것들을 전달할 수 있었기를 바랄 뿐이다.

II

‘무엇인가’가 아니라 ‘어떻게’ :

브라만 사상에 대한
반작용으로써 생겨난 업 이론

II ‘무엇인가’가 아니라 ‘어떻게’ : 브라만 사상에 대한 반작용으로써 생겨난 업 이론

첫째 장에서 나는 붓다의 가르침이 당대의 다른 종교의 스승들, 특히 브라민들과 문답하는 과정에서 진화했다고 말했다. 그리고 나는 붓다가 본질주의자가 아니었으며, 브라민들과는 대조되게도, 그것이 ‘무엇이었는가’보다 ‘어떻게 작용하였는가’에 대해 더욱 관심이 있었다고 말하였다. 이 장에서 나는 그 두 논제를 더 깊이 탐구해서 결합하려 한다. 이 장의 끝 즈음에서 나는 셋째 논제인 붓다가 자비를 옹호했음에 관해 논한 후, 이 세 논의의 실타래를 엮으려 한다.

내가 오히려 불확실하다고 느끼는 점은 붓다 자신이 철학적으로 일관된 교의를 제시하는 데 얼마나 관심이 있었는지에 대한 것이다. 나는 관련된 교의들이 팔리 경전 내에 존재한다는 것에는 의심이 없다. 하지만 이것의 어느 범위까지가 후기 [경전] 체계자들의 공로인가? 만약 이것이 후기 일손들의 노력이 아니라면 – 나는 아마 붓다가 자신의 제자들보다 더 위대한 사상가, 진정 더 위대한 철학자였다는 놀랍지 않은 관점에 마음이 기울었다 – 우리가 인상적인 논의의 사상체계를 붓다에게 귀속시키는 것이 그를 잘못 대변하는 것인가?

이 문제는 불교사상사에서 차후에 그대로 반복되었다. 용수의 추종자들인 중관학파는 두 진영으로 나뉘었다. 한쪽은 자신들의 철학은 단지 다른 이들에 의해 취해진 입장을 논파하는 역할만 할 수 있다는 귀류논증파(Prāsaṅgikas)이다. 그들은 붓다 자신이 '견해(*diṭṭhi*)[1]가 없다'고 한 진술에서 자신들의 권위를 얻었고, 자신들의 사상적 입장을 세우는 것을 엄격하게 회피하였다. 다른 쪽은, 올바른 견해(*sammā-diṭṭhi*)가 잘못된 견해(*micchā-diṭṭhi*)에 대조되는 것이자, 권장된 경전의 수많은 구절에 권위를 호소하는 자립논증파(Svātantrikas)이다. 그들은 불교를 용수가 해석한 것처럼 일관적인 동시에 진실하다는 건설적인 논의를 지속해나갔다.

만약 우리가 경전상의 자료를 본다면 양자 모두에 관한 충분한 근거가 있다. 붓다의 주안점이 자신이 스스로 경험했었고, 다른 이들 역시도 가지길 원했던 경험에 있었음에는 의심의 여지가 없다. 그는 종종, 합리적으로 논의했다는 의미에서 이성에 호소하기도 하지만, 경험에 호소한 바는 물론 더욱 중요하다.[2]

---

1 앞의 p. 24를 참조하라. 이것은 *Sutta-nipāta*의 마지막 두 권에 있는 게송이다. 붓다는 거기서 '그 혹은 (더 비인칭적으로) 진실한 성자는 견해가 없다(예를 들어, 게송 787, 800, 882)'라고 주장하는 점에서 퀴에티즘(quietism, 주해 7을 참조하라.)의 입장을 취하고 있다. 그리고 이것들은 사실상 고메즈가 그의 논문 'Proto-Mādhyamika in the Pali Canon' (Gomez, 1976)에서 참조시키는 그 시구들이다. 스티븐 콜린스는 자신의 책 '*Selfless Persons*' (Collins, 1982)에서 탁월한 제4장 전체를 삼장의 '견해'에 바쳤고, 그것을 꽤 잘 구성하였다. '이 게송들은 견해와 이론을 지닌 이의 심리적 상태보다 관점과 이론의 내용에는 오히려 관심이 적었다는 테라바다 문헌 가르침의 양식을 최종 변론한다(p. 129).'

2 *Mahā Sīhanāda*경(MN I, 68)의 시작 부분에서 붓다는 수나카타가 자신에 관해 다음과 같이 이야기했을 때 굉장히 화난 것처럼 들린다: '그는 고의 소멸의 교의를 가르치고, 이것

근대의 합리적 해설가들은 사람들이 *Kālāma*경(AN III, 65 = AN I, 188-193)에 주목하기를 원할 것이다. 이 경에서 붓다는 칼라마 부족에게 스승의 가르침을 단지 권위 때문이 아니라 자신들에게 어떤 과보를 초래하는지에 따라 받아들일 것을 조언했다.[3] 어쨌든 그는 그들에게 각각의 단계마다 그들이 동의하는지 물어보며 대담을 진행하였고, 그는 그들의 경험에 호소한다 – 이것은 우리가 상식이라고 말할 수 있을 것이다. 게다가, 그 설법의 내용은 도덕적 행위가 실용적인 이득이 있음을 보여준다. 다시 한번, 이 본문은 실용적이고 반·사변적이다.

같은 논제를 가진 다른 경전으로, 나는 본 장 후반부에서 더 [상세히] 언급할 것인 *Tevijja*경(DN *sutta* xiii)을 특별히 논하려 한다. 이 본문에서 붓다는 브라마(Brahmā)를 직접 봤거나 혹은 경험한 적도 없는 브라마와의 합일로 이끄는 길을 안다고 말하는 브라민들을 날카롭게 비판한다. 그는 그들을 '장님이 장님을 이끄는 것'(p. 239)과 '비록 그 나라에서 가장 아름다운 여성과 사랑에 빠졌다고 했지만, 그녀를 전혀 본 적이 없기에, 그녀가 어디에 있는지 혹은 그녀에 관해 어떤 것을 물었을 적에 그 어느 것도 대답해줄 수 없는 사람에 비유한다(pp. 241-2). 그렇게 조롱당한 브라민들은 '세 가지의 지식을 가지고 있는 사람'이

은 실제로 효과가 있지만, 그는 그 교의를 자신의 이성의 힘으로써 만들었고, 인간의 능력을 뛰어넘는 직관은 가지지 않았다.' 이 본문은 붓다를 순전히 합리적으로 해석하는 것을 부인하는 것으로 서술될 수 있다. 어쨌든 본문 전체의 어조에서 혹자가 이것을 붓다의 직설로 판독할 수 있을지에 대해서 나는 회의적이다. 이 경전은 붓다의 비범함을 강조하는 데에 헌신되어서, 논쟁의 일부로서 붓다가 근본적으로 보통의 인간인가에 관해서 쓰여 있다.

3 MN I, 265 또한 참조하라: '비구들이여, 여러분은 당연히 스스로를 위해 발견하였고, 봤고, 이해한 것들만을 말해야 한다.'

라는 삼명(*tevijja*)으로 기술되었다. 그것은 브라민들이 유일하게 진정한 지식이라고 여기기에 지식(veda)이라 불리는 세 경전 즉 리그 베다, 싸마 베다 그리고 야유르 베다에 정통한 것을 지칭하는 것이다. (현재에도 그 세 경전에 통달한 사람에 수여하는 칭호를 브라민들이 일상적으로 성씨로 사용하는 것이 관찰된다－Trivedi, Tripathi, Tiwari 등등). 이 경전은 물론 고안된 것이고, 실제 대화의 온전한 기록이 아니다.

우리 *Tevijja*경에는 이 경의 이름이 암시하는 흥미로운 요지가 포함되어 있지 않은데, 아마 처음에는 그 속에 있었을 것이다. 그것은 붓다 그 자신이 삼명을 가지고 있음을 스스로 공언하는 것이다. 하지만 붓다의 지식은 베다에 관한 것이 아니라 자신이 체험한 것들이었다. 깨달음에 이르는 마지막 단계는, *Sāmāñña-phala*경에서 진술된 사례처럼, 세 종류의 지식(*vijjā*)이라 명시되었다－자신의 전생과 다른 사람의 전생에 관한 지식 그리고 사성제와 번뇌의 소멸에 관한 지식이다. 만약 그것들이 브라민의 '세 지식'에 대응하고 그것을 능가하도록 의도되지 않았다면,－마지막 것은 사실상 복합체인－특정한 성취의 집합이 왜 '세 지식'으로 불리는지에 대한 근거는 어디에도 없다.

그들이 그렇게 의도했던 것은, AN III, 58 = AN I, 163-6경에 따르면, '세 개의 귀'(Tikaṇṇa)라고 불리는 브라민이 붓다에게 '브라민이 무슨 연유로 세 지식이라 불리는가'에 관해 묻는 설법 안에 설명되어 있다. 혹자는 브라민이 그 질문을 [다른 브라민이 아닌 붓다에게] 했다는 것을 상상하기 어려울 것이고, 나는 그 브라민의 [우스꽝스런] 이름 자체가 이것이 해학이었음을 확증한다고 믿는다. 하지만 이 설법은 브라민 용어의 전용(轉用)에 관한 전형적인 사례이다.

반면에, 삼장 안에는 분명 '정견'이 다수 언급되며, 그 자료의 존재는 철학적 논의를 부채질하는 데 충분한 양인데, 비록 간헐적일지라도 이미 2천여 년 이상 지속되었다(그리고 더 생겨날 것임에는 의심의 여지가 없다). 유명하고 인기 있는 다수의 설법은 붓다가 문답할 때, 그러나 말해야 하는 것을 상대방의 관점으로부터 차용한 후에, 그는 종종 그 자신의 권위로 어떤 긍정적인 것을 말하는 것으로 끝낸다. 게다가 혹자는 붓다가 실용적이기를 원했기에 스스로 자제한 듯한 느낌을 받을 것이다. 붓다가 자신이 설명한 것과 그렇지 않은 것을 한 줌 낙엽과 숲 전체를 비교하여 설명한 것, 그리고 그가 단지 사성제만을 설명했다고 말했을 때(SN V, 437-8), 나는 어떤 사무침을 느낀다 – 제자들이 가장 어려움을 겪는 부분에서 그들의 혼란을 가중시킬 것으로 생각하지 않았다면, 그는 아마 흔쾌히 더 상세히 설명했을 것이다. 하지만 혹자는 당연히 붓다가 틀림없이 더 상세히 설명했다는 것, 그리고 다른 한편으로 연기에 대한 이해 없이도 깨달음을 반드시 얻을 수 있다는 – 혹은 얻어 왔다는 – 것에 반대해야 한다.[4]

나는 붓다가 자신이 의도하지 않은(F: *malgré lui*) 철학자가 되었는가에 관한 문제에서 최종적인 결론을 내릴 수 없고, 이것은 아마 [누구라

4 역) 저자는 연기가 다양한 형식과 의미를 가지고 있지만, 단지 어느 하나만이 진정한 것이어야 하기에, 그것 외의 다른 것을 받아들인 사람은 다 진정한 깨달음을 얻지 못하였다고 하기보다는, 그것의 이해가 깨달음에 필수적이지 않다고 생각한다는 의견을 개인적으로 보내주었다.

도] 해결할 수 없을 것이다.[5] 하지만 나는 포퍼학파(Poperian)의 두 개념으로 회귀하려 한다: 비의도적인 결말과 상황 논리.[6] 전통적 설명방식에서는, 붓다가 열반을 성취했을 때, 자신은 그 상태를 단지 즐기기만을 원했었고 전법에는 관심이 없었다. (나는 이것이 안식년 후에 강의하러 돌아오는 것 같은 심정이었으리라 생각한다.) 또한 경전은 퀴에티즘적인[7] 기질을 보이는데, 특히 *Sutta-nipāta*의 몇몇 게송에서 명확히 드러난다(각주 1을 보라). 하지만 마침내 그의 자비심이 자신의 경험을 고통받는 중생들과 나누도록 인도하였을 때, 그는 45년간의 사회적 교류에 참여할 것을 결심하였다. 깨달은 사람조차 나는 심사(心思, mood)가 있다고 믿는데, 어떤 심사에서는 붓다가 절대적으로 필요한 이상으로 말하거나 가르치려 했었다고 생각한다. 이것은 특히 열성적인 제자들과 같은 사람들에 둘러싸여 있거나, 지성적인 논쟁자들로부터 도전을 받을 때 일어나는 '상황 논리'이다. 문답이 일단 시작되면 반드시 결론이 도출되었어야 했다. 그러므로 나는 현재 불교철학이라 불리는 것이 엄밀히 말해서는 붓다의 전법활동의 '비의도적인 결말'로서 생겨났고, 그것의 발생은 의심의 여지 없이 붓다 그 자신으로부터 시작되었을 것이라 생각한다.[8]

---

5 나는 우리가 그를 철학자로 불러야 하는가에 관해 물은 것이 아니다. 이것은 단지 정의에 관한 문제이며, 허위 문제이다. 나의 질문은 그의 의도에 관계한 것이다.

6 상황 논리(the logic of the situation)는 이성 원리(the rationality principal)와 같다. Gombrich, 1971, pp. 12-14를 참조하라. 이 개념들에 대해서는 Popper, 1952, pp. 93-97과 Popper, 1974, pp. 120-135를 참조하라.

7 역) Quietist. 스페인 성직자인 몰리노스가 17세기 후반에 제창한 신비주의이다. 의욕을 버리고, 세속적 욕망에서 벗어나, 신과 천사들에 관한 수동적 명상을 수행하던 종교이다.

8 종교 역사에서의 무의식적 결말은 Gombrich, 1988b, pp. 16-18을 참조하라.

••• ••• ••

나는 교과서를 쓰려는 것이 아니고, 다만 이미 잘 알려진 사실에 대해 절대적으로 필요한 것 정도만을 말하려 한다. 붓다의 주요 가르침은 오래된 우파니샤드, 특히 *Bṛhadāraṇyaka*에 대한 반응으로써 생겨났다. 붓다는 아마 자신이 당연시한 일부분에서는 그 우파니샤드 교의에 동의했고, 다른 부분들은 비판했다.

관련된 우파니샤드의 가르침을 최대한 간략히 제시해보겠다:

1. 사람은 자신의 업(*karman*)의 질에 따라서 환생한다. '업'은 규정된 제식의 준수를 지시한다.[9] 전형적인 업은 희생제이며, 이것은 보통 긍정적이다. 그리고 제식기준의 위반은 부정적이다. 그러한 각각의 행위에는 긍정적이거나 혹은 부정적인 한정된 과보가 주어진다－정화하는 행위는 보상될 것이며, 나쁜/오염시키는 행위는 처벌될 것이다. 그러한 보상과 처벌의 가장 두드러진 양상은 장기간적임이다－고급 혹은 저급한 삶의 형식으로 환생하는 것. 그러한 높거나 낮은 [과보의] 양상이란 지상과 천국 그리고 지옥이며, 모두 일시적이다.
2. 윤회에서 벗어나는 유일한 귀의처는 성전(베다들)의 비전(秘傳)의 진의인 브라만, 즉 숨겨진 진리의 신지(神智)이다. 그 진리는 깨달아야 하는 것이다(to be realised) = 살아 있는 동안 이해되는

9 업이 윤리화된 자취는 *Bṛhadāranyaka Upaniṣad* 4, 4에서 나타난다. 하지만, 불교의 영향에도 불구하고, 브라만교는 결코 그 개념을 철저히 윤리화하거나 혹은 제식행위로부터 윤리를 완전히 분리하지 않았다.

것. 그리고 이것은 체현(being realised)으로 이끌 것이다 = 죽을 때 현실화되는 것. 브라만을 이해하는 사람은 브라만이 될 것이다. 이 교의의 덜 세련된 형식에서는 브라만이 의인화되고, 그 신지를 가진 사람은 가장 높은 천국 어딘가에서 브라만과 죽을 때 결합한다.

3. '깨달아야 할 진리'는 실체의 본성에 관한 것이다. 그 소우주(사람)는 그 대우주(우주)의 모습을 반영한다. 그 양자는 동일하게 본질, 진정한 본성, 영혼(*ātman*)을 가지고 있다. 그래서 우주적인 단계에서는 브라만과 아트만이 동의어로 이해된다.
4. 본질로서의 아트만은 불변한다 – 이것은 '되어감'(bhāva, becoming)에 반대되는 실재(sattva, being)이다. 실재는 또한 충만(plenum)인데, 모든 존재하는 것의 속성이기 때문이다. 불행은 항상 어떤 것이 부족하기 때문이다. 실재, 즉 충만은 어떤 것도 부족하지 않다. 그러므로 존재는 불행함의 특성을 가지지 않는 오직 지복(至福)일 뿐이다.
5. 위에서 주어진 realized의 의미의 이중성에서 볼 수 있듯이[10] 존재론은 인식론과 병합 – 혼동이라 말할 수 있다 – 되었다. 진리(*satya*)는 또한 존재(*sat*)이다 – 사실상, 이것은 존재(*sat*)인데, 존재는 유일한 것이기 때문이다. 본질적으로 우리는 존재하는 것이지만, 그 진리에 대해 의식하고 있다. 그래서 존재는 의식하는 것(*cit*), 혹은 오히려 의식(*vijñāna*)이다.

나는 이 해설이 업의 교의가 전체의 구조에 근본이 된다는 것을 보

10 역) 영어 realize는 '깨닫다'와 '실현되다'는 두 가지 의미를 가진다. '깨닫다'는 인식론적인 의미이며 '실현되다'는 존재론적이다.

여준다고 생각한다. 유사하게, 나는 종종 붓다의 업의 교의가 그의 사상구조에 근본적인 것이라고 논의했다. 불교 전통은 사성제를 가장 기본적 가르침이라고 선택했지만(따라서 첫 설법에 넣었다), 불교 전통은 우리는 모두 자신의 행위의 질에 따라 환생하며, 윤회로부터 벗어나기를 원한다는 것을 전제한다. 다른 말로 하면, 제1성제는 그 같은 가정을 실체화하였다. 제1성제는 불만족(*dukkha*)[11]이라는 한 단어이고, 이것은 우리 인생의 모든 경험은 최종적으로는 고라는 의미를 설파하였다. 그렇기에 진정한 만족을 위해서는 우리가 경험세계의 바깥을 탐구하여야 한다는 점이 논리적으로 뒤따른다.

붓다는 우리가 경험하는 삶, 즉 현상적 존재에는 세 개의 특징적인 소인(消印)이 있다고 가르쳤다: 무상(*anicca*), 불만족(*dukkha*) 그리고 무아(*anatta*). 이것은 위 우파니샤드 제3·4절에 나타나는 추론을 받아들이는 것이다. 삼법인은 상호 간에 결론이 된다. 변하는 것은 그것의 정의에 의해 자아가 아니고, 본질이 아니며, 불만족 또한 그 자체의 정의에 의해 거의 동일하게 성립된다. 제1 성제의 감정적 강제력이 주는 것은 인간의 삶에 적용되는 것이고, 그 나머지는 항상 죽음으로 끝나는 것이다.

붓다는 그렇게 우파니샤드의 이분법인 변화, 즉 불만족스러운 현상세계와 이것을 논리적으로 연역한 것인 그 반대를 받아들였다. 어쨌든, 그 이분법을 받아들인 후에 붓다는 그 후자가–실재로서–존재한

11 역) 한국에서는 통상적으로 苦로 번역되나, 저자는 서양학계의 통상적인 해석방식인 불만족(unsatisfactory)을 일관적으로 사용하기에 그대로 따랐다.

다는 것을 부정했다.

혹자는 그가 – 부정적 의미에서 – 대우주·소우주의 동일성을 받아들였다고 주장할 수 있다. 우파니샤드는 양자를 유일한 본질로 환원시키고, 그런 다음 1 = 1 균등화를 설정한다. 붓다는 양쪽의 영역 모두에서 본질의 존재를 부정하고, 평행한 균등화 0 = 0을 설정한다. 상식적 관점인 외계 실체의 실재는 부정되지도 않았으나, 긍정되지도 않았다. 이것은 오히려 관계없는 이론화라며 한발 비켜선 듯하다.[12] 붓다의 가르침은 실용적으로 의도되었고, 살아 있는 생명의 문제에 관여하기 때문에, 우주의 본질이 존재하지 않음을 공공연히 주장하는 경전이 없는 것은 그리 놀랄 만한 것이 아니다. 이 논점에서 그는 단지 우파니샤드를 조롱하기만 한다 – 귀류논증파의 역할을 한다고 말할 수 있다.

•● •● •●

만약 나의 생각인 붓다는 세상의 존재론적 상태 – 무엇이 '진정' 존재하는가에 대하여 – 에 관한 분명한 진술을 남기지 않았다는 것이 옳다면, 이것은 후기 불교도들이 이 문제에 대해 어떻게 이견을 가질 수 있었는가를 설명해줄 것이다. 초기 학파들은 혹자가 – 경멸적인 의미가 없는 – 소박실재론자(素朴實在論者, naïve realist)라고 불릴 수 있었고, 이로 인해 대승불교 철학자들에 의해 신랄하게 비판받았다.

12 나는 아래 p. 137에서 이 문제를 다시 다룰 것이다.

불교 존재론의 발달은, 붓다의 의도와는 상반된다고 추측되는데, '*dhamma*라는 용어가 어떻게 사용되었는가'의 역사를 고찰함으로 그 유래를 알 수 있다고 나는 제안하는 바이다. 이 문제만을 전적으로 다룬 두 책이 이미 존재하기에(Geiger & Geiger, 1920; Carter, 1978), 나는 여기서 세 번째 책을 추가하기보다는, 약간은 개괄적으로 이 이론의 골조를 서술하고자 한다.

브라만의 사상에서 단수형 *dhamma*는 중세 유럽 사상에서 본성(nature)이라는 개념, 즉 '무엇인가?'와 '무엇이어야 하는가?'라는 것의 복합어와 크게 다르지 않다. (다른 말로 하면, 그 개념은 실재와 가치를 구분하지 않는다.) 브라만 철학은 실재의 본성들(*sva-dharma*, '자성')에 따라 그 자체를 분류한 범주를 세우기에 이르렀다. 모든 것의 본성은 동시에 그 자신의 의무이다. 원리상으로 그러한 본성(그리고 의무)의 수는 한정되어 있고, 총체적으로 그것들은 단수형 *dharma*와 동일하다. 원리상으로, 다시, 이 모든 것들은 인지될 수 있다－그리고 사실상 해탈한 성자에 의해 인지된 것이다. 이 관점은 브라만교의 관념론자(일원론자)와 실재론자(다원론자)에 의해 공유되었다. 그들은 단지 그 본질들이 궁극적으로는 실재인지 아닌지에 관해서만 의견을 달리했다.

원래 불교의 *Dharma/Dhamma*는 브라만의 다르마처럼 두 측면이 있다. 붓다가 법을 포교하였을 때, 그것은 (경험에 관한) 진실한 기술(記述)인 동시에 의무에 대한 전언이기도 했다. 이것은 기술적인 동시에 규범적이다. 팔리 경전은 자성법(*sva-dharma*)이란 용어나 그것의 팔리 상당어를 사용하지 않았고, 붓다가 본성을 다루지 않았기에, 그러한 개념 자체를 가지고 있지 않다. 그럼에도 불구하고, 복수형인 *dhammā*는 사실 매우 자주 나타난다. 왜 그럴까?

만약 그 단어가 붓다의 가르침을 지시한다면, (영어에서) 붓다의 가르침과 붓다의 가르침들 사이에 중요한 차이점이 없듯이, 단수형과 복수형 사이에는 별반 차이가 없다. 이것은 제1장 뗏목 비유의 문맥에서 예증되었다(p. 34).

그 단어는 그것의 기술적인 측면을 잃을 수 있어서, 단순히 규범만을 의미할 수 있다. 이 의미는 우리가 더 개의치 않아도 된다.

반면에, 복수형의 가장 일반적인 활용에서는 그 단어에서 규범이라는 측면을 잃어버린 듯하기에, 순전히 기술적일 뿐이다. 이러한 의미에서 *dhammā*는 사고의 내용을 지시한다. 마치 광경이 봄의 대상이거나 혹은 소리가 들음에서의 그것처럼, *dhammā*는 생각의 대상이다. 초기 불교에서는 여섯 종류의 감각이 있다 – 마음(*manas*)은 다른 다섯 가지와 동등하게 취급되었다. (물리적 감각 기관은 [실재로서] 받아들여졌지만, 감각의 지각(sense perception)은 실체화되지 않았다.)

이 의미의 *dhammā*는 지나치게 포괄적이어서 번역하기가 힘들다 – '노에타(noeta)'[13]가 정확할 것이지만, 이것은 너무 기술적(技術的)이고 대부분의 문맥에서 모호할 것이다. '현상(phenomena)'도 일부 선호하지만, 반·실재론자의 암시로 잘못 이끌 것이다. 이것의 가장 좋은 번

13 역) 고대 희랍인들은 인간의 앎을 사유(noesis)와 감각(aisthesis)으로 나누었고, 그 인식의 내용을 사유된 것(noeta)과 감각된 것(aistheta)으로 구분하였다. 따라서 불교에서 구분하는 다섯 가지 인식의 내용인 색·성·향·미·촉은 aistheta로 법은 noeta로 분류될 수 있다.

역은 단순히 '실재(things)'일 것이다. 하지만 어떻게 그 단어가 이런 의미를 얻는가?

스티븐 콜린스(1892, p. 115)는 이렇게 썼다. '*Dhammā*는 여기에서 실행되어야 할 규범적 체계이자 직관적 명상에서 경험의 '대상'인 양 요소이다.' 나는 이 사상적 노선을 더 깊이 추구하려 한다. *Satippaṭṭhāna*경과 *Mahā Satippaṭṭhāna*경과 같은 명상에 기본이 되는 경전에서 명상가는 붓다가 가르쳐준 대로 실체를 보도록 스스로를 훈련해야 한다. 그는 이것을 네 단계에 걸쳐서 해야 한다.

처음에는 그 자신과 다른 사람의 몸에서 일어나는 신체적 변화를 관찰하는 법을 배운다. 그런 다음 그는 느낌(受), 그리고는 마음 상태의 지각에 대하여 그 비슷하게 배운다. 마지막으로 그는 법들(*dhammā*)을 지각하는 것을 배운다. 이것은 '그의 생각들'이라 해석되어 왔다. 하지만 그 본문들이 판독하는 *dhammā*는 사실상 사성제와 같은 붓다의 가르침이다. 명상자는 '그 가르침에 대하여' 생각하는 것으로부터 '그것으로' 생각하는 것으로 이동한다−(시대착오적인 은유를 사용하자면) 그는 불교의 색안경을 통해 세상을 보는 것을 배운다. 붓다의 가르침들은 (모든) 생각의 대상과 같아진다. 왜냐하면, 그 외 다른 어떤 것도 (불교도들은) 생각할 수 없기 때문이다. 그렇기에 *dhammā*는 붓다가 이해한 실체의 원소들이다.

나의 이론은 그 용어가 명상의 이 세부적 정황으로부터 일반화되었다는 것이다. 이것은 여전히 *dhammā*가 존재론적 실재로 생각되어야 한다는 것을 의미하지 않는다. 사실상 그들 대다수는 명제[14]이다. 초기 경전은, 의심의 여지 없이 붓다의 말을 따른 것으로, 특히 여섯 감각으로 현상을 분류하는 경향을 보여준다. 하지만 이 분류 (혹은 다른 것들) 내에서는 실재의 종류의 수가 유한하다는 어떠한 암시도 없다. 이 열린 결말은 브라만의 자성법(*sva-dharmas*)의 한정된 우주관과 대조된다. 게다가 감각으로 지각된 세상을 분류하는 것은 단순한 인간중심주의(anthropocentric)가 아니다. 이것은 또한 '무엇'보다 '어떻게'를 강조한다－'무엇이 존재하는가?'보다는 '우리가 어떻게 알고, 어떻게 경험하는가?'에 대한 것이다.

Dhammā(복수형)의 그 직후 역사에 관한 단상. 브라민의 교육 언어인 산스크리트에서 복수형 *dharmāḥ*는 (다른 여러 가지 중에서) '노에타'의 의미로 쓰이게 되었다. 이러한 사용법은 불교에서 나왔고, 브라만의 사상 중에서는 감각지각이론이 불교와 유사한 바이세시카(*Vaiśeṣika*)철학 학파에서 시작되었다는 것이 나의 추론이다. 바이세시카 학파에서 일부 *dharmāḥ*들은 궁극적으로 진정한 실재이다. 이것은 체계화된 초기 불교 사상의 실재론적 다원주의인 아비담마와 다르지 않다.

존재론이 불교 안으로 서서히 기어들어오기 시작한 때는 붓다가 지칭한 것들의 목록을 만들어 경전을 편찬했을 때라고 추측한다. 이 목록은 붓다가 실재한다고 가르친 것들의 재고품 목록으로, 그리고 우주라는 건물의 벽돌로 여겨졌다. 혹자는 단지 이 정도로까지 환원시킬

14 역) 명제는 논리학에서 '어떤 것이 긍정 또는 부정이 가능한 성명'으로 정의된다.

수 있었다: 모든 액체는 '진정' 물이지만 (혹은 혹자는 일반적으로 '액체'라고 말할 수 있다－'물'이라는 용어는 추상적인 것일 수 있다), 물은 더이상 환원될 수 없었다.

추상적인 *dhammā*는 구체적인 *dhammā*보다 더 많이 존재하고, 일부는 '성냄'과 같은 어떤 작용의 명칭이다. 하지만 그 목록은 닫힌 것이다. 따라서 비록 세상에 존재하는 실재들의 실례의 숫자는 확정될 수 없었지만, 실재들의 종류는 수는 그렇게 되도록 취해졌다(비록 다양한 학파들은 그 숫자에 정확히 일치하지는 않는다). 그리하여, 불교의 아비담마는 우파니샤드의 일원론에 일관적으로 반대했지만, 이 국면에서 브라만의 자성법의 세계와 불교의 세계는 서로 닮게 되었다. 용수는 차후에 이 본질주의에 대하여 반발하게 되었는데, 이 반발은 내가 붓다 그 자신의 의도 속의 진의에 있었다고 믿는 것이다.

•• •• ••

붓다에게로 돌아가자－혹은 우리가 갈 수 있는 가능한 한 가까이로 말이다. 불교와 브라만교 사이에는 존재론의 단계에서와 같이 도덕에서도 동일한 대조(contrast)를 이룬다. 산스크리트 신화에 관한 본문들은 세계는 선과 악, 고와 행복이 균등한 충만 상태인데, 만약 그 평형이 깨지면 반드시 복구되어야 한다는 사상을 반영하고 있다. 이것은 결국 고행(*tapas*)의 배후에 있는 근본적 사상이다－만약 혹자가 현재에 일부러 스스로 궁핍한 삶을 산다면, 이것은 차후에 공덕을 쌓을 것이다.

불교는 이 사상을 부인한다. 이 우주적 평형 사상이 보전되는 유일한 영역은 업의 법칙, 즉 선한 행위는 보상되고 악한 행위는 결국에 처벌되는 법칙이다.[15] 어쨌든 여기서 그 평형 상태는 개인의 도덕적 연속성 내에서 영향력을 행사하고(무한한 생에까지 남음), 그 결과는 비인격적 운명에 의해 부과되는 것이 아닌 그 개인의 책임이다.

불교는 자신의 열린 결말에서 자이나교와도 현저하게 대조된다. 자이나교도는 (일정한 거리에 의해) 수직과 수평 양자의 경계가 있는 완전히 한정된 세계관을 보여주는 우주 도표를 선호한다. 이 우주의 내용물은 남김없이 분류되었다. 불교의 세계는 대조되게도 양 공간 차원의 경계가 존재하지 않는다. 비록 테라바다 교조주의는 천국과 지옥의 개수를 명기하기에 이르렀지만, 그 정상에는 격하할 수 없는 모호함이 있고, 자이나교에 있는 것 같은 우주의 정상(*bhavagga*)이 없다. 초기 대승불교 경전에는 그 우주가 사방으로 팽창하는 듯하나, 이것은 최초기 경전의 정신에 반하지 않는다. 여기서 시간에 관해서 논하는 것은 전문 영역을 너무 멀리 벗어나는 듯하나, 나는 다음 장에서 이 주제로 돌아갈 것이다.

15 나는 '보상'과 '처벌'이라는 용어를 사용하는 것은, 그 작용은 비인격적이기에, 이곳과 상단 p. 47에서 비판해왔다. 어쨌든 그 비인격적 작용은 적절하게 우리의 관점으로 인지될 수 있다.

•• •• ••

나는 소우주의 주제로 돌아왔다. 붓다는 존재론적인 언어를 거의 사용하지 않았다. 붓다가 아트만의 존재를 부정한 가장 노골적인 구절은 *Alagaddūpama*경에서 찾아볼 수 있다. 아마 우파니샤드에서 가장 유명한 금언은 *tat tvam asi*(*Chāndogya Upanisad* 6, 8, 7 등등) 즉 개인의 자아/본성과 세상의 자아/본성을 동일시하는 '그대가 그것이다'이다. 이 성명을 팔리어 일인칭으로 치환하면 *eso 'ham asmi*－'나는 이것이다'－이고, 이것은 몇 개의 경전에서 거짓 [명제]라고 나온다. 정확하게 말하면 그 거짓 성명 전체는 *etam mama, eso 'ham asmi, eso me attā*이다: '이것은 내 것이고, 나는 이것이고, 이것은 나의 자아/본성이다.'

이 세 절의 묶음[16]은 종종 사견이라고 언급되는데, Alagaddūpama경에서 그것이 가장 명확히 전개되었고(MN I, 135-6), 현존하는 우파니샤드 구절들의 다른 명백한 언어적 모방을 포함하는 표현들에도 존재한다.[17] 나의 스승 노만 박사와 내가 최근 몇 해 사이에 이 구절들의 분석한 것을 출판하였으므로(Norman, 1981; Gombrich, 1990), 나는 여기서 그것들을 재언급하지 않을 것이다. 요약하자면, 그 구절은 혹자의 자아가 우주와 동일하다거나, 그가 죽을 때 우주 자체가 된다는 것을 부

16 투비아 겔블룸 박사는 사실상 그 동일한 세 구절의 집합은 *āryā* 운율의 필요성을 충족시키기 위해 차용되었고, *sāṃkhya kārikā*의 *kārikā* 64에서도 발견된다는 것을 보여주었다. 그 문맥상에서 그것들은 '정신(*puruṣa*)은 자연(*prakṛti*)도 그 자체도 아니고, 그것의 어떠한 파생물도 소유하지도 않음을 깨닫는다는 것'을 지시한다(Gelblum, 1970, pp. 78-80).

17 그 모방은 주석서에 의해 언급되지 않았고, 근대 이전에는 알아차리지 못한 듯하다. 그것들은 헤르만 올덴베르그에 의해 언급되었다(Oldenberg 1923, p. 258).

정한다. 붓다는 승려들에게 사람들은 외부적으로도 존재하지 않고 (bahiddhā asati), 내부적으로도 존재하지 않는 것들(ajjhattaṃ asati)에 대하여 신경쓴다고 말한다. 그는 우주의 본성과 개인의 자아를 각각 지칭하고 있다.

비록 위에서 언급한 것들은 아마 이 주제에 관한 모든 본문 중에서 가장 중요한 것들이지만, 나는 여기서 상대적으로 덜 알려진 다른 두 경전에 주목하고자 한다. 첫째로, *Aṅguttara nikāya*(II, 212)에 있는 한 구절은 내적 자아에 관한 욕망이 스며든 열여덟 가지의 생각과 외적 자아에 관한 열여덟 가지의 그러한 생각들을 제시한다.

이 본문은 불행하게도 조금 변형되었고(아마 '존재한다'와 같은 팔리 동사의 일정 부분을 어색하게 사용했기 때문이다), 리즈 데이비즈(Mrs. Rhys Davids) 여사에 의한 표준 번역은 서투르다. 어쨌든 나의 잠정적인 번역을 제시하겠다:

> '승려들이여, 자신에 내적인 것[18]에 관한 열여덟 가지, 자신의 외적인 것에 관한 열여덟 가지의 갈애에 대한 고찰이 있다.
>
> 내부적인 것: '내가 있다'는 생각이 있을 때, 이러한 생각들이 일어난다 – '나는 이렇게 존재한다', '나는 저렇게 존재한다', '나는 별개의 존재이다', '나는 비존재이다', '나는 존재자이다',[19] '존재하게 해주소

---

18 나는 *ajjattikassa upādāya*를 *ajjhattikaṃ assa upādāya*의 축약형으로, *bāhirassa*를 비유적으로 *bāhiram assa*로 번역하였다. *Upādāya*는 결코 소유격(*ajjattikassa*)을 지배하지 않는 듯하다.

19 우드워드가 그의 각주에서 지적하듯, 주석서는 그 형식들을 인지하지 못하기 때문에, 이 두 가지를 틀린 방법으로 취하였다(Woodward, 1933, p. 226).

서', '이렇게 존재하게 해주소서', '저렇게 존재하게 해주소서', '별개로 존재하게 해주소서', '나는 아마 존재한다', '나는 아마 이렇게 존재한다', '나는 아마 저렇게 존재한다', '나는 아마 별개로 존재한다', '나는 존재해야 한다', '나는 이렇게 존재해야 한다', '나는 저렇게 존재해야 한다', '나는 별개로 존재해야 한다.'

외부적인 것: '이것을 거쳐서 내가 존재한다'는 생각이 있을 때, 이러한 생각이 일어난다 – '이것을 거쳐서 나는 이처럼 존재한다', 등등.'

이 본문은 각각의 생각이 '이것을 거쳐서'(*iminā*)로 시작하는 것만 빼고는 동일하다. 나는 *iminā*를 어떻게 번역할 것인 지에 대해 특히 불명확하지만, 문맥상 이것은 당연히 혹자와 우주적 자아/본성과의 관계를 지칭한다.

붓다는 이 36희론의 그물에 사로잡힌 이들은 혼란에 빠져 있어서, 환생의 순환에서 결코 벗어나지 못한다는 말로 결론짓는다. 비록 이 구절들은 전적으로 명확하진 않지만, '나는 존재한다'(*asmi*)고 생각하는 것이 근본적으로 잘못된 행위임은 의심의 여지 없이 분명하다. 이것의 의도는 물론 무엇보다 먼저 구원론적이지만, 나는 이것이 존재론을 구축하려는 시도 전체에 대한 극단적 공격으로 추정한다. 붓다는 베단타를 공격하였고, 결론적으로는 데카르트를 부정했다 – 사고의 작용이 있다는 사실로부터 그는 '내가 존재한다'는 결론을 내리기를 거부했다. 하지만 붓다에게 존재는 정체(stasis)를 의미한다는 것을 잊지 말아야 한다 – 이것은 생성(becoming)에 반대되는 개념이다.

위의 두 구절은 우파니샤드를 참조시킨다. 개인과 우주의 본질적 동일성의 교의는 희생제의 의미에 관한 브라만 경전들의 사색을 통하여 진화했다. 이러한 경전들에 관련된 개인은 죽을 때 천국에 이르기를 기원하며 제사를 지내는 희생제자(犧牲祭子, sacrificer)이다. 가장 오래된 브라만 경전들에서는, (예를 들어, 기독교에서처럼) 천국에서의 삶이 영원하다고 믿었다. 붓다는 더 오래된 고대의 이 경전들 역시 알고 있었던 듯하다.

흑아유르 베다(Black Yajur Veda)의 개작의 일종인 *Taittirīya Saṃhitā*는 불의 재단을 설치하는 지침서이다. 희생제자는 분뇨가 도포된 벽돌을 가운데 놓도록 지시받는다－'실로 분뇨는 자신의 몸통이다. 불 피울 준비를 하는 재료는 바로 그 자신이다. 이것을 아는 이는 저세상에 태어날 것이다(V, 3, 5, 2).' 내가 '자아'라고 번역한 것은 아트만이다. 그것이 지칭하는 것은 분명히 물리적 몸이다. 몸의 몸통에는 분뇨가 존재한다. 이것을 이해한 사람은 천국에서 다시 몸을 받는다.

팔리 삼장의 한 경전에서(SN III, 144), 붓다는 몇몇 승려들 앞에서 소의 대변 덩어리를 들어 올린다. (주석(SA II, 324)에서는 그가 대변을 손으로 쥔 것이 상당히 놀라운데, 그것은 신통력에 의해 즉시 만들었음을 암시한다.) 그는 그 직후－일반적으로 하듯－인간의 오온의 구성요소들(*khandha*) 중에서 그 어떤 것도 영원하거나, 견고하고, 변화에서 예외일 수 없다고 말한다.

분뇨 덩어리를 보이면서, 붓다는 혹자가 이 크기 정도의 영원한 자아조차 얻지 못한다는 것, 그리고 만약 혹자가 그러할 수 있다면, 그는 고를 소멸하기 위해 이 신성한 삶을 살지 않을 것이라고 말한다. 그는 연이어 자신이 황제였을 때의 전생, 하지만 지금은 그 장엄함이 모두 사라져버린 것에 관해 이야기했다.

나는 붓다가 여기서 베다 교의를 넌지시 비춘다고 추정한다. 이것은, 내가 생각하기에, 다소 어설픈 팔리 어법으로 작성되었다. 자아는 팔리어로 보통 *attā*이지만, 여기에서는 *atta-bhāva*가 사용되었는데, 후자는 일반적으로 어느 특정한 삶에서의 육신, 혹은 오히려 그 사람 자체를 의미한다. 내가 위에서 '혹자가 …… 자아도 얻지 못한다'라고 변역한 부분은 팔리로 '*attabhāva-paṭilābho n' atthi*'이다. P.E.D.는 *attabhāva-paṭilābho*를 '존재를 취함(assumption of an existence), 개인적 환생으로서의 생성(becoming reborn as an individual)'으로 번역한다. 하지만 특정한 육체적 '존재를 취함'이 영원하지 않다거나 변할 수 있다는 말은 그다지 논리적이지 않다 – 그 문장에서 분명히 술어가 적용되는 것은 '취함'이 아니라 '육체적 존재'이다. 만약 그 단어가 어떤 의미에서 현재 자신과 동일한 존재인 다음 세상에서의 육체적 존재를 창조하는 교의를 암시한다면, 이 어휘의 용도는 투명해진다.

우연히도 이것은 '팔리 삼장이 어떻게 형성되었는가'에 대한 좋은 실례를 제공해준다. 바로 그다음 경전에서 붓다는 자신의 손톱에 티끌을 취하고, 이 정도 크기의 오온 – 그는 순서대로 설명한다 – 도 영원하거나 견고하지 않다는 등의 말을 한다. 그런 다음, '만약 그렇지 않다면 출가수행의 삶도 필요없다'고 하였다. 이같은 본문 대부분은 이전 경전과 동일하다. 이 경전은 평탄화시켜버린 기이함을 포함하고 있다. 그 결과로서 생긴 경들은 각각의 오온의 총체적인 불영속성을 주장하는데, 진부하고, 다른 다수의 경전에 존재하는 그 전언을 정확하게 반복한다. 후자의 설교가 전자를 대체하지 않고, 단지 첨가된 점은 다행스러운 일이다. 이 평탄화와 진부화의 작업은 (제1장에서 언급된) 렉티오 디피실리어 포티어를 예증하는데, 더 난해한 판독이 원문일 것이라는 원리이다.

•• •• ••

나는 비판과 논쟁의 [유용성을] 믿기에, 널리 퍼진 관점인 '사실상 붓다의 구원론은 초기 우파니샤드의 베단타와 구별이 힘들 만큼 유사하다'에 관해 더 나아가기 전에 몇 가지를 짚고 넘어가고자 한다. [그것과 관련해] 사용된 논의 중 하나는 팔리 경전이 베단타의 특징적인 술어(術語) 일부를 포함하고 있다는 것이다. 가장 좋은 예는 깨달은 사람이 '그 자신/본질이 브라만이 되는(*brahma-bhūtena attanā*)' 삶을 산다는 것이다(예를 들면, AN II, 211). 붓다 그 자신은 '브라만이 되었다(*brahma-bhūto*)'고 말해진다(예를 들어, MN I, 111). 가장 원론적인 수준의 나의 답변은 첫째 장에서 설명된 것처럼, '붓다는 일반적으로 대론자의 언어를 사용하였지만, 그것을 은유로 바꾸었다'이다. 그런 예들은 우후죽순처럼 늘어나는데, 구원론에서는 은유가 필수적이기 때문이다. 붓다가 가르친 것은 완벽한 구원론의 실례가 될 수 있다－오직 최악의 외고집의 공론가들만이 이것은 구원론(soteriology)이 아니라고 한사코 반대할 것인데, 왜냐하면 그리스 용어 *sôtêr*는 구원자(savior)를 의미하지만, 붓다는 구원자가 아니라, 단지 혹자가 스스로를 구원할 방법을 설명해준 스승이기 때문이라는 것이다. 유사하게 MN I, 111에서는 붓다가 *brahma-bhūto*로 불린 몇 단어 뒤에서 그는 또한 '불멸의 수여자(*amatassa dātā*)'라 불렸다 – '구원자'에 아주 근접한 또 다른 은유.

혹자는 자신의 상대자의 가장 강력한 주장들에 항상 대응하려 노력할 것이다. 나의 견해로는, 붓다를 베단타인이나 사이비 베단타인으로 만드는 가장 강력한 주장은 우다나(*Udāna* VIII, 3 = pp. 80-81)에 있는 아래와 같은 짧은 구절에 의거한다. 그것은 다음과 같이 흘러간다, '승려들이여, 나지 않고, 형성되지 않으며, 만들어지지 않았고, 함이 없음은 존재한다.[20] 만약 그것이 없다면, 남, 형성, 만듦과 함으로부터 해탈이 지각되지 않을 것이다.'

우다나는 선집(選集)이며, 대부분의 이것은 현존하는 다른 경전으로부터 골라 모은 것이다. 이것의 역사성에 대해서는 회의적이 아닐 수 없다. 이것의 첫 지면은 테라바다 율장[21] *Khandhaka*에 있는 *Mahāvagga*의 그것과 동일하며, 우다나는 명백하게 그 증대된 (상당 부분 비유적인) 설화의 차용자이다(제1장과 제3장을 보라). 나는 프라우발너의 의견인 *Khandhaka*가 제2 결집 직후에 작성되었음이 분명하다는 것에 동의한다(Frauwallner, 1956, p. 54; Gombrich, 1988a). 따라서 우다나는 당연히 더 후기에 속한다.

이 절을 해석하는 데 주된 어려움은 이것이 문맥 없이 완전히 분리

---

20 역) 열반을 지칭함. *ajātaṃ, abhūtaṃ, akataṃ, asaṅkhataṃ*. 저자는 각각 unborn, unbecome, unmade, uncompound로 번역하였고, 일반적인 한역은 不生, 不己生, 不作, 無爲이다.

21 역) 테라바다 율장은 *Sutta Vibhaṅga, Khandhaka* 그리고 *parivāra*의 세 부분으로 구성되어 있고, *Khandhaka*는 *Mahāvagga*와 *Cūlavagga*로 나눠져 있다.

되어 나타나는 점이다. 만약 이것이, 말하자면, 구원의 모든 가능성을 부정한 붓다를 비난한 브라민에 대한 직접적인 대응이었다면, 그 문체는 상당히 이해될 만한 것이다. 결국, 붓다가 이 현상 세계에 대한 우파니샤드적 분석을 상당히 받아들였다는 점과, 이것의 정반대를 진술하는 것은 단지 논리적인 연역이라는 점을 우리는 이미 보았다. 유일하게 그 첫째 단어 '존재하다'(*atthi*)만이 꽤 성가신 듯하고, 혹자는 해탈이 언급될 때 이것이 반복되지 않았다는 것을 알아차릴 것이다－그것은 '지각된다'(*paññayati*)이다. 다시 주관적인 경험이 강조되었다. 최종적으로, 혹자는 단순히 그 증거를 저울질해야 하고, 베단타 같이 들리지만, 미상의 문맥으로부터 발췌된 이 성명으로부터 다음과 같이 결론 내려야 한다고 생각한다: '이것을 논리로서가 아니라 존재론으로 취함에는 충분한 근거가 없다.' 만약 어떠한 작용이 있다면 그 작용의 소멸도 생각할 수 있어야 한다는 꾸밈없는 논의이다.

붓다의 관점과 우파니샤드적 관점의 근본적인 차이는 붓다는 인식론과 존재론을 결코 혼동하지 않았다는 점이다. (최소한 그는 철학적 수준에서는 그렇게 하지 않았다－이 규정의 의미는 다음 장에서 분명해질 것이다.) 붓다는 의식을 실체화하지 않았다. 식(*viññaṇa*)은 단지 오온 중의 하나이고, 실재가 아닌 작용이다－의식은 항상 어떤 것의 의식이다. 순수 의식은 [실재하는 것이 아닌] 단지 추상적 관념일 뿐이다.

어쨌든, 열반을 실체화하는 진술이 경전 안에 있듯이, 의식을 실체화하는 한 시구도 있다. 게다가, 이것은 우파니샤드의 방식으로 의식에 절대적 실재로서의 권위를 부여했다－다른 말로 하면, 관념론적 존재론을 말했다. 불교 철학 중 후기 관념론자인 유식학파는 이 본문을 자신들의 권위로 취했다. 하지만, 다시, 삼장에는 이 시구가 필연적으로 관념론을 말하는 것인지, 아니면 다른 해석들이 더 그럴싸한지를 고민해야 하는 그 정반대 방향을 가리키는 수많은 증거가 존재한다.

이 게송은 *Dīgha Nikāya*의 *Kevaddha*경(*sutta* xi)에 있다. 이것은 그 서술의 절정이자 결말로써, 그리고 한 승려가 풀기를 원했던 어떤 수수께끼의 해답으로서 나타난다. 그 경의 시작은 신통력(*iddhi*)의 사용에 관계되어 있는데, 그것은 붓다가 비속한 마술의 속임수라고 책망한 것이다. 따라서 사물들을 사라지게 만드는 주제는 그 문맥과 상통한다. (그 시구에도 있는) 그 수수께끼는 다음과 같이 흘러간다:

> 지, 수, 화, 풍이 발 디딜 수 없는 곳은?
> 길고 짧음, 크고 작음, 깨끗함과 부정함
> 명과 색이 완전히 소멸된 곳은?

('명과 색'이라는 표현은 해밀턴 박사가 개별적 존재 전체를 지칭한다고 보여주었다(1993, pp. 206-31): 색은 (시각적일 필요는 없는) 물질적 정체성, 명은 개념적 정체성이다.)

다섯 줄의 시구로 구성된 그 해답은 다음과 같이 흐른다:

> 의식은 속성이 없고, 한계가 없으며, 사방에서 빛난다.
> 여기에는 지, 수, 화, 풍이 발 디딜 곳이 없다.
> 여기에서 길고 짧음, 크고 작음, 깨끗함과 부정함,

여기에서 명과 색이 완전히 사라졌다.
의식의 소멸로 인해 여기 이것이 무너져 내렸다. (p. 223)

이 수수께끼나 그 해답을 철학적 교의나 논의로 보는 것은 조금 위험하다. 분명히, 어쨌든, 해답의 도입 부분의 진술은 한눈에 의식을 실체화하는 느낌을 주며, 그 문체는 우파니샤드에서 나온 것처럼 들린다. 하지만 이것만이 유일하게 가능한 해석이 아니다. 의식은 붓다에게는 대상을 밝히는 작용(a process which illuminates objects)이다. 그래서 만약 밝힐 것이 없다면 밝음도 없다－'의식에는 속성이 없다(*anidassanaṃ*).'

언제가 밝힐 것이 없는 때인가? 삼장에는 부분적으로 이것과 대등한 몇몇 구절이 존재하는데, 그것들은 함께 이 질문에 답한다. 둘째 줄과 넷째 줄이, 각각 혹은 함께, 다른 몇몇의 짧은 시에도 나타난다.[22] 또 다른 절(Ud VIII, 1 = p. 80)에는 '…… 가 없는 상태(*āyatana*)가 존재한다'와 '오직 이것만이 고의 소멸이다'가 언급되어 있다－거기에는 '이생과 내생'을 포함하는 그 원소들로 시작해서, '정신적 대상들(*ārammaṇa*)'로 끝나는 긴 목록이 있다. 바로 위에서 논의한 진술에서처럼, 해당 게송에 선행하는 이것은 우다나에서 문맥 없이 인용된 짧은 산문이다. 여기서, 어쨌든, 그 술어－'상태', '고의 소멸'인－는 크게 우파니샤드 특유의 것이라 들리지 않는다. 이 모든 구절에서 지시대상은 이원성, 따

22 두 번째 줄: Ud I, 10 = p. 9. 네 번째 줄: SN sutta I, 3, 3 = SN sutta I, 5, 10 = SN I, 35. SN sutta I, 3, 7 = SN I, 15 양쪽. 나는 그 줄의 첫 단어의 이형을 무시하였다.

라서 개체의 인식이 초월된 상태인 열반이다. 이것은 의식이 자체의 작용과는 독립적으로 존재하는 실재임을 의미하지 않는데, 자신의 존립을 의식에 의지하는 다른 개체들은 말할 나위도 없다.

•• •• ••

붓다의 관심이 '어떻게'에 있었고, '무엇'에 있지 않았으며, 주안점이 작용에 있었고, 객체가 아니었음은 조건적 발생, 즉 연기사상(*paṭicca-samuppāda*)에 요약되어 있다고 말할 수 있다. 이 교의에 관한 방대한 문헌이 존재하고, 나는 이것에 어떤 중대한 기여를 하고자 하는 야심이 없다. 지나가는 말로라도, 어쨌든, 나는 프라우발너 박사가 12 연기 전체는 우리의 문제 모든 것이 무지 때문이라는 이론(지성주의적 분석)과 그것들은 모두 욕망 때문이라는 이론(감성주의적 분석)을 합친 것임－아래 제4장과 관련된 내용이다－을 지적하여서, 아주 실질적인 공헌을 했다는 점을 언급하고 싶다(Frauwallner, 1973, p. 167).

나는 연기에 관해 의아하다고 여기는 부분이 있다. 한편으로는 수많은 경전들이 진정한 붓다의 가르침의 핵심이라 한다. MN I, 190-1에서 사리불은 '연기를 보는 것(즉, 이해하는 것)과 자신의 가르침을 보는 것은 같음을 붓다가 말했다'고 언급한다. 그리고－적절하게도?－붓다가 깨달은 내용은 일부 경전에서 사성제와 번뇌의 소멸이 아닌 연기에 배당되었다.[23] 다른 한편에는 그 교의를 해석하는 방법과 내용에서 중대한 상위가 있는데, 경전 스스로가 이것을 인식하고 있는 듯하다. 이것에 관한 고전적 저술인 *Mahā-nidāna*경(DN *sutta* xv)에서는 아난다의 [선언에] 뒤이어 붓다가 이것은 선명한 것과는 거리가 멀다고 이야기 했다. 아난다는 말한다, '희유하고 놀라운 것이 연기법의 심오함이요, 이것이 나타남 또한 심오하다. 하지만 이것은 나에게 아주 선명한 듯 하다(DN II, 55)'. 붓다가 대답한다, '그런 말 하지 말아라, 아난다여! 연기법은 심오하고, 나타남 또한 심오하다. 이 가르침에 무지하기 때문에 사람들은 속박되었고, 윤회로부터 벗어나지 못한다.' 유사하게, 처음으로 이것을 발견하고 난 후, 붓다는 '이것은 이해되기 어렵기에, 이것을 시간 들여 가르치려 노력할 가치가 없다'고 생각하는 것으로 나타난다(Vin I, 4 = MN I, 167). 그럼에도 불구하고, 그는 아난다에게 이것을 가르친다 – 전통에 따르면 붓다 생전에 깨우치지 못했고, 그래서 그것을 이해하지 못했다고 추측된다.

만약 연기법에 대해 명확하게 선명한 것이 있다면, 그것은 팔리 삼장 내에서조차 다양한 해석이 있다는 점이다. 그것들 간의 공통된 점은 이 교의가 작용들과 그것들이 어떻게 비임의적인 방식(non-random manner)으로 일어나는가에 관해 설명하는 것이다.

'의식은 단순히 작용이다'의 가장 선명한 진술은 이 사실을 '어우러져서 일어났다(*paṭicca-samuppanna*)'라는 말로써 표현되었다. *Mahātaṇhāsaṅkhaya*경(MN *sutta* 38)에서 사티(Sāti)라 불리는 승려는 붓다가 환생의 과정에서 동일한 의식이 변화 없이 재생함을 가르친다고 이해했다. 사티의

23 나는 이 형식의 깨달음이 나중의 것이라고 추측한다. 이것은 *Vinaya Khandhaka*의 *Mahāvagga*와 *Udāna*의 시작 부분에 사용되었다.

의견은, 제1장에서 내가 이미 언급한 *Alagaddūpama*경의 시작 부분에서, 아리타가 붓다의 가르침은 성적 교제가 신성한 삶 즉 승려의 삶에 방해가 되지 않는다고 한 말과 정확히 동일한 표현으로 보고되었다. 사티의 견해인 의식의 전이(轉移)는 마찬가지로 삿된 견해(*pāpakaṃ diṭṭhi-gataṃ*)로 구분되었고, 그 서술은 동일한 과정을 따른다: '그의 잘못을 바로잡아주려 노력한 후, 승려들은 붓다에게 보고하는데, 그는 사티를 소환하여 그 미혹을 '그 스스로를 해하고 불선을 쌓는 행위'라며 완곡하게 꾸짖는다(p. 259).'

붓다는 그 양자에서(pp. 132, 258) 그들은 자신의 법과 율을 어렴풋이라도 알지 못했다(문자상으로: '그들은 예열(豫熱)도 되지 않았다', *usmī-kato*)고 말한다. 붓다는 그뿐 아니라 자신의 가르침이 뗏목 같음을 부연 설명 없이 우회적으로 언급하는데(p. 261), 그것은 이 본문이 [다른 경전으로부터] 차용된 것임을 가리킨다. 불변하는 의식을 믿는 것을 승가의 실용적인 토대를 부정한다는 것과 동등하게 놓는 것은 상당히 흥미롭다. 그 경의 마지막 부분에서 붓다는 사띠가 갈애의 그물에 얽혀 있다고 간주하라고 승려들에게 말한다(p. 271). 그래서 그의 과오는 반지성적일 뿐만 아니라 비도덕적이기도 하다. 이것은 우리가 상기 본문에서 본 36 희론에 들어맞는다[이전 pp. 58~9 참조]: 연속적인 존재에 관한 존재론적인 견해를 갖는 것은 우파니샤드적 방법이며, 일반적으로 갈애(*taṇhā*)의 속성을 갖는다.

붓다는 다양한 방법으로 의식은 연기한다고 설명했었다(p. 259). 이것은 자신을 발생시킨 원인에 따라 분류되었다(*yaṃ yad eva paccayaṃ paṭicca uppajjati viññāṇaṃ tena ten' eva sankhaṃ gacchati*). 그것이 눈에 의존하고 색 때문에 일어날 때－'의존하다'와 '~때문에'는 팔리어에서 모두 '*paṭicca*'이지만, 양자 중 하나를 일관적으로 사용하는 것은 영어 어법에 어긋난다고 생각한다－'안식(眼識)'으로 분류된다. 그같은 방식으로 이것은 '의식(意識)'으로 끝나는 그 여섯 감각 모두에 적용된다. 이것은 불이 자신의 질료의 원인에 따라서 산불, 들불, 혹은 그 다른 무엇으로 분류되는 것과 마찬가지이다. 나는 붓다가 이보다 더 명확하게 표현할 수 있었다고 생각하지 않는다. 즉, 연료가 없으면 불이 없고, 의식할 것이 없다면 의식도 존재하지 않는다.[24]

같은 경전의 후반부에서 붓다는 윤회에서 중생들이 존속하게 되는 네 가지 음식에 관해 이야기한다: 실질적인 음식, 접촉, 의도 그리고 의식. 그 네 가지 모두는 갈애로부터 생겨나고, 느낌(受)으로부터 순차적이다－그는 연기를 무명까지 표준적인 역방향으로 추적한다. 여기서 의존상태[25]는 각종 작용들, 혹은 정확히 말하자면, 우리들이 역행해야 할 세속적 속박의 모든 주요한 작용들의 다양한 부분을 가리킨다.

24 최소한 상식선에서! 주간과 객관의 이원성을 초월하는 의식은 일반적 경험을 넘어설 뿐만 아니라, 개념화될 수 없다. 그래서 그런 경험은 오직 부정에 의해 지칭될 수 있다.

25 역) dependence. 연기성을 말한다. 연기는 영어로 dependent origination으로 번역되고, 의존적 발생으로 해석할 수 있다. 따라서 바로 윗줄에서 언급한 연기와 문맥적 흐름을 같이 한다.

•● •● •●

연기의 가르침을 붓다가 우파니샤드의 존재론에 대응한 답변으로 보는 데 있어서 나는 그 해석을 불교 교조주의자의 [사상적] 뼈대 내에서 유지하였다. 그 특징에 의해 내가 주장한 것은 거의 정확하며 논쟁의 여지가 없다고 확신하지만, 이것은 아주 새롭거나 흥미로운 것 또한 아니다. 나는 이제 새로운 분석을 제시할 것인데, 이것은 경전의 전형적 [형태를] 반복하려는 것이 아니다. 그럼에도 불구하고, 나는 이것이 타당하고, 역사적 테두리 내에서 이치에 닿기를 기대한다. 이 분석은 우파니샤드적 세계관의 심장에 [초월적] 존재(Being)가 놓여 있듯, 불교의 세계관의 심장에는 행위(Action)가 놓여 있다는 주장이다. '행위'는 물론 업이고, 본래 이것은 도덕적으로 관계된 행위를 가르킨다.

물론 업을 불교 이데올로기의 중심으로 보는 것은 전혀 새롭지 않다. 저명한 석학 라모테가 쓰길, '행위에 관한 교의인 업 사상은 불교 체계 전체의 주춧돌이고, 업은 존재자들과 세계에 대한 궁극적 설명이다. 불교 철학자들은 업의 작용으로 자신들의 철학을 구축하였다(Lamotte, 1935-6, p. 151).'

라모테의 입장을 재언급하는 것은 사려 깊은 것일 수 있는데, 왜냐하면 일부의 인류학자들이 불교의 업 사상을 불교의 구원론으로부터 분리하고, 이것을 어떤 의미에서 부차적인 것으로 보려 했기 때문이다. 이것은 아마 웨버(Weber)의 '불충분 윤리이론'(insufficiency ethic)과 연관되어 있는데, 해당 종교의 최상승의 도를 위해 분발할 수 없는 이들을 위해 제공된 종교 복합체이다. 이것은 특정한 불교 사회를 묘사하기 위한 실용적 목적으로써 유효한 방책일 수 있다.

멜포드 스피로는 버마 불교를 기술하는 와중에 자신의 설명을 체계화하기 위해서 '열반의 불교'(nibbanic Buddhism)와 '업의 불교'(kammatic Buddhism)라는 용어를 고안하였는데(Spiro, 1970, p. 12), 나는 그것이 전혀 잘못되었다고 보지 않는다. 어쨌든 나는 그 두 관념 사이의 고리가 적어도 하나가 다른 하나를 제외하고도 존재할 수 있을 만큼 약해졌을 때, 그것들을 반대하기 시작한다.

이것은 제프리 사뮤엘의 작업에 나타나는데, 그의 '깨달음 중심(Bodhi Orientation)'과 '업 중심(Karma Orientation)'은 명시적으로 스피로의 구분을 본뜬 것이다(Samuel, 1993, pp. 5-6). 나는 사뮤엘의 아주 흥미로운 티벳 불교의 서술에 대해 문제 삼으려는 것이 아니다. 하지만 그는 그 두 관념/중심이 별개의 역사적 뿌리를 가지고 있다고 생각하는 듯하다. 그는 불교의 시작에 관하여 [다음과 같이] 썼다: '업은 당대의 다양한 인도 철학 학파의 공통점이고, 어떤 의미로도 그것이 구체적으로 불교적 발달이라 할 수 없으며……', '업의 교의와 불교 깨달음의 핵심적 직관 사이에는 명백한 모순이 존재한다…….' 그 후자는 탐, 진 그리고 일상 세계의 동기를 초월하는 것과 관련되어 있다. 이것이 어떻게 어떤 행위는 적절하고 교화되어야 하며, 다른 것들은 그렇지 않아야 한다는 가르침과 융화될 수 있는가? 이 모순에 대한 불교의 대답은 본질적으로 초기 경전의 시대 이래로 동일하다(p. 378).'

나는 여기에 두 가닥으로 꼬인 그릇된 착각, 즉 역사적인 것과 교의적인 것이 존재한다고 믿는다. 역사적 착각이란 붓다가 이미 존재하던 업 사상을 인계받았다는 것이고, 교의적 착각이란 '모순'이나 '명백한 자가당착'이 있다는 점이다.

역사적 오해에 대해서 먼저 언급하자면, 붓다의 시대에 브라만교의 그것뿐만 아니라 몇 개의 업 사상이 더 존재했다고 판단되는 한에서 사뮤엘이 당연히 옳다. 우리는 자이나교의 그것을 제외한 다른 것들은 거의 알지 못하며, 그것에 관한 증거들조차 오히려 늦은 시기에 속한다. 우리는 붓다만이 완전히 홀로 윤리적 관점의 사상을 가지고 브라만의 의식 행위인 업의 [개념에] 반대한 것이 아님을 알 수 있다 – 자이나교 역시 업이 본질적으로 윤리적 가치를 지닌다고 믿었다. 자이나교에서는, 어쨌든, 업이 단순히 좋거나 나쁜 것이 아닌, 다소간에 이것은 모두 나쁜 것이다. 그들은 업을 혹자가 언제든지 행위할 때 생겨나는 것으로써 역시 물질인데, 영혼에 달라붙은 때나 먼지의 특질로 개념화하였다. 그 먼지는 영혼에 무게를 더하여서 이 세상에 존속하게 하고, 결국에는 다른 몸으로 환생케 한다. 나쁜 행위는 좋은 행위보다 더 나쁘고, 더 나쁜 업의 때를 생산하지만, 혹자가 해탈을 성취하기 위해서는 영혼으로부터 모든 업을 닦아내야 하고, 그것이 무게감 없이 세상의 꼭대기로 떠오를 수 있도록 해야 한다.

업이 여하튼 물질적이라는 이론은, 우리가 나중에 보겠지만, 불교에서 재부상한다. 비록 이것은 특이하지만, 나름의 논리를 갖고 있다. 모든 형식에서의 업사상은 어떠한 행위가 나중에 그에 합당한 결과를 초래한다고 믿어진다. 유신론에서는 자신의 기억이 필수적인 연속성을 소유하는 한 행위자, 한 절대자에 의해 합당한 결과가 분배된다고 믿는다. 어쨌든, 초기의 업 이론들은 모두 그 결과가 [다른 사람이나 신의] 추가적인 간섭 없이 자연히 증대된다고 간주하였다. 시간의 경과를 상정한 이 행위에 대한 비유는 씨앗과 열매이다. 행위하는 것은 씨앗을 심는 것이고, 비록 이것이 (마치 땅속에 있는 것처럼) 보이지 않을지라도, 이것은 응당한 과정에서 싹틀 것이다.

불교 철학자들은 세친과 같이 이 업과 씨앗의 비유를 철저하고 상세하게 사용하였지만, 정작 세친에게는 이것이 단지 하나의 비유였을 뿐이었다(*Abhidharmakoṣa* IX). 그는 업이 추상적 작용이라는 붓다의 사상을 진실하게 믿었다. 붓다는 업을 의도로 정의하였다[26] – 비록 의도가 신체적, 언어적 혹은 정신적 형상으로 다양하게 현현(顯現)할지라도, (선, 악 혹은 무기의) 도덕적 특성을 소유하는 것은 다만 그 의도일 뿐이다.

나는 다른 곳에서 붓다가 어떻게 '행위'를 '의도'로 재·정의(redefinition)하였는지에 대해 충분히 길게 서술하였는데, 그것은 대담한 언어의 사용이며, 브라만의 이데올로기를 완전히 뒤집어, 우주를 윤리화한 것이다(Gombrich, 1988b: pp. 66-69).

나는 어떤 이도 [나보다 더] 붓다의 세계의 윤리화의 중요성을 더 과장할 수 있다고 생각하지 않는데, 그것을 내가 문명 역사의 전환점이

26 역) *Cetanāhaṃ bhikkhave kammaṃ vadāmi, cetayitvā kammaṃ karoti kāyena vācāya manasā*: 비구들이여, 나는 의도가 업이라고 말하노라. 의도함으로써 몸과 말과 마음으로 업을 만드노라(AN III, 415).

라 간주하기 때문이다. 자이나교도들 또한 이 방향으로 나아갔고, 브라민의 개념들, 특히 동물 희생제를 비판하였다. 하지만 그들은 최소한 초기에는 좋은 행위조차 피하는 것이 바람직하다는 퀴에티즘 신봉자들이었다.[27] 그들에게 선한 행위는 실로 웨버학파의 불충분 윤리를 구성한다. 불교도에게는 그렇지 않다 – 그들의 관념은 한 조각이 전체이다(all of a piece).

'의도야말로 내가 업으로 부른 그것이다'가 브라민의 제식주의에 대한 붓다의 답변이다. 관심의 초점은 진짜 세상의 사람들과 객관이 관여된 신체적 행위로부터 심리작용으로 옮겨갔다. 브라만교에서는 악한 업(*pāpa*)의 반대는 악과 오염을 제거한 것이자 정화된 것(*puṇya*)이었다.[28] 전형적으로 그런 행위는 씻는 것과 관련된다. 그러나 불교에서는 '정화'가 영적 진보를 의미하는 지배적인 은유가 되었다. 붓다고샤의 테라바다 교의의 위대한 집대성은 *Visuddhi-magga*, 즉 '정화의 길'이라 불린다.

*Karman/kamma*가 문자적으로 '행위', '행동', '행실'을 의미하는 용어집의 기본적 품목이고, 붓다가 그 용어를 전용한 것은 따라서 일반적 사용법을 업신여기는 것이기에, 업에 관련된 경전이 일종의 언어학적 혼란을 보이는 것은 전혀 놀랄 만한 것이 아니다. 교리적으로, 어떤

27 특별한 경우에 소수의 교의만이 만들어진 붓다와 팔리 경전 시기의 자이나교에는 이것이 사실이다. Johnson, 1990, pp. 1-47을 보라.

28 나는 Chlodwig Werba 박사가 아마 이 형용사가 역사적으로 '정화하다'는 뜻의 어근 *pū* 에서 유래하지 않았을 것이라고 지적해주신 데 대해 감사히 생각한다. 하지만 불교도는 그렇다고 생각했다.

승려의 자비로운 생각은 좋은 것이고, 정화하는 업이다. 하지만 이것이 자연스럽게 '행위'라 불리게 되는 것은 아니다. 이것이 사뮤엘의 교의적 오해의 원인이다. 명료성을 목적으로 혹자는 공개적이자 외부 세계에 일정한 영향을 주는 '전형적' 업 그리고 일종의 도덕적으로 부과된 신체적, 언어적 그리고 정신적 행위인.'교리적' 업을 구분해야 할 것이다.[29]

물론 후자는 전자를 포괄한다. 업과 그에 관련된 공덕(*puñña*)과 같은 용어는 때로는 동의어로 그리고 다른 때는 다른 의미로 사용되었다 - 예를 들면, 비록 양자의 의미는 모두는 '정화'이지만 *puñña kamma*는 '전형적 업'으로 그리고 *visuddhi*는 '교리적 업'으로 사용되는 경향이 있다.

교조적 의미가 최고조인 문맥에서 선업과 악업은 '교묘함(*kusala*)'과 '비교묘함(*akusala*)'으로 불리는 경향이 있는데, 그것은 영적인 기술(技術)의 정통함과 그것의 결핍을 의미한다. 게다가, 고차원의 진전 단계에서 당사자가 일반적으로 승려라면, 그는 사회에 돌아다는 것이 아니라 주로 마음이 명상에 머무는 삶을 살기 때문에, '전형적 업'은 서서히 퇴색되는 경향이 있다. 그처럼 깨달은 사람은 업을 말소하지는 못했지만, 마치 자이나 성자처럼, 더 이상 나쁜 의도를 가지지 않아서 업을 [자신과] 무관한 것으로 만들었는데, 거기서는 그 혹은 그녀는 이제 선한 행위의 성숙으로 인해 혜택을 받는 단계를 초월했다.

29 비록 이 두 형태의 명명이나 설명은 내 자신의 것이지만, 그 분류는 붓다고사에 의해 만들어진 '한정'과 '무한정'의 업과 상응한다. 아래 p. 125를 참조하라.

우리는 업에 대해 어떻게 이야기할 것인지에 관한 모순을 다룬 본문을 *Aṅguttara nikāya*(AN sutta III, 108 = I, 263)에서 볼 수 있다. 그 이전의 경전은 세 가지 나쁜 업의 동기에 관한 것이다－탐, 진 그리고 치. 그 경은 다음과 같이 서술한다:

> 업을 일으키는 세 가지 원인이 있다: 탐하지 않음, 성내지 않음 그리고 어리석지 않음. 업이 이것들 중 하나에 의해 행해졌거나, 야기되었거나, 발생되면 교묘한 것(*kusala*)이고, 무결한 것이며, 행복을 가져온다(*sukha vipākaṃ*). 이것은 업의 발생이 아닌, 업의 소멸로 이끈다.

처음 부분에 있는 탐하지 않음 등에 의해 야기된 업은 '교리적' 업이다. 하지만 이것은 스스로의 소멸을 초래하지 않는데, 상기 본문의 문자적 판독이 암시할 수 있는 것으로부터 알 수 있다[30]－이것은 단지 혹자를 '전형적' 업의 영역을 초월하는 것을 야기하는데, (이상적으로) 그 사람이 업과 무관한 단계에 이를 때까지 유효하다.

이 이중의 업의 개념이 존재하는 것은 전혀 이상하게 들리거나 설득력 없지 않다. 일상적 용어는 특수한 상황에서 항상 적합한 것이 아니고, 철학적 분석에서도 모든 용어가 항상 적절한 도구라 보지 않는다. 행위에서 동기로의 개념화과정에서 [발생하는] 업이라는 용어에 관한

30 역) 상기 인용문의 '업의 소멸로 이끈다'와 명백히 모순되는 것으로 오해할 수 있으나, 저자가 '처음 부분'이라고 말한 것에는 그 부분이 포함되지 않는다. *Kusala*는 '기술적인 것'(skillfull)으로도 번역될 수 있는 데, 선업과 악업을 초래하는 것을 기술적으로 피한다는 의미를 내포하고 있다. 따라서 '교묘한' 행위, 즉 교리적 업은 악업을 파괴하는 결과를 초래하지 않는다.

문제에 대등한 것이 존재한다. 깨닫지 못한 범부는 어떤 욕망-긍정적이든 부정적이든 간에-때문에 행위하고, 이것은 업적인 결과를 초래한다. 깨달은 사람은-예를 들어, 붓다 같은-마찬가지로 행위하고, 그들의 행위는 동기에 의해 유발되었지만, 업적인 과보가 없는 방식이기에, 그들이 어떠한 '욕망' 때문에 행위했다고 말하는 것은 진정 옳은 것이 아닌 듯하다. 당대 철학(Contemporary philosophy)은 근접하게 유사한 문제를 '프로-에티튜드'(pro-attitude)[31]란 용어를 도입함으로써 풀었다. 한 철학 교과서를 인용한다:

> 혹자의 행위에 대한 이유를 제시하는 것은 …… 우리는 전형적으로 그가 가지고 있는 욕망과 저질러진 행위는 욕구된 결과를 확보하기 위한 수단이라는 취지에 상응하는 믿음을 반드시 언급해야 하는데……. 어쨌든 이 공식은 오히려 명백한 반대에 직면하지 않는가? 물론 사람들은 '하기를 욕망한다'라고 묘사하기에는 이상한 일을 때때로 의도적으로 행한다……. 그래서 우리가 정말 여기서 필요한 것은 일상적 개념의 욕망이 아닌 일반화된 반·기술적 개념(semi-technical notion)인 '프로-에티튜드' …… (Smith & Jones, 1986, p. 131).

저자는 그런 다음 도날드 데이비슨(Donald Davidson)을 인용하는데, 그는 보통의 사용법보다 더 일반화된 욕망의 개념을 위해 이 용어를 도입하였다. 데이비슨을 본받아서, 나는 따라서 '교리적' 업의 개념이

31 역) '선·마음가짐' 혹은 '선·입장' 정도로 번역될 것이다.

더욱 일반화된 업의 개념이라고 말하고 싶은데, 마치 '프로-에티튜드'가 더욱 일반화된 욕망의 개념을 제시하는 것과 같은 방식이다.

•• •• ••

스피로와 사뮤엘이 나의 '전형적' 업은 주로 재가자의 삶 그리고 나의 '교조적' 업은 출가자의 삶에 관련되었을 것이라고 말한 것은 분명히 옳겠지만, 이 개략적이고 즉각적인 사회적 진리(rough and ready social truth)는 그것의 진정한 차별을 파악하지 못한다. 한편으로는 멈포드의 책 *Himalayan Dialogue*(Mumford, 1989)는 티벳 불교에서는 재가인의 삶조차 윤리적 의도의 중요성에 대한 자각에 충만하다는 것을 보여준다. 다른 한편에서는, 불교 교조주의자들이 승려의 계를 받는 언어적 행위의 과보 같은 그런 종류의 문제에 대해 고민한다.

나는 그 후자에 관해 간략히 설명하려 하는데,[32] 그것은 '어떻게 직해주의가 교의적 발달을 이끌었는가?'에 대한 흥미로운 실례를 제공하기 때문이다. 그것들은 또한 나의 '전형적' 업과 '교리적' 업의 구별 – 비록 단순히 설명을 위한 고안물이지만 – 이 어떻게 불교사에서 끊임없이 재발한 문제를 반영하고 있는가에 관한 추가적인 근거를 제시한다. 설일체유부는 아마 대승불교 이전의 모든 불교의 지성적 전통 중에서 가장 중요하다. 이것은 늦어도 세친의 시기 이전(기원후 5세기)

32 나의 설일체유부에 관한 이해는 샌더슨(Alexis Sanderson) 교수의 옥스퍼드 강의에 의존해 있다.

까지는 인도의 여러 지방에서 우세했던 것 같다. 이것은 두 학파로 나뉜다. 비바사부(毘婆沙, *Vaibhāṣika*)는 자신들의 학파의 아비달마를 추종하였고, 그 논장 주석서의 일부인 *Mahā-vibhāṣā*를 따라 명명되었다. 반면에 경량부(*Sautrāntika*)는 오직 정전(正轉)적 경전들만을 자신들의 권위로 인정하였다. 경량부는 후술하는 비바사 학파의 이론을 거부하였다.

붓다가 업을 정의하는 전체적인 진술은 두 부분으로 되어 있고, 다음과 같다: '승려들이여, 의도야말로 내가 업이라 부르는 것이다. 의도함으로써 혹자는 신, 구 그리고 의를 통하여 업을 행한다.' 이 두 진술은 둘째 것이 다만 약간 확충하는 것이기에, 사실상 동일한 의미이다. 이것은 경량부의 견해이고, 나는 이것이 그 본문의 원래 의미에 부합한다고 확신한다. 하지만 비바사 학파는 그 확충에서 더 깊은 의미를 판독한다. 그들은 의도가 최우선이 되도록, 의도를 행위로부터 분리하였다. 그래서 업이 두 부분으로 나뉘었다: 의도와 그에 뒤따라 일어나는 것들. 신체적 그리고 언어적 행위는 혹자의 의도를 다른 이에게 나타낸 것이기에 '표업'(表業, *vijñapti*)이라 불린다.

비바사 학파의 처음 업은 나의 '교리적' 업에 해당한다. 그들은 이것을 업·일반(karma proper)이라 간주했는데, 상기 붓다의 진술 중 앞부분의 강제력 때문이다. 신체적이고 언어적 행위의 '표업'은 나의 '전형적' 업에 해당한다.

좋고 나쁜 행위는 행위자에게 과보를 수반한다. 불교 철학자들은 이 수반함(entailment)의 구조를 추적하고자 했었다. 설일체유부라는 이름은 '일체의 것이 존재함을 설한다'－즉, 현재에 존재한다－를 의미한다. 이것은 어떤 의미에서는 과거의 어떤 행위가 자신의 결과를 산출했을 때에도 여전히 존재한다는 이 학파의 교의를 지칭한다. 이 점에 관해서는 양 학파가 동의하나, 세부적인 내용에서 차이가 있다.

비바사 학파는 물리적 혹은 언어적 행위의 '표업'을 고안하였으나, 그것은 명백히 단명하였다. 예를 들어, 승려가 자신의 계율을 암송할 때, 그 행위는 가청거리에 있는 사람들에게 '표업'을 제공한다. 하지만 어떤 메커니즘에 의해 그 언설의 과보가 지속되는 것인가? 그들은 그것이 그 행위자와 함께 '무표업'(*avijñapti*)으로서 존속한다고 대답하였다. 행위자는 그가 가진 모든 무표업에 대하여 항상 자각하고 있는 것이 아니기에, 이것은 정신적인 것(mental)이 될 수 없다. 어쨌든 설일체유부 논사는 존재론을 우회하는 붓다의 지혜를 잊어버렸고, (열반과 허공을 제외한) 모든 것을 정신적인 것과 물질적인 것 양자로 분류하였다. 따라서 '무표업'은 물질적인 것이라야 하지만, 오직 의식에 의해서만 지각되고, 다른 감각기관에는 불가능한, 일종의 물질로 이루어져 있었다. 따라서 비바사 학파는 자이나교와 비슷하게 되었는데, 그들은 신체적 혹은 구어적 행위가 물질적 형태의 업을 생성하였다고 믿었다.

삼장(SN I, 33)에는 여섯 줄의 시구가 있는데, 나는 다음과 같이 번역하였다:

> '누구의 복이 항상 밤낮으로 쌓이는가? 어떤 정의롭고 도덕적인 사람이 천국으로 가는가? 정원과 숲을 만드는 사람, 다리를 놓고, 우물과 저수지와 거처를 기부하는 사람, 그들의 복은 항상 밤낮으로 쌓인다. 이렇게 정의롭고 도덕적인 사람들은 천국에 간다.'

이 질문과 대답은 문맥 정황이 나타나지 않는 단순한 재가자들을 위한 보시의 권고이다. 혹자는 그 언질에 대해 재고의 여지를 두려 하지 않을 것이다. 하지만 직해주의자들은 그 말을 혹자가 보시를 행한 이후에도 복이 늘어난다는 의미로 취했다. 그들은 자신들에게 이것이 어떻게 가능할 수 있는가에 대하여 물었고, 그 보시로 인해 매 순간 누군가는 혜택을 받기에, 당연히 더 많은 복이 보시자에게 쌓인다고 답했다. 보시자는 복받는 것을 자각할 수 없을 것이기에, 그는 할당된 비정신적 자산을 가져야만 한다. 이것 역시 그의 '무표업'이다.

붓다의 [업사상에 관한] 의도의 교리는 (경량부가 인지했듯) 선행된 보시의 [지속적] 활용과는 무관하다. 비바사는 복덕을 쌓는 것은 행위자가 통제할 수 없는 범위에, 그리고 그가 아마 알지 못하는 요인들에 부분적으로 의존해 있다고 해석한다. 그런 방식으로 선업인 복덕은 실체화되었고, 돈이나 비축 가능한 일용품의 정신적인 대체품이 되었다. 업이 이 의미로 이해되었을 때, 그것의 개념화와 불교의 구원론 사이에는 괴리가 존재한다.

•• •• ••

업의 양도 - 세부적으로는 선업, 공덕 - 은 광대한 논제이다. 이것에 관해서는 이미 많은 글이 작성되어 왔고, 여기서는 긴 토론을 할 여유가 없다. 어쨌든 나는 이 기회에 이것에 관한 세 개의 요점을 정리하겠다. 첫째, 불교학자들은 브라만 경전에 아주 초기부터 기록된 그런 양도의 중요성을 무시하는 경향이 있다. 하라 교수가 지적했듯이(Hara, 1994), 예를 들어, *Mahābhārata*에서는 좋고 나쁜 업뿐만 아니라 장수와 불명예 같은 것들도 양도가 된다는 것을 예견한다. 그래서 양도가 불가능하리라고 습관적으로 우리들이 생각하는 많은 자산들이 실제로는 양도될 수 있다는 사상은, 아마 널리 보급된 대중적인 믿음의 일부분이었고, 이를 부분적으로 받아들임으로써 불교가 보편적인 규범을 향해 이동했었다.

어쨌든, 너무 쉽게 그런 양도성을 받아들이는 것은 도덕적 책임의 교의로서의 불교의 근간을 뒤흔들었을 것이다. 복을 실체화하는 것과는 거리가 먼 정통파 불교도는 개인 즉 도덕적 행위자조차 실체화하는 것을 거부하였다. 어떠한 작용이 어떻게 자신의 양상 일부를 다른 작용에 양도할 수 있는가? 설일체유부는, 실재가 배가되는 경향을 보여주며, 우리가 관습적으로 사람이라 부르는 작용이 (언어적 의미에서) '소유(*prāpti*)'라 불리는 어떤 것에 의해 (업을 포함한) 자신의 자산과 연결되어 있다고 논의한다. 테라바다는 공덕의 양도를 받아들이기에 이르지만, 명백히 과정의 양도, 즉 업의 양도라는 문젯거리의 개념을 회피하기 위해 노력하였는데, 설일체유부의 술어들 중 이 편린을 취함으로써 그렇게 하였다. 이것이 나의 두 번째 요점이다. 나는 이것이 이전에 알려졌는지는 알지 못한다. 팔리어에서는, 따라서, 양도한 것은 공덕이 아니라 (공덕의) '소유'(*patti-dāna*)라고 한다. 비록 모든 테라바다 전통에서 *patti*(Skt. *prāpti*)라는 용어를 쓰지만, 나는 그들 대부분이 이것이 무엇을 의미하는지 – 이것이 지시하는 바와는 별개로 – 거의 모를 것으로 생각하는데, [그 이유는] 이것을 다른 학파에서 빌려왔기 때문이다.

초기불교에서 붓다는 오직 구원의 도를 가르쳐주는 의미의 구원자이다. 대승불교에서는 붓다와 보살들이 업의 양도를 통해 더 직접적으로 구원했다. 나의 세 번째 요점은, 실체화된 업의 양도는 불교가 다른 이에 의해 구원될 수 있는 종교로 거듭나는 데 아주 중요하다고 여겨진다는 것이다. 따라서, 불교에서 행해지는 공덕의 양도는 기독교에서 자리 잡은 신성한 은혜(divine grace)이다.

•● •● •●

업의 실체화가 양도될 수 있는 일용품으로까지 진행되어서 사악한 사람에게도 나눠질 수 있게 되었을 때, 원래의 업의 교의는 완전히 전도(轉倒)되었다. 의도의 윤리로서의 논리는 전복되었다. 하지만 이것이 불교가 모든 면에서 알아볼 수 없을 만큼 변화되었다는 것을 필연적으로 의미하지 않는다. 애초부터 붓다는 지대하게 자비롭다고 하였다. 게다가, 오직 하나의 깨달음만이 존재한다고 하기에, 누구라도 깨달음을 성취하였다면 붓다와 같은 도덕적 상태를 갖추어야 할 것이다. 그럼에도 불구하고, 대승불교도들은 인정이 부족하다며 이전의 불교도들을 공격하였다. 붓다가 무대가적 공덕의 융통 가능성, 따라서 스스로 노력하지 않은 자들의 구원을 예견하지는 않았던 것으로 보이는 것은 사실이다. 그렇다면 대승불교의 비판은 정당한가? 그 해답은, 내 생각에, 우리가 초기 경전의 일부를 어떻게 해석하느냐에 달려 있다. 우리는 당연히 *Tevijja*경으로 돌아가야 한다. 우파니샤드의 구원론은 정적인 자아가 중심이고, 붓다의 그것은 동적인 도덕적 행위자이다. 자아를 유일한 실체로서 깨닫는 것은 그 상태가 항상 무엇이어 왔는가를 깨닫는 것이다 – 변화와 움직임은 환영이었다. 붓다의 세계에서는, 대비되게도, 혹자가 어떤 것이 일어나도록 해야 한다.

반면에 덜 세련된 브라민들은 얼마간 덜한 신비주의적 방법으로 죽을 때 브라만을 성취하려 한다. 제1장에서 나는 브라마 신(Brahmā)에 관하여 언급하였는데, 그는 브라만성(the essence of brahminhood)의 본질을 의인화하였고, 가장 높은 천국에서 머문다. (세련된 교의는 세상을 초월한다고 주장하지만, 덜 세련된 교의는 일반적으로 세상의 꼭대기에 있는 존재라고 해석하는데, 우연히 열반에서도 같은 것이 일어난다.) *Bṛhadāraṇyaka Upaniṣad*(6, 2, 15)에서 신비한 지혜를 획득한 사람들은 죽을 때 태양을 초월해 섬광을 향해 나아간다. 그곳에서 그들은 브라만의 세계들(*brahma-lokān*)로 인도되어, 그곳에 머무른다. 그들은 절대 환생하지 않는다. 그 복합명사는 사실상 그들이 머무는 세계는 브라마, 혹은 복수형인 브라마들의 그것이라는 것에 가능성을 열어두고 있다. 이 해석에 불교의 경전들이 대응한 듯하다.[33]

*Tevijja*경에서 붓다는 한 브라민과 논의하는데, 경전에 전해지는 그

33 *Chāndogya Upaniṣad* (5, 10, 2)에서 그 경로는 약간 다르지만, 그들은 브라만(*brahman* – 중성)에 혼동 없이 도달한다. 많은 BĀU에 대한 암시가 추적되어 온 반면에, 내가 유일하게 ChU에 관한 그것을 알고 있는 것은 *tat tvam asi*(p. 57 참조)인데, 이것은 물론 잘 알려져 있다. 이곳에서 역시 나는 붓다의 암시가 BĀU에 대한 것이라고 추측한다.

의 목표는 '브라마의 반려자'(*brahma-sahavyatā*)가 되는 것이다(DN I, 235에 처음 언급되었다). 붓다는 비록 그들이 해와 달을 볼 수 있지만, 그것들과 합일하는 방법을 알지 못한다고 말한다 – 브라마에 이르는 길은 말할 것도 없다(p. 240). 나는 해와 달에 관한 그의 발언이 죽을 때의 우파니샤드적 두 도(道)[34]에 관한 해학적인 비유라고 생각한다. 이것 해학인 이유는, 만약 붓다가 그 교의를 알았다면, 혹자가 이 도를 성취하기 위해서는 자신의 시신을 먼저 화장해야 한다는 것을 그가 모를 수 없었기 때문이다. 브라만과의 합일을 이야기할 때, 그는 이것이 사후에 일어난다고 말한다(처음에는 p. 245 para. 25에서). 그는 또한 범천(brahman)과의 동일체가 되는 사상을 암시하는 듯한데, 그가 브라민들에 반하여 제기한 한 논의에서 그들이 전혀 브라마 같지 않다고 했기 때문이다(pp. 247-8). 전형적으로, 그가 말한 비유사성은 도덕성이다[35] – 브라민들의 설명에 따르면 브라마는 도덕적으로 순수하지만, 그들은 전혀 그렇지가 않은데, 그들이 어떻게 브라마와 대등하다고 주장할 수 있는가?

붓다는 그런 다음 그 브라민 대담자에게 그가 마치 거기서 평생을 살았던 것처럼 브라마계와 그것에 이르는 길을 알고 있다고 말한다. 젊은 브라민은 자신이 사실 붓다가 브라마들 – 복수형임을 인지하라

34 두 개의 도가 처음 언급된 곳은 BĀU 6, 2, 2이다. 두 번째는 달을 통해서인데, 결국 환생으로 이끈다: 6, 2, 16. 이 두 가지 도를 모르는 이들은 벌레나 곤충이 된다(이다?) (*ibid.*).

35 나는 주석서가 그 첫 특징인 *pariggaha*를 잘못 해석했다고 생각한다. 이것은 (아내들을 포함한) 물질적 소유를 지칭하는 것이 아니라 그 소유물들을 가지고 싶어 하는 성향인 소유하고자 함(possessiveness)이다.

－과 반려자가 되는 길을 가르친다는 말을 들었다고 답했고, 그는 그 것을 듣고자 했다. 붓다는 그 길에 대한 설명에 관해 말을 잇는다. 붓다는 혹자가 어떻게 붓다와 자신의 가르침을 접하고, 재가자의 삶을 포기하며, 행동과 도덕에 관한 모든 규칙을 준수하는지에 대한 전형적인 이야기를 한다. 그런 후 그는－그때 승려로 지칭된－이 사람이 어떻게 자·비·희·사를 생각함으로 인해 사방팔방의 방향에 충만될 수 있는지를 설명한다. (일반적인 형식에서는 동일한 설명이 그 사무량심 각각에 반복된다.) 그 사무량심(팔리어로 *mettā, karunā, muditā* 그리고 *upekkhā*)은 다른 경전에서 '브라마-거주(梵住, *brahma-vihāra*)'라 지칭되었으나, 여기서는 그 용어가 사용되지 않았다.

'일체'(Pali: *sabba-*)라는 단어에 근간을 둔 세 용어들이 충만의 완전함을 강조하기 위해 사용되었고, 그 생각은 '광대하고, 장엄하며, 무한정이고, 원한과 해(害)하는 마음이 없다'고 말해졌다(*vipulena mahaggatena appamāneṇa averena avyāpajjhena*). 이 다섯 개의 형용사는 순수하고, 불순하지 않으며, 자상하고, 범위가 무한함이라는 말과 동등하다. 이것은 강력한 나팔수가 만든 소리에 비유되었다. (요점은 소리는 다른 감각의 대상들과 달리 무한정하고 모든 공간에 충만하다는 것이다.)

그런 다음 자애－다른 세 개가 순서에 따라 뒤따른다－는 '마음의 해탈'(*ceto-vimutti*)로 서술된다. 이것이 그렇게 도야되었을 때, 경계가 있는 (즉, 한정된) 업이 거기에 남아 있지 않다. 그 경전은 강조를 위해 그 마지막 요점을 반복한다(p. 251 para. 77). 이것이 브라마들(복수형)과 반려자가 되는 길이다. 이렇게 사는(*evaṃ-vihārī*) 승려는 브라마(단수형)와 도덕적 성질에서 대등하고, 그래서 그는 죽을 때 그와 합일한다.

그 경전의 번역의 서문에서 리즈 데이비즈(1899, pp. 298-9)는 이 본문은 '우파니샤드의 이론에 대한 불교의 대답'이자 대인논증이라고 정확하게 지적하였다. 하지만 아주 이상하게도, 아무도 그 경전을 충분히 세밀히 판독하여 모든 상당 본문들이 파악되도록, 따라서 무엇이 말해졌는가에 대한 완전한 의미를 알도록 작업하지 않은 듯하다. 리즈 데이비즈가 (일반적이지 않게) 반복된 제77절을 완전히 오역한 것은 전혀 도움이 되지 못했다. 나는 *cetas/ceto*라는 용어를 모두 '생각'과 '마음'으로 번역하였다. '마음'은 일반적으로 매우 적합하며, 그렇게 함으로써 혹자는 붓다가 그것을 대상으로서가 아니라 사고 작용으로 생각한 것을 잊지 않을 것이다. 제4장에서 나는 심해탈(*ceto-vimutti*)에 관해 심도 있게 논의했고, 초기 경전에서는 이것이 단순히 깨달음, 열반의 성취에 관한 용어였다는 것을 드러냈다. 붓다가 무한한 자애와 비우심 등이 깨달음을 초래한다고 말한다는 것을 부정하는 것은 이 경전을 곡해하는 것이다. 이것에 대한 부정은 어쨌든 아주 초기 단계에 정설이 되었다. 본 장의 두 번째 단락을 되돌아보자: 나는 경전의 체계자들이 일관성 있는 이론 체계를 세우기 위해 붓다의 관점을 왜곡시키고, 힘과 아름다움을 희생시켰다고 생각한다.

(붓다가 대응한) 브라민의 관념체계에서는 모든 의미 있는 행위들이 과보, 즉 업을 초래하지만, 그 결과는 한정적이고, 천국의 삶조차 영원하지 않다. 이 유한성으로부터 해탈하기 위해서는 영적 지식이 요구

된다. 그러면 그들은 시간과 공간적으로 무한한 브라만과 합일할 수 있을 것이다. 브라만은 우주 전체에 의식(*cit*)으로서 충만하다.

이 점에서 그 불교 승려는 자신의 의식으로 우주에 편재하지만, 이것은 윤리화된 의식이다. 자신의 마음을 (물론 은유적으로) 무한하게 확대하는 데 있어서 그는 자신을 우주적 의식과 자신을 동일화하는 브라민 영지주의자를 본뜬다 – 혹은 오히려 한 수 위의 방법으로 브라민에게 진정으로 해야 하는 것을 보여준다. 그의 의식은, 게다가, 실재가 아니라 작용이자 행위이다. 이것은 업이지만, 한정된 성질의 업 – 그가 이미 초월해버린 – 이 아니다. '그것'(한정된 업)은 '거기에 남아 있지 않다'라는 언질이 반복되었는데, 진중한 강조를 위함이다 – 나는 여기서 무게감 있는 결론이 상투적으로 반복되는 우파니샤드 형식의 메아리를 발견한다. 일반적 ('전형적') 업의 유한성을 초월함으로써, 그는, 브라민 영지주의자처럼, 죽음에서 브라만과 합일하기에 적합해졌다. 브라마의 단수형과 복수형의 변동에서조차 *Bṛhadāraṇyaka Upaniṣad*의 메아리가 들리는 듯하다.

만약 혹자가 그 문맥을 이해했다면, 혹자는 죽음에서 브라만과 합일되는 것이 글자 그대로 취해지지 말아야 한다는 것을 알 수 있을 것이다. 그것은 브라마계를 보여주겠다던 붓다의 서두의 약속과 별반 다르지 않다. '브라마계에 이르는 길'은 베단타 용어이고, 대담자로부터 빌려 왔는데, 이 생에서 열반을 얻기 위한 길이다. 동일한 특징에 의해 죽음에서 브라만과 합일한다는 것은 아라한의 죽음에 뒤따르는 열반에 대한 은유이다. 어쨌든, 이것은 다른 경전의 편집자들에게 이해되지 못했고, 주석가들에게는 말할 나위도 없다. 그들은 심해탈을 은유로 취한 반면에, 죽음에서 브라마와 합일된다는 것은 문자 그대로 받아들였다. 따라서, 비록 경전은 자애한 승려가 해탈한다고 명확하게 언급하지만, 전통적으로는 그가 브라마들이 거주하는 특정한 단계의 우주에서 환생할 것이라고 말한다. 나는 다음 장에서 직해주의의 세분화로 돌아갈 것이다. 우리는 여기서 붓다의 업 이론의 두드러진 두 특성을 볼 수 있다. 첫째, 작용이 대상을 대체한다: 베단다처럼 우주 의식과 동일화하는 대신에, 혹자는 특정한 방법으로 생각한다 – 구원은 혹자 자신이 그가 '어떻게' 살아가는지에 대한 문제이지, '무엇인가'에 관한 것이 아니다. 둘째, 그 작용은 윤리화되었다: 완전히 자비롭게 되는 것이 해탈하는 것이다.

•• •• ••

*Tevijja*경을 자세히 판독하면 나는 붓다가 자애 – 기독교에서 사랑이라고 부르는 경향이 있는 – 를 구원에 이르는 길로 가르쳤다고 주장한다. 이 주장은 종교역사가들에게는 분명 관심거리일 것이다. 그 경전에 대한 나의 해석은 그것을 *Bṛhadāraṇyaka Upaniṣad*의 대답으로 보는데 의존해 있다.

나는 아주 똑같은 전언을 정확히 동일한 방법으로 전달하지만, 상대적으로 덜 유명한 다른 경전이 있다고 생각한다. SN *sutta* III, 1, 8 = SN I, 75은 그 본문이 아주 짧아서 그것 전체를 재현할 수 있다. (나는 단지 구어적 형태의 특색인 반복 문구를 생략하였다.)

파세나디 왕은 왕궁의 옥상 정원으로 말리카 왕비와 함께 올라갔다. 그런 다음 그는 그녀에게 이렇게 말하였다, "자기 자신보다 더 친근한 사람이 당신에게는 있는가?" "위대한 왕이시여, 저에게는 제 자신보다 더 친근한 사람이 없습니다. 당신께서는 어떠하십니까?" "나 역시 그렇소, 말리카 왕비여! 나 자신보다 더 친근한 사람은 없소이다."

그런 후에 왕은 정원에서 내려와 세존에게로 갔다. 그는 세존께 인사를 드리고 한쪽 구석에 앉아 그에게 그 대화를 재차 상술하였다.

이 논제를 이해하시고, 세존께서는 즉석에서 시를 읊었다: "생각으로써 사방팔방 찾아다녔으나, 그는 그 자신보다 더 친근한 사람을 찾지 못했다네. 이렇게, 타인 역시 분리된 자신(separate self)이 친근하다네. 그러므로 자신을 사랑하는 사람은 다른 사람을 해하지 말아야 한다네."

왕과 왕비 사이의 상기 대화는 확실히 *Bṛhadāraṇyaka*에 있는 성자 야즈냐발캬와 그의 총애하는 아내 마이트레이 사이의 한 유명한 대화를 떠올리게 한다. 이 대화는 우파니샤드 II, 4와 IV, 5에서 두 번 행해지는데, 해당 절은 그 두 개의 판에서 동일하다. 마이트레이는 자신의 남편에게 자신을 불멸할 수 있게 만드는 지식에 관해 알고 있는 것을 자신에 말해달라고 간청한다. 그는 자신의 지식을 가르친다: '남편에 대한 사랑 때문에 남편이 친근한 것이 아니라, 자신(*ātman*)에 대한 사랑 때문에 남편이 친근하다네. 아내에 대한 사랑 때문에 아내가 친근한 것이 아니라, 자신에 대한 사랑 때문에 아내가 친근하다네.' 일련의 상당

진술(parallel statements)이 '자신을 아는 것이 모든 것을 아는 것'이라는 결론에 이를 때까지 이어진다.

나의 번역에서 영어에서는 별로 관용적이지 않은 'self'라는 희귀 용어를 그대로 사용했다. 하지만 이것은 팔리와 산스크리트의 애매함-중요한 것임-을 보존하고 돋보이게 하도록 나름대로 최선을 다한 것이다.

팔리어 *atta*는 산스크리트의 *ātman*처럼 재귀 대명사이기에 파세나디 왕의 질문의 자연스러운 번역은 '당신에게 당신 자신(your self)보다 더 친근한 사람이 있는가?'일 것이다. 그 대답에서는 아마 '내 자신'이라고 번역할 것이고, 붓다의 시구에서는 '그 자신', 야즈냐발캬의 첫 문장에서는 '그녀 자신'일 것이다. 하지만 팔리나 산스크리트에서 그 어형은 인칭이나 수에 따라 변하지 않고, 누구의 '자신'인지에 대한 의문은 그 문맥에서 해소된다. 이 불변화의 형태 자체가 구체적으로 자신(a Self)을 상정하기 쉽게 만든다. 따라서 야즈냐발캬의 가르침에서 일견에는 재귀 대명사로 보이는 것이 사실은 우주적 본질인 자아(the Self)이다.

나는 붓다의 게송을 야즈냐발캬에 대한 반박으로 해석하는데, 절반은 농담이고 나머지 절반은 진심인 듯하다. 야즈냐발캬의 전제나 혹은 그것과 극도로 유사한 것으로부터 그는 정반대의 결론을 내린다. 즉, 우리는 다른 이를 돌보아야 한다. 또다시 형이상학을 윤리가 대체하였다.

그 시구에 대한 세밀한 판독은 이 해석을 뒷받침할 것이다. 정신적으로 온 방향으로 배회함에 대한 언급인 그 첫째 줄은 이 본문을

*Tevijja*경과 연결시킨다. 셋째 줄에서는 내가 '분리된 자신'이라고 번역한 이례적인 표현 *puthu attā*가 그것이다. 이것은 상식적 관점의 개인 즉 도덕적 행위자를 지시한다. 하지만 이 단어는 함의(含意)를 통해 자신과 상반되는 자아에 관한 견해 즉 우파니샤드의 우주적 자아인 '분리되지 않은 자신(non-separate self)'을 암시하는 듯하다. 그 견해는 직접적으로 언급되지 않았고, 물론 논파되지도 않았다－붓다는 단순히 우회했다.

그래서 여기서 우리는 붓다가 우파니샤드의 가르침에 대응하였다는 것을 아는데, 존재론인 '세상이 무슨 존재인가?'로부터, 우리가 어떻게 행동해야 할 것인가? 즉, 도덕론으로－그리고 구체적으로는 자애하게－ 관심을 옮김으로써 행해졌다.

이 작은 본문은 자애하게 되는 것이 구원적이라는 주장으로까지는 나아가지 않는다. 이것은 승려를 위해서가 아니라 재가자에게 설해졌다는 사실에 부합한다. 우리에게 이것은 재가자가 승려만큼이나 자애로울 수 있고, 또 그렇게 해야 한다는 것을 말하는 듯하다. 하지만 열반을 성취하기 위해서는 세속을 떠나는 것이 필수적이라는 전제는 내가 생각하기에 붓다의 모든 가르침에 토대가 되는 것 같다. 게다가, 경전을 글자 그대로 취하는 경향 덕분에 *Tevijja*경이 불교 역사에 좋은 영향을 남겼는지에 대해서는 의문의 여지가 있다. 자애와 비우심은 주로 정신적 태도로서 행위를 요하기보다 명상 수행으로 해석되어 왔다. 이것은 다양한 불교문화의 배경에서 여러 관찰자들에 의해 지적되어 왔다.

•● •● •●

'붓다가 자아의 존재를 믿었는가?'는 허위 문제로 드러났다. 그는 그것을 확고히 믿었는데, 다른 무엇보다도, 도덕적 행위자로서이다 – 그리고 세상 다른 곳의 많은 사람들에게는 이것이 영혼에 대한 적절한 정의일 것이다. 붓다는 아마 존재론적 공식인 '나는 내 행위이다'(*Je suis mes actes*)를 받아들였을 것이다. 하지만 그는 그것을 존재론적 진의로 받아들이지는 않았을 것이다. 왜냐하면 그가 과거 행위의 결과 – 인격 형성이라 부를 수 있는 – 를 보여주고, 도덕성을 삶과 그 너머의 가치 있는 모든 것의 근본임을 강조하는 노고를 감수했기 때문이다.

III

은유, 비유 그리고 풍자

Metaphor, Allegory, Satire

III 은유, 비유 그리고 풍자

Metaphor, Allegory, Satire

붓다의 가르침에 관한 개론서들은 그가 얼마만큼의 비유와 은유를 사용하였는가에 대해 거의 전달하지 않는다. 많은 사람들은 열반(*nirvāṇa/nibbāna*)이 (불꽃 따위가) '꺼진다'는 뜻인 줄은 알지만, 아마 그들 중 몇몇 사람만이 '무엇이 꺼지는지'에 대해 알거나 혹은 어쩌면 스스로에게 질문을 하기까지도 할 것이다. 붓다는 단순하며 긴급한 전언을 가졌었고, 그것을 전달할 새 용어와 비유를 줄곧 찾는 데 천재적이었다. 경전들은 그의 독창성으로 가득 차 있다. 그는 비유적이거나 아니면 다른 간접적 표현에 호소하였는데, 문자 그대로 '우회적 방법'이라는 뜻인 방편(*pariyāya*)이라고 불린다 – 이것은 '실재를 표현하는 방법'이다. 아비달마에서 체계화된 교의를 실연(實演)하는 것은 방편을 통한 가르침과 대비된다. P.E.D.에서는 *pariyāya*라는 표제어를 다음과 같이 서술했다: '아비달마의 용어로는, 구체적으로: *pariyāyena*, 경전 속에서 가르치는 방식(Suttanta)이고, 대인적이며(*ad hominem*), 추론적이며, 응용된 방법이며, 실례적인 담화이고, 비유적인 언어인데, 추

상적이고 일반적인 아비달마의 진술과 대비적이다 = *nippariyāyena.*'

앞 장의 시작 부분에서 나는 그 체계자들 – 아비달마와 박학한 테라바다 전통 – 이 붓다의 사상을 얼마나 정확히 제시하였는가에 대하여 질문하였다. 이 장에서 나는 같은 논제에 대해 추구할 것인데, 비록 오히려 때로는 완곡적이지만 문자 그대로 다양한 특징의 초기 경전들이 어떻게 해석되어야 하는지에 대해 질문할 것이다 – 그 질문들은 대부분의 경우 나 자신도 정답을 가지고 있지 않다.

열반은 확장된 은유적 구조의 일부이고, 깨달음과 그것의 반대를 포괄한다. 꺼져야 할 것은 세 쌍의 불이다: 열정(혹은 탐욕), 성냄 그리고 어리석음. 전통에 따르면, 붓다는 이 세 쌍의 불의 개념을 그의 셋째 설법(Vin I, 34-5 = SN IV, 19)에서 도입했다. 이 교의는 불의 설법이라 알려져 있고, 팔리어로는 '불타는 것처럼 실재를 표현하는 방법'이라는 뜻의 *Āditta-pariyāya*이다. 그 설법은 꾸밈없고 충격적인 진술로 시작한다: '승려들이여, 모든 것은 불타고 있다.' 붓다는 그런 다음 자신이 언급한 '모든 것'을 설명한다. 이것은 모든 우리의 감각기관들(根: 다섯 감각에 마음을 더함), 그것들의 대상들(境)과 작용들 그리고 그것들이 일으키는 느낌을 이야기한다. 이 모든 것들은 탐·진·치의 불에 의해 불타고 있다.

나는 예전의 한 논문(Gombrich, 1990, pp. 17-20)에서 불이 세 쌍인 것은 붓다가 브라민 재가자가 세 쌍의 불을 타도록 유지하고 매일 돌보는 것을 암시한다는 것을 보여주었는데, 그리하여 그것은 이승의 목숨, 즉 재가자로서의 목숨을 상징하게 되었다.

이것은 한 설법(AN IV, 41-6)에서 극명히 드러나는데, 그 속에서 붓다는 처음으로 제식을 위한 세 불을 탐·진·치의 불과 대조하기 위해 나란히 놓았고, 동음어 말장난의 도움을 더해, 은유적으로 전자를 재해석한다: 동쪽의 불은 범어로 *āhavanīya*라 하는데, 그는 이것을 자신의 부모님에, 서쪽의 불(*gārhapatya*)은 자신의 가족과 식솔들에, 남쪽의 불(*dakṣiṇāgni*)은 공양을 받을 가치가 있는 성자(사문과 브라민)에 상응한다고 했다. 이런 의미로 붓다는 그 뚱뚱한 브라민에게 재가자는 불을 돌봐야 한다고 했다 – 사람들을 부양함으로써.

차기 세대의 불교도들은 베다 시대의 브라민들이나 혹은 붓다와 그들 사이의 논쟁에 관심을 가져야 할 이유가 없었기에, 이 은유의 출처을 잊어버렸다. 내가 아는 한에서 이것은 어떤 주석서에서도 발견되지 않았다. 대승불교에서는 그 은유가 완전히 잊혀져서, 탐욕과 성냄 그리고 어리석음은 삼독[1]으로 알려졌다. 내가 이것이 아마 대승불교의 발달에 중요한 공헌을 하였다고 암시하는 것이 지나친 억측이 아니길 바란다: 열반은 진리의 '깨침' 혹은 깨달음인 보리로부터 분리되었고, '전자에 더 낮은 가치가 부여되었다(Gombrich, 1992d). 원래 열반과 보리는 같은 것을 지시하였다 – 그것들은 단순히 같은 경험에 다른 은유를 사용한 것일 뿐이다. 하지만 대승불교 전통은 그것들을 분리하였고, 열반을 단지 갈애(=소유욕과 성냄)의 소멸과 윤회로부터 결과적 모면을 지시하였다고 여겼다. 이 해석은 셋째 불인 어리석음을 무시한

1 산스크리트로는 *tri-doṣa*이다. 이 용어는 세친의 구사론에서도 찾아볼 수 있다(Takasaki, 1987, p. 144).

다: 어리석음의 소멸은 물론 초기 경전에서 영적 지식(gnosis)이라 실증적으로 표현될 수 있는 깨달음과 동일하다.

불교 전승에서 불의 은유의 핵심조차 그렇게 일찍 잊혔기에, 이것의 확장 역시 잊힌 것은 놀라운 일이 아니다. 취착(*upādāna*)은 구체적이고 추상적인 의미를 모두 가진다. 이것은 추상적으로는 집착과 취착의 의미가 있는데, 이 의미는 불교 교리에서 일반적으로 많이 사용되고 있다. 구체적으로는 이것은 이 작용에 연료를 공급하는 것을 의미한다. P.E.D.의 해당 표제어는 '(문자적으로는, 활동적 작용이 살아 있고 진행할 수 있도록 하는 수단이 되는 (물질적) 실체), 연료, 보급품 혹은 양식'이라 설명되어 있다. 그래서 문맥이 불에 관련될 때 이것은 단순히 연료를 의미한다. 오온은 색부터 식까지 종종 경전에서 *upādāna-kkhandhā*로 지칭되었으며, 이것은 보통 '취착의 덩어리(取蘊)'로 번역된다. 이것은 틀리지는 않지만 그 은유를 잃었다.

내 견해로는 온(*khandha*)이라는 용어 또한 불의 은유의 일종인 것이 분명하다. 나는 불교사상의 역사에 상당한 물의를 일으켜온 한 작은 경에서 이것을 추적하려 한다: *Saṃyutta Nikāya Khandha-vagga, sutta* 22 = SN III, 25-6에 있는 짐에 관한 설법. *Saṃyutta Nikāya*에 있는 대부분의 이런 짧은 설법과 동일하게 이 경전은 서술적인 문맥을 갖지 않는다. 붓다는 단순히 다음과 같이 말하며 시작한다, "비구들이여, 내가 너희들에게 짐과 짐지는 사람, 짐 지기와 짐을 내려놓기를 가르치겠노라." 그는 한 은유를 상설한다. 그 짐은, 그가 말하길, 우리가 다섯 취온이라 부를 수 있는 그것이다. 그는 그런 다음 그 표준적인 다섯 가지를 색부터 식까지 호명하고, 각각을 취온이라 단정한다. 각각은 은유적으로 연료 다발이라고 단정되었다. 일반적 연료는 땔감이었고, 우리가 원한다면, 그 장면을 브라민 학인(*brahmacārin*)이 중 한 명이 되는 것으로까지 확장할 수 있는데, 그들의 일상적 의무 중 하나는 성스러운 불에 공급하기 위한 땔감을 수집하는 일이다.

그 경은 그 은유의 다음 항 때문에 물의를 일으켰다: 붓다는 '그 짐을 지는 사람은 여기의 한 존자이고(*ayaṃ āyasmā*), 어떠한 이름과 씨족을 가진 한 사람(*puggala*)이다'고 말한다. 그가 짐을 지는 것은 갈애(*taṅhā*)이고, 그가 짐을 내려놓는 것은 갈애의 완전한 소멸이다.[2] 나중에 한 불교학파 전체 즉 설인부(說人部, *pudgala-vādin*)는 자신들의 주장의 주된 권위로 이 본문을 취하였는데, 이는 사람이 여섯째의 실체이고, 오온과는 별개인데, 왜냐하면 갈애에 종속당하고, 따라서 그 온을 들어 올린 주체는, 오온이 아니라, 바로 사람이기 때문이다. 우리는 이 해석이 다름 아니라 은유를 너무 글자 그대로 적용한 것이고, 오히려 우스꽝스런 천착의 단편이라는 것을 알 수 있다.

*Saṃyutta Nikāya*의 약간 후반부 SN III, 71에는 한 짧은 본문이 있는데, 그것은 오온은 불붙고(*āditta*) 있기에 혹자는 그것들에 애착하는 것을 그만두어야 한다고 서술하고 있다. 나는 이것이 '불타고 있다'라는 은

---

2 이 은유는 어떤 경우에도 이 본문에만 국한되지 않는다. 깨달은 사람의 공통적 애칭 중 하나는 '짐을 내려놓은 자'(*ohita-bhāra*)이다. 다수의 실례가 P.E.D.에 *arahant* II C의 표제어 아래 열거되어 있다. 동의어인 *panna-bhāra* 또한 같은 방법으로 사용되었다. 예를 들면, *Dhammapada* 402의 주석서(DhA IV, 168)는 그것에 대해 '온의 짐을 내려놓았다'(*ohita-khandha-bhāro*)고 주해한다.

유의 원래 형식이 아니었는지 의아스럽다－깨닫지 못한 이의 경험은 불타고 있는 다섯 장작더미와 같다. 그것들은 분명 그들이 가지고 다니기에 아주 불편할 것이다! 사실 나는 이 짧은 두 본문 SN III, 25-6과 SN III, 71에 '원래는 같이 있지 않았었나'라는 의구심이 든다.

일단 혹자가 우리의 경험을 구성하는 다섯 작용이 불타고 있는 장작더미 혹은 최소한 탐·진·치의 불을 지피기 위한 장작더미로 비유되었음을 이해할 때, 열반에 관한 오래된 용어 두 종류를 이해할 수 있게 된다: 유여열반(*sa-upādi-sesa*) 그리고 무여열반(*an-upādi-sesa*). P.E.D.의 표제어가 말해주듯 *upādi*와 *upādāna*는 동일하다. 열반을 살아 있는 동안(그것을 성취할 수 있는 유일한 시간!) 성취한 것을 유여열반이라 부르지만, 이것은 그 사람에게 여전히 취착의 찌꺼기가 남아 있다는 것을 의미하지 않는다－다만 약간의 부덕이 남아 있을 뿐이다! 그 은유에 따르자면, 우리가 탐·진·치의 불을 끌 때도, 우리는 여전히 경험의 주체인 오온을 가지고 있기에, 여전히 장작(*upādi*)의 잔여물(*sesa*)을 가지고 있음을 이해한다. 어쨌든, 이것은 더 이상 불타지 않는다. 오온이 더 이상 존재하지 않을 때, 즉 우리가 깨닫고 나서 죽을 때 우리는 더 이상 경험의 잠재력을 갖지 않는다. 우리의 연료는 고갈되었다.

이것은 명백하게 아주 초기 단계에 잊혔다. 음성적 유사함 때문에 *upādi*는 이 문맥에서 *upadhi*로 변경되었다. 후자는 근본, 기초 그리고 구체적으로 갈애(*taṇhā*)의 근본을 지시하곤 한다. 이것이 만족스러운 의미를 형성함에 따라 원래 용어들에 문제가 있다는 것조차 아무도 알아차리지 못하였다.

반면에 대승불교에서 세 불의 비유가 완전히 잊힌 것은 놀라운데, 왜냐하면 불의 설법의 기본사상은 대승문학 전체에서 가장 유명한 구절의 하나인『법화경』의 불타는 집의 비유(제3장)에 고스란히 보존되어 있기 때문이다. 여기서 세상은 낡고 썩은 대저택에 비유되었고, 그 불타는 저택 속에서 아이들은 경솔하게 놀고 있다. 그들의 아버지는 감언이설로 그들에게 좋은 장난감을 준다고 약속함으로써, 그들을 그곳으로부터 탈출하게 만든다. 장난감들은 그 문맥에서 동음의 말장난으로서 불교가 제시하는 다양한 구원의 수레(*yāna*)와 비유된다.

그 약속은 아이들－고통받는 중생－이 그 집에서 탈출하는 역할을 했고, 아버지－붓다－는 사실 가장 굉장한 장난감의 일종－대승불교(*Mahā-yāna*)－을 준다. 이것이 그의 방편이라 단정된다. 그 본문의 은유와 동음 말장난의 활용은 팔리 경전에서 발견되는 붓다의 논의형식의 전통을 그대로 따랐다. 하지만 나는 '방편'의 개념을 적용하여 거짓－비록 가장 고귀한 동기에 의한 것일테지만－을 말하는 것은 혁신이라 믿는다. 나는 다급하게 이 고찰에 경멸적 의도가 전혀 없었음을 덧붙인다. 거짓말에 대한 나 자신의 윤리적 관점은, 만약 생명을 구하는 것 같은 대단한 선을 성취한다면, 정당화될 수 있다는 것이다. 나는 불교교의가 어떻게 발달했는지에 대한 사실적인 역사적 요점을 정리하고 있다.

『법화경』은 불의 설법에 나오는 불의 은유로부터 이야기를 만들었고, 이것을 풍유의 단계로 격상시켰다. 나는 그 같은 것이 훨씬 일찍 행해졌다고 생각한다: *Vinaya Khandhaka*의 *Mahāvagga*에서 불의 설교가 서술적 문맥으로 나타난 바로 그 절이다. 붓다는 그 설법을 천여 명의 새롭게 개종한 배화교도들에게 했고, 사실 결국 그들 모두가 깨달음을 성취했다고 전해진다. 표준적 판본에 의거하면, 이것은 아주 긴 삽화의 절정에 해당하는데, 이는 공인 판본에서 팔리어로 열쪽(Vin I, 24-34)에 해당한다. 이 삽화에서 붓다는, 말하자면, 오히려 이상한 방식으로 행동한다. 그가 신통력을 현시하는 것을 혐오한다고 말하는 경전이 존재한다(예를 들면, DN I, 213). 하지만 여기서 그는 일련의 신통력을 통째로 행사한다. 그는 세 브라민 고행자들에게 접근하는데, 그들은 카싸파 씨족(*gotra*)[3]에 속하며, 합쳐서 천여 명의 제자를 거느렸다. 그들은 배화교도들이었고, 명백히 그 성스러운 불을 별도의 작은 불의 집에 보관하였다 - 그 설화는 그것이 세 개라는 말을 전혀 하지 않는다. 붓다는 그날 밤을 우루벨라 카싸파의 불의 집에서 보낼 수 있도록 청하였다. 그 사문은 그에게 그 안에 초능력을 가진 용(*nāga*)이 살고 있는데, 그를 불태워버릴 것이라고 경고하였다. 붓다는 그 안에 들어가서 그 용을 스스로 태우도록 만들어 성공적으로 제압하는데, 물론 그는 그 용을 해치지는 않았다. 그 불의 집 전체가 그 둘이 만들어내는 열로 인해 불타는 듯했다(*āditta*). 게다가, 붓다의 화염은 다섯 색깔이었다. 카싸파는 그 신통력에 의해 감명받았지만, 그것만으로는 개종할 정도로 충분치 않았다. 붓다는 그런 다음 몇 가지의 신통력을 더 발휘한다. 그것 모두가 불과 관계된 것은 아니었지만, 마지막에는 그랬다. 브라

3 *Gotra*는 종족 외 결혼 시 부계의 자손들을 칭한다.

민들은 마침내 불을 숭배하는 도구들(*aggihutta-missaṃ*)을 버리고 개종한다(p. 33). 그 서술의 바로 이 부분에서 불의 설교가 시작된다.

만약 혹자가 이 서술을 글자 그대로 받아들인다면, 그는 붓다가 왜 사람들을 개종하는데 일반적으로 쓰는 전술인 설법을 하지 않았는가라고 스스로에게 물어보는 것이 마땅하다. 대신에 그는 일반적으로 잘해봐야 불명예라고 여긴 일련의 [신통력의] 현시에 호소하였다. 핀돌라(Piṇḍola Bhāradvāja) 존자가 도전에 대한 응답으로 공중부양의 능력을 대중 앞에서 현시했을 때, 붓다는 그의 행위를 어느 여인이 자신의 음부를 대중 앞에서 보여준 것에 비유하였다(Vin II, 112). 하지만 혹자가 이 경전의 편집자의 관점에서 생각해본다면, 그 전체 이야기는 그 경전의 절정이 되는 불의 설법의 보조적인 것이 되지만, 그 전에 다른 설법을 삽입하는 것은 그것이 주는 효과를 약하게 만들 것이다.

나는 제1장에서 이 경전이 붓다가 (진정한) 브라민이라는 주장으로 시작한다는 방식을 [사용한다는 것을] 상술하였다. 그 주장에는 브라민들의 본질을 의인화한 신인 브라마에 대한 붓다의 우위력의 비유적 묘사가 뒤따른다.[4] 여기서 같은 논제가 더 깊이 연구되었다: 브라민의 종교수행은 은유적으로 삶 속의 오류의 전형으로 제시되었다. 붓다가

4 브라마가 설법을 위해 붓다를 초청한 것에 관한 거의 같은 구절이 경장에 두 번 나타난다. *Ariya-pariyesana*경(MN I, 168-9)에서 붓다는 브라마 사함빠티(여기와 율장에서 그는 이렇게 불린다)가 설법을 세 번 요청하는 상황을 만들지는 않았지만, 중생에 대한 연민심으로 인해(*sattesu kāruññataṃ paṭicca*) 그에 동의한다. DN II, 36-40에서도 과거불인 비파시 붓다에 관한 동일한 삽화가 상술된다. 여기서 설법을 요청한 주체는 마하 브라마였다. 이 판에서 마하 브라마는 비파시 붓다에게 첫 60명의 승려를 전법자로 보내달라고 설득하기 위해 다시 나타난다.

그것을 거부한 것은 자신이 어떤 점에서 부적격－예를 들어, 태생적으로 불의 의식을 집행할 자격이 없기에－이었기 때문이 아닌데 붓다가 자신이 배화교도의 능력과 그 이상의 것을 모두 구비하고 있음을 보여주었기 때문이다. 그는 이것이 진정으로 추구할 만한 것의 반립(antithesis)이기에 거부하였다.

열의 대결을 묘사한 아리야(*āryā*) 시구[5]에서 붓다의 몸에서 다채로운 색의 화염이 나온 것(p. 25)과 그가 Āṅgīrasa라고 불린 것은 단지 우연만은 아닌 것으로 보인다. 붓다는 팔리 경전에서 Āṅgirasa 혹은 Āṅgīrasa로 여러 차례 호칭되었다.[6] Āṅgirasa는 베다의 한 씨족(*gotra*)이며, 브로흐에 따르면, 그가 고타마로 불린 것은 그가 그 씨족의 일원인 덕분이었다(Brough, 1953, p. xv). 리그베다에는, 어쨌든, Āṅgīras가 초인의 등급이고, 인간과 신의 가운데 위치하며, 불의 의인화인 Agni는 최초이자 최고인 Āṅgīras이다(RV I, 31, 1). 다른 경전에서 역시 붓다가 Āṅgīrasa로 불리는데, 그가 아주 밝게 빛난다고 말해졌을 때이다－SN I, 196에서 그는 세상 전체를 밝히고, AN III, 239(=J I, 116)에서 그는 태양처럼 빛나고 불탄다. 그래서 이 구절에서 그는 사실상 브라민의 불의 신인 Agni의 화신이다. 이것은 논쟁이라기보다 역할의 인수(a takeover bid)로 보인다.

---

5 비록 Oldenberg는 이것을 시구로 인정하지 않았으나, Alsdorf 1968, p. 298ff를 참조하라. *Āryā*는 운율의 일종이다.

6 D.P.P.N.의 그 표제어를 참조하라. 각주 1에 주어진 그곳의 모든 참조들은 산문 게송이다.

•• •• ••

전혀 다른 경쟁 혹은 논쟁이 마찬가지로 우리가 완전히 이어 맞추지 못한 채 이어지고 있다: 용신앙과의 경쟁이다. 이것은 붓다가 용들과 대면하는 것으로 보이는 *Mahāvagga* 서술부의 둘째 절이다. 첫째 실례에서는, 마치 브라마와 관계가 그러하듯, 그 관계가 더욱 협력적이다. 붓다가 깨달음을 얻은 직후 지복의 명상에 잠겨 있었을 때 큰 폭풍우가 몰려왔다(Vin I, 3). 무짤린다 용왕은 그를 보호하기 위해 다가와 똬리를 붓다의 몸 위에 틀고, 자신의 목덮개[7]를 붓다의 머리 위에 펼쳤다.[8] 폭풍우가 지나갔을 때, 그는 젊은 브라민의 형태를 취하고 붓다에게 귀의한다. 그는 아무 말도 하지 않았고, 우리는 왜 그가 인간의 형태를 취했는지 설명할 수 없다. 하지만 이 삽화 역시 종교 간 경쟁의 풍유인 듯한 경향을 띠고 있다.

용신앙에 대한 금석학적 그리고 고고학적 증거들이 여러 사당과 신전에 존재한다(Härtel, 1993, pp. 426-7). 하르텔은 Kuṣāṇa 시대에 속하는 Mathurā 근처 Sonkh 지역에서 용왕신전을 발굴하였다. 그는 왕사성(Rājagṛha) 주위에 광범위한 용 숭배 전통이 있었다고 추측한다. Maṇiyār Maṭha로 알려진 왕사성의 한 건물은 발굴자들에 의해 온전하게 용의

7 역) Hood. 코브라 따위의 뱀에 있는 목 주위의 조직을 펼칠 수 있는 생체기관으로, 우리나라 뱀에는 없다.

8 자이나교 도상에는 마하비라 이전 마지막 지나 Pārśvanātha가 그것과 유사하게 자신의 머리를 일곱 머리를 가진 코브라로부터 보호받으며 앉아 있는 모습이 나타난다. Fisher & Jain, 1974, plates 11, 21, 27.

사당으로 확인되었다. 이것의 가장 오래된 계층은 기원전 1세기 혹은 2세기로 추정된다.[9] 비록 이것은 붓다 이후의 시대이지만, 이것은 대체적으로 인도의 어떤 사당과 신전만큼이나 오래됐다. 그래서 그 신앙을 붓다의 당대보다 몇 세기 앞에 제시함으로써 추론하는 것은 타당하다고 생각한다.

우리가 논의해온 그 설화는 수도원의 공동체 생활의 규범이 담겨 있는 책인 *Vinaya Khandhaka*에 있다. 더 구체적으로, 이것은 첫째 장의 시작부분에 있는데, 여기서는 수계를 위한 규범을 주요 논제로 다룬다. 이 규율 중 하나는 동물은 수계를 받을 수 없다는 것이다. 만약 그것이 범해졌다면, 파계당해야 한다. 어떻게 각각의 규범이 만들어졌는지에 대한 일화가 존재한다. 이 경우에서 그 이야기(Vin I, 86-8)는 한 용이 용으로 사는 것에 싫증났고, 어떻게 빨리 인간이 될 수 있는가에 관해 숙고한다. 결과적으로 그 용은 인간의 형상을 취해서 수계를 받았다. 하지만 이 용이 긴장을 풀고 잠이 들었을 때, 용의 몸통이 방안에 가득 차서 꼬리가 창밖으로 나가게 되었다. 이웃의 한 승려가 이것을 보고, 비명을 질렀다. 붓다는 그때 그 용에게 용은 자신의 법과 율에서 진전할 수 있는 잠재력이 없다고 얘기했다. 그는 독실한 재가인처럼 재계일(*uposatha*-음력 초이레)에 참석하는 것을 지키는 것이 인간이 되는 지름길이라고 했다. 그 용이 울면서 떠날 때, 붓다는 승려들에게 '용은

9 프라사드는 무짤린다 삽화를 용의 신앙을 행하던 비하르 주와 그러한 다른 도시들과 관련해 언급하지만, 그는 서로가 종교적 경쟁자임을 가정하지 않는다(H. K. Prasad, 1960, p. 133).

자신들의 본래 모습을 두 경우, 즉 성교할 때와 편안하게 잠들 때 드러낼 수밖에 없다'고 말했다.

더 흥미로운 사실은, 스리랑카에서 비구계 수계식(*upasampadā*)의 지망자들이 우아한 재가자의 옷과 함께 그들의 머리 위에 헝겊으로 코브라의 목덮개와 비슷한 장식을 하는데, 그것은 '용'으로 불린다. 나는 종종 왜 그렇게 하느냐고 물었지만, 혼란스럽기만 한 가지각색의 대답을 들었는데, 그것들 모두는 내게 임시변통이라는 인상을 주었다.

범어와 팔리어에서 *nāga*라는 용어는 세 가지의 별개의 의미가 있다: (지금까지 논의한 의미인) 초자연적인 코브라, 코끼리 그리고 경질재 나무(iron wood tree). 그 학회에서 수마나 라트나야카는 '나가는 나무 중에서, 뱀 중에서 그리고 재가자 중에서 으뜸이다'는 속담을 인용했다. 그는 나가가 부의 상징이라는 말도 더했는데, 그것은 중국의 용의 그것과 같다. 이것은 수계 지망자들에 관해 한 단계 더 심도 있는 질문을 제기하는 듯하지만, 이 상징화가 어떻게 일어났는지는 불분명하다.

중요한 승려들에 큰 용(*mahānagā*)이라 지칭된 경우가 나타난다(예를 들어 MN I, 32; MN I, 151).[10] 이것은 팔리 경전에서 사람이 용으로 호칭되었을 때, 재가자의 상태를 칭하지 않았음을 분명히 보여준다.

비슷하게 *Sutta-nipāta*의 518번째 게송에서 어떤 연유로 네 칭호가 사용되는지를 물었다: 브라만, 사문, 정화된 이(*nhātaka*: 문자상으로는

10 MN I, 32에 붓다고사는 두 명의 상수제자인 사리불과 목건련도 이 별칭을 가지고 있었다고 주해했다. 하지만 MN I, 151에 이 별칭은 Puṇṇa Mantāṇiputta에게도 사용되었다. 이 용어는 *Sutta-nipāta* 522(다음 절을 참조하라)를 비롯한 다른 유사한 시구에서 은유가 아닌 어원학적으로 해석되었다(*Papañca-sūdanī* I, 153).

'목욕한'; 높은 브라민의 제식 지위) 그리고 용. 모든 네 가지 대답은 (뒤따르는 시구에서) 말장난을 동원하고, 은유적으로 이 용어들을 깨달은 사람의 별칭으로 사용한 데 대한 명분을 제시한다. 그는 용으로 불리는데, 허물(*āgu*)을 짓지 않기 때문이다. 그렇게 호칭된 그 사람은 여기서 '그처럼'(如是, *tādi*)으로 지시된다. 나중에 이것은 오직 붓다들의 별칭으로 여겨지지만, 여기서 나는 이것이 모든 깨달은 사람을 폭넓게 지칭할 수 있다고 생각한다.

만약 같은 장난으로 여기서 그 용어 네 개 전부를 가지고 논다면－그리고 그것은 합리적인 가정인 듯하다－우리는 불교가 브라만교나 다른 사문 조직들과 경쟁하였듯 용신앙과 경쟁하였고,[11] 상대자의 용어를 전용하고 새로운 의미를 주입하는 동일한 전술을 사용하였음을 추측할 수 있다. 만약 그렇다면, 이것은 스리랑카의 수계 관습의 시초일 수 있다: 불교도들은 용 숭배자들에게 '우리의 용은 너희들의 것보다 낫다'라고 말하고 있는 것이다. 이 경우에는 라트나야카가 인용한 그 속담은 아마 이것의 기원이 잊혔을 때 그 관습을 설명하기 위해 고안되었을 수도 있다.

11 일견에 나의 결론은 오래전 James Fergusson에 의해 *Tree and Serpent Worship* (Fergusson, 1873)에서 이미 예견되었다고 보일 수 있다. 그는 인도의 토착민 거주자들이 뱀의 숭배자들이었고(특히 pp. 67, 248을 참조하라), 아리얀 브라민들은 그 신앙을 거부하고 그 숭배자들을 격하하였으며, 또한 가상적으로 그들이 숭배했던 뱀들을 '그들의 지옥'과 동일시하였다(p. 248). 하지만 Nāgārjuna의 이름에서 증명하듯 이것은 불교에 영향을 주기 위해서 돌아왔다. 어쨌든 이 이론이 아주 조금이라도 내 것과 비슷한 것은－이것은 논쟁에 관한 개념 없이 직선적 발달을 추구하였다－순전히 우연의 일치라고 할 수 있는데, Fergusson은 팔리 삼장의 경전에 대한 지식이나 접근방법이 없었기 때문이다.

•• •• ••

그 본문에 대한 철저한 분석을 시도하지 않은 채, 나는 붓다의 깨달음에 뒤이어 며칠 그리고 몇 주 동안에 행해졌다고 이야기한 설화 대부분이 원래 비유였음을 논했고, 나는 누군가가 이 논의를 더 깊이 파고들 수 있을 것이라 기대한다. 같은 것이 그의 일대기에서 깨달음까지 이어진다. 다른 이들이 나보다 이것을 먼저 알아차렸기에, 나는 이것을 오래 끌지 않으려 한다. 장래에 붓다가 될 사람이 자라온 사치스러운 환경을 강조하는 것은 그의 세속적 재화에 대한 성숙한 거부를 강조하기 위함이다. 병듦, 늙음 그리고 죽음에 대한 모든 지식으로부터 차단되었다는 것은 우리가 유쾌하지 않은 존재에 대한 진실에서 시선을 돌리고 눈뜨는 방법을 상징하고, 왕자가 그 네 '징조' 혹은 불길함(*pubba nimitta*)을 조우한 데 대한 효과를 극대화하기 위함이었다: 그가 화사한 공원으로 가는데 노인, 환자, 시체 그리고 해결책을 제시한 듯한 차분한 수행자를 순차적으로 어떻게 조우하는지에 대한 이야기이다. 삼장 어디에도 이 이야기가 싯다르타 고타마의 이야기라고 한 적이 없으며, 심지어 싯다르타란 이름조차 삼장에는 언급되지 않는다. 싯다르타(Siddhattha)는 '목적의 실행자(fulfiller of purpose)'를 의미한다. 보통 아버지는 이 이름을 아들에게 지어주는데, 이는 아들을 가짐으로써 자신의 대를 잇는 것이 모든 남자의 의무라는 사실을 지시한다. 하지만 이 경우 그 지시는 의심 없이 붓다의 상위 목적을 가리킨다. 그 이야기 속에는 싯다르타에 관해 이야기할 때 추가된 아이러니가 존재한

다: 그가 쇠잔과 죽음을 직면했던 바로 그날, 그 자신은 아버지가 되어 아들－그가 일상적인 인간의 모든 안락과 성취와 함께 버리고 떠난 사람－이 생긴다.

삼장에는 이 이야기가 싯다르타와 연관되어 언급되지 않으며, 아들의 출생에 관한 내용은 생략되었다. 그 네 '징조'를 조우하는 것은 여섯 붓다 이전의 비파시 붓다에 관한 이야기이다(DN II, 21-9). *Mahāpadāna*경에 따르면 모든 붓다들의 초반부의 삶－그리고 어떤 범위에서는 후반부의 삶도－은 상당히 비슷한 양식을 따르고, 비파시와 고타마 붓다 사이의 다섯 붓다들도 동일한 조우를 경험하게 된다.

나는 다른 곳에서 과거불에 대한 교의의 기원에 대한 이론(Gombrich, 1980), 그리고 그것과는 별개로 애초에 왜 일곱 명의 조로 이루어진 붓다가 존재하는 지에 대한 이론을 출판하였다(Gombrich, 1992c). 나는 *Mahāpadāna*경의 내용이 붓다의 시대까지 거슬러 올라간다고 생각하지 않는다. 이것의 비유적 특징은 *Vinaya Khandhaka*의 서문의 그것과 아주 흡사하기에 내게 충격을 주었다. 이것은 혹자에게 단 하나의 붓다의 전기만이 있었다는 프라우발너의 이론(처음은 Finot에 의해 제안됨)을 돌아보게 하는데, 이것은 어떻게 계율이 존재하게 되었는지에 관한 해설의 틀을 만들기 위해 작성되었다는 것이다(Frauwallner 1956, pp. 42-3; pp. 130-1; pp. 153-4). 이것은 아마 불멸[12] 후

12 프라우월너는 그 작업의 연대를 '기원전 4세기의 전반기'(p. 131)이고, 붓다의 입멸을 기원전 483년에 근거해 '대략 불멸 후 백 년 이후'(p. 153)로 추정하며, 제2차 결집을 백 년 이후에 개최되었다고 받아들인다. 내가 붓다는 아마 기원전 5세기의 마지막 십 년 (대략 기원전 410여 년) 이내에 죽었고(Gombrich, 1992a), 제2차 결집은 아주 개략적으로 65년

몇 세대 이후에, 그리고 일부분은 게송의 형태로 작성되었을 것이다.

이 이론을 취하는 것은 붓다의 당대로까지 거슬러 올라가는 붓다의 삶에 관한 더 오래된 전승들이 있었다는 것을 부정하는 것은 아니다. 실제 그들은 분명 우리의 문자적 진실에 관한 사고(our idea of the literal truth)에 상응하지 않는 이야기를 만들었을 수도 있다. 흥미롭지만 아마 풀릴 수 없는 문제가 *Sutta-nipāta*의 셋째 권인 *Mahā Vagga*를 개시하는 한 쌍의 게송에 의해 제시되었다. 첫째 시는 출가(*Pabbajjā*)경이다. 이것은 붓다가 집을 떠난 후(*pabbajjā*) 빔비사라 왕과 어떻게 만나게 되었는지를 말해주는데, 후자는 그를 귀한 손님으로 머물도록 초청하였다. (그 시구는 그가 깨닫기도 전에 그를 이미 붓다로 부른다(v.408).) 이것은 이렇게 시작한다(v.405): '나는 밝힐 것이다, 출가에 대해서, 어떻게 그 선지자가 집을 떠났는지, 어떻게 그가 숙고 끝에 집을 떠나기를 결심하였는지.' 비록 붓다는 때때로 자신을 삼인칭으로 지칭하지만, 이것은 진정 이 게송이 숨김없이 한 추종자의 작업이라는 것으로 들리게 한다.

대비되게도, 어쨌든, 그다음 시인 *Padhāna*경('정진의 시')는 이렇게 시작한다: '내가 스스로 정진할 때 ……' (그래서 제목이 됨). 첫째 단어는 *taṃ maṃ*인데, 문자상으로 '그것 나'라는 뜻이다. *Taṃ*은 앞서 나온 어구를 가리키는 대명사이다. 다른 말로, 이것은 이전 문장의 주어를 취한다. 그 전의 문장은 물론 *Pabbajjā*경의 마지막 줄이다. 그것은 빔비

후라는 것을 보여주었기에, 이것은 우리들을 기원전 4세기의 제3분기 정도로 추측하게 끔 한다.

사라 왕의 초청을 사양하는 붓다의 언설의 마지막이다: '나는 정진하러 갈 것이며, 그 안에서 내 마음은 환희한다.' 앞서 나온 어구를 가리키는 대명사와 '정진'의 반복(같은 어근이지만 다른 문법적 형태)은 이 두 시구가 원래 하나였음을 보여준다. 게다가 만약 *Padhāna*경이 단독으로 취해지면, 이것은 마치 일인칭 서술의 한 부분처럼 들린다. 주석서는 *Pabbajjā*경을 아난다에 그리고 *Padhāna*경을 붓다에 귀속시키지만(*Paramattha-jotikā* II, 2, p. 386), 그 두 시가 원래 하나였다는 위의 논의에 반대하는 것은 나에게 어떤 부담도 주지 않는다.

이것은 비유라는 주제와 관련이 있는데, 그것은 *Padhāna*경이 붓다의 깨달음에 관한 이야기를 완전히 비유적인 문체로 말했기 때문이고, 죽음의 의인화격인 마라에 대항한 전쟁에서 보이는 바와 같다. 사실 이것은 이 삽화를 이야기하는 최초의 본문일 것이다. 하지만 이 설명과 그 후의 이야기에는 흥미로운 상위가 존재한다. 모든 불교도들이 알고 있는 이야기는 붓다가 극단적 고행을 통하여 깨달음을 얻으려 했지만, 그것은 잘못된 길이었고, 오직 금욕주의와 쾌락의 중도를 취해야 한다는 사실의 깨닫고 나서야 자신의 목표를 성취했다는 것이다. 일반적으로 받아들여진 판에 의하면, 그는 마라를 제압하고 깨달음을 통해 승리한 그날 밤을 보내기 전에 몇 해 만에 처음으로 적절한 음식을 먹었다.

이 시에서 어쨌든 마라는 붓다에게 고행을 포기하라고 꾀는데, 그에 대해 붓다는 살이 더 빠지면 마음은 더 고요해질 것이고, 의식과 집중 그리고 이해가 더욱 안정될 것이라며 도전적으로 답변한다(v.434). 이

것은 상용화된 판에서 풍유된 전언인 중도를 따르라는 첫째 설법의 권고와는 상반된다.[13]

일견에 죽음인 마라가 붓다에게 살기를 권한다는 것은 모순 같다(v.427: *jīva bho, jīvitaṃ seyyo*). 하지만 불교도에게 마라는 동시에 욕망, 불의 희생제를 집행하는(*aggihuta*) 세속적 삶을 추구하는 삶을 대변한다. 그는 첫째 부대가 감각적 욕망(*kāmā*)인 군대를 가지고 있다. 그들에게는 대략 열 개의 부대가 있는데, 그것들은 욕망과 도덕적 유혹으로부터 허영과 타인의 멸시로 끝나는 각양각색으로 구성되어 있다. 따라서 그 비유는 일반적인 삶은 진정 죽음－반복된 죽음－임을 보여준다.

이것은 정설이라 하기에 족하다. 하지만 (풍유로부터 얼마간 벗어나) 붓다가 육체적 고행을 통한 노력으로 마라를 물리쳤다는 묘사는 그 어느 면에서 보더라도 정설은 아니다. 이것은 브롱코스트(Bronkhorst)[14] 교수가 제시한 자이나교의 영향이라 부르는 그 어떤 것만큼이나 좋은 실례이고, 이 경우 고행이 윤회로부터 해탈을 가져온다는 견해이다. 나는 이것이 불교도 사이에서의 논쟁－진 편－의 일부이고, 동시에 (언제라고 말할 수 없지만) 비불교도와의 논쟁이기도 했다고 생각한다. 나는 이 본문이 어떤 정신에 의해 유발되었다고 보는데, 그것은

13 주석서는 그 두 시구 (441과 442) 사이에 긴 시간적 공백이 있다는 한심한 설명(p. 391)에 호소한다. 이것은 붓다가 441번 시를 말한 후 마라가 조용히 떠났음을 암시한다. 붓다는 그때 자신의 고행이 아무 소득도 없음을 알았고, 보(Bo) 나무 아래 앉아 수자타로부터 공양을 받고, 깨달음을 얻기로 굳게 결심했다. 마라는 그때 표준적인 이야기에 있는 것처럼 자신의 군대와 함께 돌아왔고, 그들 사이에 전쟁이 벌어진다. 그 시점에서 붓다는 442번 게송을 읊는다. 이 설명들이 증명하는 것은 그 시가 체계자들에게 진정한 문제를 안겨주었다는 것이 전부이다.

14 위 p. 28과 비교하라.

*Mahā Sīhanāda*경(MN *sutta* 12)을 작성한 그것과 유사하다. 거기서 붓다는 자신이 그 누구보다 더 극단적인 고행을 했다고 주장한다. 예를 들면, 그는 묘지에서 인간의 뼈 위에서 잤고, 외양간으로 소똥을 먹기 위해 기어서 들어갔으며, 자신의 분뇨를 더 이상 아무것도 만들어낼 수 없을 때까지 먹었다(MN I, 79). 나는 후기 불교도들이 이 절을 인용하기를 꺼리는 듯한 인상을 받았다. *Padhāna*경과는 달리 *Mahā Sīhanāda*경은 이런 수행들이 깨달음으로 이끌었다고 주장하지 않는다. 하지만 붓다는, 다른 한편으로, 후자의 본문에서 그것들을 한 것이 잘못이었다고 말하지 않고, 단지 효과가 없었다고 했다(MN I, 81). 오히려 반대로 그는 긍지를 가지는 듯하다. 그 본문의 저자는 이를테면 이렇게 말한다: '너의 스승이 할 수 있는 그 어떤 것도 우리 스승은 더 잘한다.'

마라의 존재를 얼마나 진지하게 받아들여야 할지 판단하는 것은 매우 어렵다. 사실 나는 이것에 정답이 없다고 생각한다: 다양한 저자와 편집자들이 다른 의견과 태도를 보였다. 우리 주위의 온 세상은, 우리 아래에 있는 지옥과 우리 위에 있는 천신의 천국을 포함하여, 욕계의 영토(*kāmāvacara*) 안에 있고, 마라는 비유적으로 이 천국의 가장 높은 곳에 거주한다고 하는데, 그래서 그는 인간이 중심에 있는 세계를 손아귀에 쥐고 통치하고 있다. 이것은 티벳의 윤회도에 시각적으로 묘사되는데, 거기서 세상은 탐욕스러운 악귀의 손아귀 속에 있다. 하지만 팔리 경전에는 마라가－마치 브라마처럼－더욱 가볍게 취급되는 경향이 있는데, 비록 마라는 한 사람의 의인화로부터 시작하지만, 그 존재는 배가 된다. 따라서 *Māra-tajjaniya*경(MN *sutta* 50)에서 목건련 장로는 마치 콩을 먹은 것처럼 자신의 뱃속이 거북한 것을 느낀다. 직관적으로 그는 그 거북한 것이 마라였음을 깨닫게 되고, 마라에게 거기에서 나오는 것이 그에게 더 좋을 것이라고 훈계하였다. 처음에 그는 반신반의하며, '그의 스승조차 나를 이렇게 빨리 탐지하지 못하는데, 어떻게 그의 제자가 나를 이렇게 할 수 있는가?'라고 생각한다. 하지만 그가 정말 목건련에게 발각되었음을 알아차렸을 때, 그 장로의 입으로 나와 문 앞에 섰고,[15] 그리고는 추측건대 기회를 엿보고 있었다. 그 장로가 말하길, '내가 너를 보지 못한다고 생각하지 마라, 사악한 놈아! 너는 그 문 바로 앞에 있다. 옛적 내가 Dūsī(오염자)라 불리는 마라였을 때 깔리(Kālī)라 불리는 여동생이 있었는데, 너는 그녀의 아들이었다. 그래서 너는 내 조카이다.' 그는 자신이 오염자였을 때 어떻게 구류손(Kakusandha)불을 괴롭혔고, 그 과보로 지옥에서 불타는 최후를 맞이하였는가를 이야기 해주었다. 추측건대, 목건련이 마라의 삼촌이었다고 주장한 것은 자신의 권위를 그보다 더 위에 세우기 위함이다.[16] 마라가 칼리의 아들이었다는 점은 마지막 장에서 다시 다룰 것이다. 이 일화는 표준적인 방법의 퇴마의식(exorcism)을 따르고 있다(비록 스스로 행하는 퇴마의식은 평범하지 않지만 말이다). [자신에게] 씐 귀신의 이름을 아는 것의 중요성에 주목하라. 이것은 마라를 평범한 가위 누르는 귀신의 수준으로 격하시키고, 마치 그를 조롱하는 것으로도 여겨진다.

---

15 P.E.D.의 *paccaggaḷa* 표제어에서 '마라는 그의 목에 붙었다'고 말하지만, 그것은 마라가 그의 입으로 나왔다는 그 전의 구절(p. 333)과 모순된다. 주석서는 이것에 관해 옳다(MA II, 416).

16 나는 아내 산죽타 굽타(Sanjukta Gupta)에게 이것을 설명해준 것에 감사를 표한다.

*Padhāna*경의 마지막 부분에는 마라에 관한 비슷한 조롱이 있다. 마라는 기회를 노리며 붓다를 7년 동안이나 쫓아다녔다고 한다. 그는 마치 까마귀가 살코기 덩어리처럼 보이는 돌을 선회하는 것에 비유당한다. 그가 이것이 그냥 돌이란 것을 알게 되었을 때 떠난다. 비파(*vīṇā*)가 그의 겨드랑이에서 떨어졌고 – 우리는 전에 그가 악기를 지니고 다닌다는 것을 듣지 못했다, 그는 낙담한 채 사라졌다(*tato so dummano yakkho tatth' ev' antaradhāyatha*). 우리는 마라가 거기서 Mṛtyu로 불렸다는 것을 마음에 새겨야 하는데, 그 인물은 Brāhmanas에서는 의인화된 죽음이고, 그는 물론 그곳에서 무게 있게 다뤄졌다. 마라를 풍자하는 것은 따라서 브라마를 풍자하는 것과 아주 흡사하다. 나는 그 양자의 경우 풍자의 원래 참뜻은 오히려 유쾌한 것이었다고 추측하는데, 심지어 진중한 요점을 다룰 때조차 그러했다.

•• •• ••

붓다가 비유를 풍자적으로 사용한 것에는 의심의 여지가 없다. 나는 세상이 어떻게 시작되었는가에 대한 브라만의 설명을 조롱한 팔리삼장의 긴 것 하나와 짧은 것 하나인 두 절을 분석한 것을 출판하였다(Gombrich, 1990; 1992b). 짧은 것은 브라마에 관한 것이다. *Bṛhadāraṇyaka Upaniṣad*(1, 4, 1-3)의 창조에 관한 설명 중 하나에 의하면 처음에는 오직 인간의 형상을 한 아트만만이 존재했다. 나는 제2장에서 우파니샤드의 아트만과 *Brahman*(중성)은 우주적 단계에서 같은 것을 지칭하고,

그 후자는 나중에 *Brahmā*(남성)로 의인화되었음을 논하였다. 여기서 의인화된 것은 아트만이고, 그 용어가 이미 남성형이기에, 성수격의 전환이 필요치 않다. '그는 두려워했다. 그래서 오직 그 한 사람만이 두려워했다. 그는 이렇게 생각했다: '나 말고 아무것도 존재하지 않는데 내가 무엇을 두려워하는가? 그렇게 그의 두려움은 가셨는데, 혹자가 두려워하는 것은 필시 자기 자신 외에 다른 것이기 때문이다. 그는 정말로 즐겁지 않았다. 그래서 오직 그 한 사람만이 즐겁지 않았다. 그래서 그는 다른 사람을 원했다. 그는 한 남자와 한 여자가 서로 껴안고 있는 것만큼 컸기에, 그는 그 자신의 자아를 두 개로 조각냈다. 그래서 남편과 아내가 존재하게 되었다.' 해당 불경 구절은 삼장에 여러 번 나타나는데(예를 들어, DN I, 17-18), 세상 그 자체는 영원하지만 파멸와 재형성의 주기를 거친다고 가정됐다. 우리는 파멸은 분명 욕계 한참 위에 존재하는 아주 희유한 천국의 층위 아래에서 일어나는데, 그 아래에 아무것도 존재하지 않을 때에는, 윤회하는 중생들은 아주 높은 천국에 환생한다고 잠정적으로 말할 수 있다. 하지만 모든 천국들에 있는 존재들은 해당 천국의 높고 희유한 정도와 상관없이 물론 영원하지 않다. 새로운 성겁(成劫, *vivaṭṭa-kalpa*)이 도래할 때는 브라마가 사는 천상의 궁전이 텅 빈 채 다시 나타난다. 때가 되어 수명과 복이 다한 중생이 상위의 천국에서 죽어 그 궁전에 다시 태어난다 – 그렇게 그는 브라마로 환생한다. 거기서 홀로 오랫동안 지낸 후 겁먹고 무료함을 느껴서, 그는 다른 존재들이 그가 존재하는 방식으로 생겨나기를 바라게 된다. 단순한 자연의 순환 과정으로써 다른 존재들 역시 상위의 천국을 떠나 브라마의 곁에 환생했다. 그때 그는 그들이 거기에 생겨난 것이 자신의 바람 때문이었다는 미망을 품고, 자신이 전능한 창조자라는 환상을 가진다.

브라만의 우주관을 비웃는 팔리삼장의 그 긴 구절은 *Aggañña*경(DN *sutta* xxvii)에 있다 – 세목을 위해서는 Gombrich, 1992b를 참조하라. 사회의 기원에 관한 이야기 전체는, 그 본문의 태반을 차지하는데, 브라만의 경전들의 패러디이고, 특히 리그베다의 '창조에 관한 성가'(RV X, 129)와 창조론 BĀU 1, 2에 관한 것이다. 성겁의 시작에 지구의 형성, 중생에 의한 인구 증가, 그들의 단계적 사회적 차별, 성(性)과 재산의 발단 그리고 최종적으로 왕권과 네 가지 브라만식 계급(*vaṛna*)의 발생 – 이 모든 것은 브라만식 사고를 패러디적으로 재구성한 것이고, 동시에 욕망의 유해한 작용에 대한 풍유이다.

이것은 불교의 세계관에 관한 역사에서 사소한 문제가 아니다. 엄밀히 말하자면 *Aggañña*경은 창조론에 관한 것이 아닌데, 불교도에게 절대적 시작점은 인식될 수 없기 때문이다(SN II, 178ff.). 하지만 이것은 세상이 어떻게 이번 차례에 생겨났는지를 설명해주고 있고, 나는 이상의 경각심을 가지고 이 용어를 사용하려 한다.

불교도들은 가장 이른 시기부터 이것을 사회와 왕권의 기원에 대한 설명으로 진지하게 받아들였고, 심지어 붓다 자신의 왕계의 기원을 최초의 왕으로 추대된 Mahā-sammata로 거슬러 올라가도록 추적하였다. 그들은 그것을 고유 명사로 이해했지만, 그 단어는 원래 '위대하도록 협의된(agreed to be great)'이라는 뜻을 가졌다. 하지만 이제 우리는 붓다가 절대 창조론을 제시하려는 의도가 없었다는 것을 알게 되었다.

만약 우리가 *Aggañña*경을 자세히 들여다보면, 거기에는 설명하는 이야기로는 중대한 모순들이 있다－이것이 패러디로 인식될 때라도 이 상위들은 설명될 수 없다. 이미 삼장 안에서 이 본문이 불교 창조론의 토대 일부를 제공하였고, 이 상위들은 경전 체계자에게 여러 문제점을 안겨주었는데, 그 일부는 결코 적절하게 해결되지 못했다. 내가 위에서 언급한 것은, 우리가 '잠정적으로' 어떤 아주 높은 계층 아래에서 세계가 주기적으로 파괴된다고 말할 수 있다는 점이다. 그리고 이 설정은 브라마가 세상을 창조했다는 생각을 익살스럽게 공격하는 본질적인 기초 지식이었다. 결과론적 우주관은 다양한 층위까지의 파멸의 복잡한 순환과 함께 청정도론에서 상세하게 연구되었다(XII, paras. 30ff. = pp. 349ff.).[17] 하지만 찰나적 반성은 이것이 업의 법칙의 작용에 관한 것인 불교의 근본 이론과 거의 맞지 않음을 드러낼 것이다. 우주의 아주 높은 곳에 환생하기 위해서는, 심지어 브라마와 욕계보다 훨씬 더 높은 곳에, 혹자는 반드시 자신의 전생에서 욕망을 극복해야 하고, 혹자가 지구로 거의 단 한 번도 더 돌아오지 않도록 영적으로 아주 진보해야 하는데, 저급한 삶의 긴 연속을 재개해야 함은 말할 나위도 없다. 약간 쥐어짜낸다면, 그 이론 속에서 이러한 경우가 몇몇 생겨날 수 있다. 하지만 모든 개개의 업상속자들이 동시에 그런 고상한 환생으로 귀착되는 것, 오직 일반 중생 전체의 타락으로 이어지는 그것은 허용될 수 없다.

17 Ed. Warren & Kosambi, Harvard 1950.

••• ••• •••

우주관에 관한 불교도들의 주된 관심사는 자신이 아마 태어날 수도 있는 상태를 구체적으로 설명하는 것이다. 최종적인 테라바다의 우주 도표는 두 모델을 포함하는데, 하나가 다른 하나를 함유한다. 그 작은 것은 다섯(혹은 여섯) 취(*gati*)에 상응하고,[18] 그가 다시 태어날 상태는, 개략적으로 말하자면, 자신의 업의 질에 따른다. 이 형태에서 인간은 대체적으로 중간인데, 최소한 공간적인 면에서 그러하다. 그 위에는 신들의 천국이 존재한다(여섯 층위로 나뉜다). 인간과 같은 층위에는, 비록 여건이 더 좋지 않지만, 동물과 아귀가 존재한다. 때때로 지구 바로 아래에는 반신(*asura*)의 층위가 있다고 말해지지만, 베다 우주관의 잔재인 이것은 더 이상 불교에서 중요성을 가지지 않는다. 지하에는 고통받는 지옥 중생이 가득 찬 수많은 지옥이 있다.

이 모든 것은 이전에 말한 것처럼 욕계(*kāmāvacara*)이다. 업 중에서 당신을 그곳에 이르게 하는 것은 내가 제2장에서 '전형적' 업이라 부른 바로 그것이다. 하지만 불교도들에게는 '명상을 통해 대단한 정신적 진보를 이루었으나 열반을 채 성취하지 못한 사람들에게는 어떤 일이 생기는가?'에 대한 의구심 역시 존재한다. 명상은 수많은 단계로 분류되어 있지만, 가장 낮은 것을 제외하고는 모두 욕계를 초월한다는 의미가 내포되어 있다. 만약에 혹자가 그 단계에 들어선 채 죽는다면

18 역) 오취는 천신과 아수라를 하나로 본다.

어떤 일이 생길 것인가? 다른 말로 하자면, 그때 이미 완전히 그 마음으로 사는 사람들 – 내가 설정했듯이, 그의 업이 순전히 '교조적'인 이 – 에게는 과연 무슨 일이 생길 것인가?

동시에 그 체계자들은 브라마가 천신(*deva*)보다 더 높은 영토에 있다는 브라만적인 개념을 손보기를 원했다. 어쨌든 그들은 브라마보다 우월하기를 원했고, 그의 세상이 가장 높지 않다고 주장했다 – 불교도는 더 높은 것을 가졌다.

이 모든 것의 결론은 우주의 완전한 지도에서 욕계는 삼부 구조 중에서 바로 바닥인 셋째에 존재하는 것이다. 그것 위에는 색계(*rūpāvacara*)가 존재하는데, 그것은 브라마의 세계들에 상응한다 – 브라마가 그러하듯, 브라마의 세계도 배가 되었다. 이 세부적인 우주적 확산에 관한 한 자료를 우리가 실제로 연구해오고 있다: 브라마가 태어난 상위 층위가 자신이 창조주라는 잘못된 관념을 가지기 전에 존재했었어야 했고, 그것은 구체적으로 불교의 바로 그 꼭대기 층위일 수가 없는데, 왜냐하면 그곳에서는 타락할 수 없기 때문이다. 이 불교 층위들은 다함께 무색계(*arūpāvacara*)를 구성한다. 그곳의 존재들은 몸 없이 단지 아주 높은 명상 상태에 있는 마음만 있는데, 그 지위에서는 열반의 성취가 확실시된다.

충분한 연구를 진행한다면, 이것의 궁극적 정밀 도식에서는 모든 층위에 관한 기원을 추적할 수도 있을 것이다. 나는 그 연구를 하지 않았고, 그 세목의 일부는 아마 오히려 진부한 판독으로 증명되리라 추측한다. 어쨌든 나는 그 우주관이 생겨난 것이 어떻게 직해주의로 설명

가능한지에 관한 실례를 들겠다.

제2장에서 나는 '브라만과 함께 삶'(梵住, *brahma-vihāra*)이라고 알려진 사무량심의 기원을 추적하였다. 나는 거기서 원래 이것들이 구원론적이라고 말해졌고, '브라만과 함께 삶(혹은 그것을 성취함)'의 은유는 그 문맥으로부터 생겨났다는 것을 보여주었다. 어쨌든 삼장에 *brahma-vihāra*가 서술되어 있는 다수 문구들의 대부분[19]이 우주관과 문자적 방식으로 부응하고, 그것들은 브라마계에 환생하는 결과를 초래한다고 말한다. 나는 *Mahā Govinda*경(DN *sutta* 19)을 이에 대한 전형으로서 인용한다. 이 본문에서 붓다는 전생에 고빈다라 불리는 브라민 성직자였다. 종국에 그는 다수의 추종자들과 함께 세속을 버리고, 네 가지 *brahma-vihāra*를 가르치고 수행한다(DN II, 250).[20] 이 가르침을 완전히 이해한 사람은 브라마 세계에 태어났다. 이것을 완전히 이해하지 못한 사람은, 명백하게 그들의 이해도에 따라, 최상층부터 최하층까지의 여섯 천계에 태어났다. 그것을 조금밖에 이해하지 못한 사람들은 반신(半神)이자 천상의 음악사인 간다르바로 환생했다. 그 본문은 그런 유형의 종교적 삶은 사람들을 브라마 세계에 환생하는 것 너머로는 이끌지 못한다는 명시적인 이야기로 끝을 맺는다.

붓다고샤는 *Tevijja*경의 주석서에서 *brahma-vihāra*에 관해 거의 논의

19 그것들 다수가 Barbara Stoler Miller 1979, p. 218, fn. 1에 일람되어 있다. 밀러는 다음과 같이 언급하였다(p. 210): '잘 문서화된 초기 불교의 특징은 다수의 용어와 수행들이 브라만교의 용어와 제식 수행의 재해석이라는 것이다.' 하지만 나는 그녀가 불운하게도 여기서 세부적 요점을 놓쳤다고 생각한다.

20 이 본문의 편집자는 분명 밀러와 다른 학자들이 *brahma-vihāra*가 불교 이전 브라만적 바탕에 기원이 있다고 추측한 점에서 일치한다(이전 각주를 참조하라)!

하지 않는데, 그는 이것 모두가 청정도론-제10장이 *brahma-vihāra*에 헌정되었다-에 있기 때문이라고 말한다(DA II, 405). 어쨌든 그 경전의 서술에 관한 그의 주해(DA II, 406)를 보는 것은 아주 흥미로운데, 그 조건에서는 한정된 업이 남아 있지 않다고 한다. '한정된 업이라 불리는 것은 욕계에 존재한다고 전해지고, 무한정한 업이라 불리는 것은 색계와 무색계에 있다.' 그는 색계와 무색계에는 저급한 종류의 업이 존재할 여지가 없다고 말하기에 이르는데, 그리하여 그것이 떠밀려 나가버리거나 결실을 맺을 수 없게 되는 것이 마치 홍수가 범람할 뿐 아니라 작은 크기의 웅덩이를 포괄하는 것과 같다고 했다. 그는 내가 이미 지적한 것처럼 은유적 체계를 놓쳤을 뿐만 아니라 윤리적 가르침을 수직적 우주관으로 실체화하였다. 그의 실체화는 그보다 한 단계 더 멀리 나아갔다: 업은 공간적 개념으로 여겨졌고, 한 종류(나의 '교조적' 업)는 다른 하나(나의 '전형적' 업)에 존재의 여지를 주지 않았다.

삼장 안에서조차 *brahma-vihāra*는 모순되게 다뤄졌다. SN V, 119-121에서는 그 네 상태가 사(捨)가 꼭대기에 있는 수직화로 이루어졌다. 그것은 *vimokkhā* 즉 '해탈'이라 불리는 여덟 명상 상태의 셋째부터 여섯째에 상응한다(제4장을 참조하라). 그래서 만약 그것들이 완벽(*pāramitā*)하게 성취된다면, 그 사람은 다음과 같은 이름이 붙여진 상태만큼 상승하게 되는데, 자애는 '상서로움'(*subha*),[21] 비우심은 무한한 공간(空無邊處,

---

21 역) 저자는 *subha*를 P.E.D.의 범례에 따라 길상(auspicious)으로 번역하였다. 하지만 *subha*는 주로 깨끗하다는 의미로 사용된다. 예를 들자면, *asubha-bhāvanā*는 不淨觀으로, *asubha-saññā*는 不淨想으로 각각 번역된다.

ākāsānañcāyatana), 수희(隨喜)는 무한한 의식(識無邊處, *viññānañcāyatana*) 그리고 버림(捨)은 무한한 공성(無所有處, *ākiñcaññāyatana*)에 각각 해당한다. 세계관적 용어에서 '상서로움'의 상태는 브라마보다 위이고, 색계만큼 높은데, 다른 세 개는 더 높아서, 낮은 것이 무색계에 다다른다.

청정도론(IX, pp. 269-70) 안의 *brahma-vihāra*에 대한 기술의 끝부분에서 붓다고사는 이 상태들이 당신을 얼마나 고양시킬 수 있는가에 관한 이 마지막 판을 받아들인다. 어쨌든 그는 이 도식이 *brahma-vihāra*의 가치를 절하한다고 느끼는 듯한데, 왜냐하면 그 마지막 절(124)에서 그는 사무량심이 십바라밀(*dasa pāramī*) 모두와 특히 붓다들에 연계된 다른 모든 특징들의 조합들을 성취시킬 수 있다고 첨언했기 때문이다: 십력(*dasa balāni*), 사무외심(*vesārajja*), 공통적이지 않은 여섯 지혜(*asādhāraṇa-ñāṇa*) 그리고 깨달은 자의 열여덟 독특한 상태(*buddha-dhamma-ppabheda*). 이것은 직해주의 현학자가 요점을 놓쳤을 때도 종교의 진의는 생존할 수도 있다는 것을 내게 암시해준다.

•● •● •●

나는 우주의 상위 층위가 명상의 상태와 상응하기 위해 놓여 있다고 말했는데, 그것은 그러한 상태에서 죽은 이들이 적절하게 환생할 곳을 위치시켜야 하는 필요성 때문이다. 하지만 그것이 그 전체 이야기가 아니다. 거기에는 훨씬 더 크고 더 흥미로운 문제가 있었다: 만약 사람들이 어떤 상태를 깨달았다면, 당연히 이 상태들은 반드시 존재하는 것인가? 현대식으로 말해서, 당연히 이 주관적 상태는 객관적 대응물(objective-correlate)을 가졌는가?

이 문제를 더욱 분명하게 설명하기 위해서 나는 제2장을 다시 참조하려 한다. 나는 베단타에서는 존재론과 인식론이 병합되었기에, 혹자가 오로지 그리고 완전하게 브라만을 지각함은 그 행위와 동시에 브라만이 되는 것임을 지적했다. (우리의 세속적 견지에서 보자면, (우리가) 브라만이 되는 것 같지만, 그것은 결론적으로 부정확한데, 왜냐하면 혹자는 이미 자기가 어떤 것인 상태로 될 수 없기 때문이다.)

이 사상의 근원은 (어떤 것을) 잡아 쥐는(把握) 손이 독보적인 비유로 제시되는 감각 인식론에 기반해 있는 듯하다. 이것은 파악하는 대상의 형상을 취한다. 시각 또한 비슷하게 설명되었다: 눈은 우리가 보는 것의 형상을 취하는 일종의 광선을 내보내고 그것과 함께 돌아온다. 생각 또한 유사하다: 생각은 그 대상과 동형이 된다. 이 사상은 *tan-mayatā*, '그것에 의해 구성됨'이라는 용어에 보존되어 있다: 영지주의자나 명상가의 생각이 실체화된 실재와 동체화(con-substantial)되는 것이다.

제2장에서 나는 붓다가 의식을 실체화하지 않았고, 인식론과 존재론을－최소한, 철학적 단계에서－절대 혼동하지 않았음을 강조하였다. 이 자격조건은 의근(imagination)이라 불리는 것을 붓다가 어떻게 이해했는지와 심상(心相)이 우리의 마음 밖에 존재한다는 것에 대해 얼마나 진지하게 생각하였지는 여전히 내게 꽤 모호하다는 사실을 상

기시킨다. 이 질문을 조사하는 데 있어서, 어쨌든, 나는 제2장의 시작 부분에서 내가 제기한 쟁점을 지속적으로 표명한다: 붓다가 이 질문들에 대한 연구결과나 일관적인 입장이 있었다는 선험명제(*a priori*)를 가정하지 않을 것이다.

만약 붓다나 초기 불교도들이 현자들의 주관적 생각–나는 오류나 미혹의 가능성의 문제를 떼 놓고 싶다–은 객관적 상관물을 가진다고 생각했다면, 그들은 소우주와 대우주 사이의 상호작용이라는 오랜 사상의 영향을 받았음이 분명하다. 내가 중요하다고 생각하는 이 사상의 복합체의 또 다른 측면은 시간의 개념이다.

내가 1991년 1월에 한 강의(Gombrich, 1993a)에서 나는 불교도가 초기 본문들에서 (그리고 아마 여전히 어떤 문맥에서는 그러한) 상당히 다른 두 시간의 개념을 함께 가지고 있다고 설명했다. 우주적 시간은, 엄밀히 말하자면, 무한한데, 우주는 시작도 끝도 없기 때문이다. 하지만 결론적으로 이것은 순환적인데, 사건들의 양상이 예측 가능한 (그리고 부분적으로 예측된) 방식으로 끝없이 반복되기 때문이다. 반면에, 우리 개개인은 우리 자신의 정신적 활동을 통해 시간에 관한 경험을 만들어낸다. 그것이 언젠가 멈추면, 우리가 탐·진·치를 소멸시킬 때 그렇게 되듯이, 우리는 더 이상 시간을 경험하지 않게 된다.

이 이원적 구조는, 초기 불교의 다른 것들과 마찬가지로, 그것의 사상적 배경을 구성하는 브라만의 문화, 즉 베다의 희생제에 대한 고찰을 참조함으로써 가장 잘 설명될 수 있다. 한편으로는, 이 고찰은 신비로운 시간 체계를 가진 우주관을 구체화하였고, 다른 한편으로는, 이것이 희생제자(sacrificer)가 희생제를 통해 무엇을 성취했는지에 관해 논의했다. '여기서 어떤 사상이 생겨났는데, 이는 희생제를 통해서 우주적 순환의 정확한 유지에만 오로지 끊임없는 관심을 둠에 의해서, 인간은 자신이 사는 시간의 순서를 만들거나 정렬할 수 있다는 것이다. 브라만의 사상에서는 시간과 연속성이 단순하게 그리고 결정적으로 사람에 주어진 것이 아니다: 오히려, 그것들은 희생제의 주술력으로 지원된 한결같은 연장을 위한 노력, 한결같은 삶의 지속의 결과였다(Collins, 1982, p. 42).' 우주적 그리고 개인적 시간은 브라만의 희생제 사상에서 융합되었는데, 그것은 창조주인 동시에 우주를 육체화한 Prajāpati와 희생제자의 신비적 동일화를 통해서 일어난다. 붓다는, 어쨌든, 희생제의 유효성을 부정했고, 개인과 우주(소우주와 대우주)의 동일성을 논박하였다(조롱하기까지 했다). 그러므로 그는 시간의 두 개념을 결합시키는 것에 그 어떤 여지도 남겨두지 않았다. 비록 불교도는 우주의 공간적 구성을 그들의 정신적 진전의 구조와 상응시키기 위해서 재·개념화했지만, 우주의 시간과 우리가 경험하는 시간 사이에는 그러한 접점을 만들지 않았다: 그 두 개의 논제는 그 이후로 단절되었다.[22]

위 글을 쓴 이후에 나는 다음의 멈포드의 책 *Himalayan Dialogue*를 우연히 발견하게 되어 환희했다. 'Three layers of temporal identity'로 시작하는 단락에서 그는 미칼리 박틴(Mikhail Bakhtin)의 이론을 상설하였

22 위의 절은 Gombrich, 1993a, p. 150에서 인용되었다.

는데, 그것에 따르면 역사적 순서를 형성하는 시간을 경험하는 데는 세 방법이 있다(Mumford, 1989, p. 16). 첫째: '개인의 정체성은 관계적이고, 사람들과 지역 공간의 명소 사이의 관계란 용어로 정의된다. 개인에게 있어서 시간적인 감각은 자연의 순환과 조화된다.' 둘째: '**개인의 삶의 연속**(*individual life sequence*)는 내적 시간의 새로운 느낌이고, 다른 주체들로부터 '격리되었다.' 이것은 세상의 근원(matrix)으로부터 이탈을 구하는 '개인 생성(individual becoming)'의 방향적 정체성을 향상시키는데, 기독교나 불교의 종교적 목표들과 섭리적 개인주의(economic individualism)의 그것과 같다. 그 결과는 개인 시간과 세계 시간의 이분화이다.' 셋째 단계는 '역사적 의식과 시간의 개인적 감각을 병합하는 것이다': 우리는 우리들 스스로를 역사 속에서 사는 대로 본다. 이것이 보편적으로 옳건 아니건 간에, 이것은 확실히 내게 초기 불교도의 시간에 관한 관점과 그 사회에 일반적으로 퍼져 있었음이 분명한 것 사이의 관계에 대한 정확하고 유용한 설명을 제시해주는 듯하다.

우리는 어쨌든 브라민 지성인들이 박틴보다 더 섬세했기에 개인과 세계 시간을 통합하려 한 공적을 인정하고, 그 노력에 대해 주목하는데, 비록 그것이 현대 방식의 그것과는 거리가 멀다 해도 별반 차이는 없다.

만약 멈포드와 박틴 그리고 내가 옳다면, 이것이 함의하는 바는 제2장과 같은 방향을 지시할 것이다: 붓다는 '바깥에' 무엇이 존재하는 지에 대해 진정 관심이 있지 않았다. 하지만 나는 그 질문을 그렇게 남겨두는 것이 전혀 만족스럽지 않다. 비록 나는 그것에 대해 질문하는 것보다 좀 더 많은 것을 할 수 있지만, 붓다의 대우주에 대한 전제가 우리들의 그것과는 아주 많이 다르다는 흥미로운 징후들이 있고, 그 이유 하나만으로도 그것을 연구할 가치는 충분하다.

실제 그렇다 할지라도, 나는 부적절하게 질문을 해볼 수도 있을 것이다. 우리는, 예를 들어, 붓다가 문자적으로(literally) 천국과 신들의 존재를 믿었는지에 대해 질문해볼 수 있다. 하지만 붓다가 우리가 의미하는 '문자적'이라는 것을 이해했다는 것이 확실한가? 로이드(G.E.R. Lloyd)는 과학의 기초 중 하나는 문자적인 것과 은유적인 것 사이의 구분이고, 이것을 처음 고집한 사람은 아리스토텔레스였음을 보여주었다:

> '...... 우리가 용어의 쌍을 조우하게 되는 것은 아리스토텔레스 이전은 아닌데, 한편에는, 엄밀하고 적절(*kuriōs*)하게 사용된 용어 그리고 다른 한편에는, 다른 영역으로의 이것의 변형된 적용 사이의 대비를 표현하기 위한 것이다. 희랍어에서 원의미 혹은 주된 의미의 '은유(*metaphora*)'는 개략적으로 단지 그것인데, 말하자면 전승 ....' 플라톤은 논의에서 은유와 비유의 위험들을 경고했다. '하지만 아리스토텔레스에게는 자신의 논리와 자연 철학 양면에서 저명한 어느 문맥에서 자신이 은유라 부르는 것의 부정적 가치평가 – 사실상 노골적 비판 – 가 훨씬 더 명확하게 나타난다.' 그는 (*Topics*, 139b34f) '모든 은유적 표현은 모호하다'라고 말하였다(Lloyd, 1990, pp. 20-1).

나는 명상상태를 묘사하는 데 있어서 그 어떤 경우에도 문자적임과 은유적임의 사이의 경계를 구분짓기가 불가능하다고 생각한다. 그렇다면 소우주, 즉 심리 상태의 기술이 대우주에 문자 그대로 적용되는지,

혹은 오직 은유적으로만 그러한지는 대답하기 아주 어려운 질문이다.

내가 지칭하는 것과 같은 종류의 구문을 예증하겠다. 나는 제2장에서 *Kevaddha*경의 수수께끼를 논했는데, 그것은 '지·수·화·풍이 발붙일 곳이 없는 곳은?'으로 시작한다. 이 질문은 한 날 어느 승려가 제기한 것을 붓다가 답한 것이다(DN I, 215). 그 기연에 붓다가 말하길, 그 승려는 신들에게로 이끄는 도(*deva-yāniyo maggo*)가 자신 앞에 나타나는 아주 멋진 상태의 삼매에 들어간다. 그는 여러 천국을 차례차례 방문하는데, 가장 낮은 천국으로부터 시작하고, 각각의 신들에게 자신의 의문을 물었다. 그들은 모두 모른다고 답하며, 더 높은 천계에서 물어볼 것을 권했다. 육욕천의 가장 높은 곳에서 그는 더 높은 '브라마의 몸을 한 신들'(*brahma-kāyikā devā*)에게 권해졌고, 그래서 그는 신들의 세계로 이끄는 도(*deva-yāniyo maggo*)를 깨칠 때까지 삼매에 빠져들었다. 브라마의 몸을 한 신들은 자신들의 차례에 더 높은 대범천(*Mahā Brahmā*)을 추천했는데, 때마침 그는 찰나에 섬광으로부터 나타났다. 그 승려가 그에게 같은 질문을 했을 때, 브라마는 자신이 얼마나 위대한지에 관한 자랑만을 늘어놓았다 – 하지만 대답은 회피했다. 그 승려는 범천에게 자신은 그가 얼마나 위대한지가 아닌 그 네 요소들이 어디서 없어지는지에 관해 물었다고 말했다. 결국 브라마는 그의 팔을 붙들고 구석으로 데려가서는, '브라마의 몸을 한 신들은 자신이 모든 것을 안다고 생각하지만, 자신은 그들이 미혹으로부터 깨이는 것을 원하지 않기에, 그들 앞에선 인정할 수 없었으나, 사실 그 역시 해답을 모른다'고 말했다(p. 221). 그는 그 승려에게 어리석다고 말했다: 그가 이 질문을 물었어야 할 사람은 붓다이다. 그래서 그 승려는 당연히 '브라마 세계로부터 모습을 감췄고, 내 앞에 나타났다.' 붓다가 어떻게 이 수수께끼를 풀었는지는 이미 보여줬다.

이것이 명백한 풍자이고, 이것은 (하급 신들은 물론이거니와) 브라마에 대한 붓다의 우월성을 드러내는 비유이다. 하지만 그 승려와 대화를 나누었던 그 신들이 자신의 마음 밖에 어떤 종류의 존재성을 가지지 않는 이상, 그리고 그가 명상을 통해 높은 영역들을 여행하고 돌아올 능력이 실제로 있지 않은 이상, 그 이야기는 단순히 말이 되지 않는다.

*Kevaddha*경이 시작하는 부분의 논제는 신통력(*iddhi*)의 사용이다. 여기서 신통력은 공중부양과 날기, 물 위에서 걷기 그리고 벽을 통과하는 것을 포함한다. 이 경전에서 붓다는 그런 능력들을 시현하는 것은 꺼림칙하고 혐오스럽게 본다고 말했는데, 왜냐하면 그것들은 마법으로 성취될 수 있고, 그래서 그 누구도 개종시킬 수 없기 때문이다(pp. 213-14). 이것은 붓다가 그러한 능력들의 존재 가능성을 믿지 않아서가 아니다: 그 반대로, 그는 그것이 너무 천박하다고 했다. 게다가, 우리가 이미 언급했듯이, 경전들은 기적들에 대한 붓다의 태도에 대해 일관적이지 않으며, 대부분은 당시 상황에 달린 듯하다. 예를 들어, *Brahmanimantaṇika*경(MN *sutta* 49)이라는 어느 한 본문에서 그는 바카[23]라 불

23 *Baka*는 '백로'를 의미한다. 왜 브라마가 '백로'라 불리게 됐는가? 또다시, 짐작하건대 이것은 익살이다. 우파니샤드에서는 브라마가 야생 거위(*haṃsa*)로 불렸다. (영어에서 '거위'는 품위 없어 보이기 때문에 종종 '백조'로 번역되었다.) 백로는 다른 대형 수중 조류이

리는 브라마의 천국으로 가서, 그와 일상적인 종류의 논쟁을 하지만, 자신의 승리로 끝난 모습을 감추는 경쟁에서 바카를 능가한다: 바카는 붓다의 시야에서 사라지려 노력했는데, 할 수 없었지만, 붓다는 그 뒤 바카와 그의 시종의 시야에서 사라진다(MN I, 330). 자신이 보이지 않게 되었을 때, 붓다는 그들에게 자신은 유(*bhava*)에 천착하지 않았다는 내용의 게송을 읊는다. 또다시, 신통력의 행사는 여기서 비유로 나타나는데, 인생과정에 관한 붓다의 총체적 이해를 표현하는 것이나, 그 조합이 아주 적절하지는 않다. 게다가, 붓다와 다른 승려들이 그런 신통력을 행사하는 내용이 훨씬 많은 경전들에 존재하는데, 그것들 모두는 별것 아니라 의식적 은유로서 무시되어야 한다.

기독교 전통 안에서 혹은 그에 가까운 곳에서 자란 사람에게는, 정상적인 자연을 법칙을 거스른 묘기라는 의미의 기적을 어느 성자가 행할 수 있다는 사상에 아주 익숙하다. 하지만 초기 불교 경전에서는 우리가 그런 요술을 넘나드는 경계가 모호함을 발견한다. *Mahā Parinibbāna*경에서 붓다는 지진의 원인을 설명한다(DN II, 107-8). 그가 제시한 첫째 원인은 지구는 물에 의지하고, 물은 바람에 그러하며, 따라서 바람이 세게 불 때 지구가 흔들린다는 것이다. 둘째로 지목한 원인은 '사문이나 바라문들이 초능력을 터득했고, 자신의 마음과 위대한 능력과 영향력을 가진 신을 조복했을 때이다(그렇게 행사했을 때). 그리고 만약 그가 땅의 한정된 지각과 물의 무한한 지각을 발달시키면,

다. 인도 우화에서 이것은 위선과 연관되어 있다(예를 들어, Franklin Edgerton의 *Panchatantra* 번역본을 보라(London, 1965), pp. 43-4).

그는 지구를 흔들거나 이것을 진동하게 한다.'

둘째 원인은 첫째의 우주관을 가정한다: 지구는 물에 띄워져 있다. 선·소크라테스 철학을 연상시키는 이 관점은 불교의 그것을 포함해 고대 인도의 종교적 우주관과는 꽤 다른데, 그것들은 꼭대기부터 바닥까지 수직화돼 있다. 후기 불교 체계자들은 지옥을 우리가 서 있는 땅과 그 바로 아래의 물 사이에 집어넣어야 했다(Gombrich, 1975, p. 136).

사문과 바라문, 혹은 신들은 (불교도일 필요는 없는) 땅과 물의 어떠한 지각(*saññā*)을 연마하였다. *Saññā*, 즉 오온 중의 셋째는 통각(apperception)이란 용어로 번역되는 것이 최선일 것이며, 폭넓게 이해된 용어였다. 통각은 이름을 붙인다는 함의를 가지며, 이것은 혹자가 이름을 붙일 수 있는 것에 대한 지각을 지시하는데, 이것은 단지 거기에 있는 어떤 것의 일반적 의식 – 다섯째 온인 식(*viññāṇa*) – 과는 별개의 것이다. 이 경우에 명상가는 땅은 아주 작게 그 아래 물은 무한하게 폭넓게 생각 – 우리가 '상상한다'고 말할 – 한다. 그것의 결과 즉 땅이 물 위에 떠 있다는 것은 어쨌든 공공연히 지각될 수 있기에, 앞서 말한 '상상한다'는 표현은 적합하지 않다.

경전에서 사용된 바로 그 언어는 우리의 생각과 지각에 관한 가정과는 부합하지 않는데, 그 말투가 '그는 지구가 한정되고 물이 무한정하다는 지각을 가졌다'가 아니라, 그 형용사가 지각과 병행해서, 마치 지각이 그것의 대상의 크기인 것처럼 말했기 때문이다. 이 경우에 그 지각은 그것의 대상의 크기마저 결정하는 듯하다. 오직 생각만으로 물리적 세상에 영향을 끼치는 그 동일한 힘은 다른 초기의 불교 전통인 대중부의 율장에 예증되어 있는데, 그것은 단지 한역본만이 현존한다. 이 전통에서는 승려가 여성과의 접촉이 엄격하게 금지된다. 어떤 한 구절[24]에서는 한 여자가 물에 빠진 것을 볼 때, 승려가 무엇을 해야 할지를 고찰한다. 만약 그들이 난파했고, 그녀가 자신의 방향으로 떠내려올 때, 그는 땅의 지각을 수단으로 하여 그녀를 도울 수 있도록 허용되었다. 추측건대, 이 수단은 그가 땅 – 불교에서 일반적으로 고형체를 대변하는 – 을 생각해서, 그들이 밟고 올라서거나 떨어지지 않게 붙잡을 수 있는 양자의 어떤 것을 찾는 것이다. 만약 그가 강의 둑을 따라 걷는데, 한 여자가 강에 빠져 자신에게 도움을 요청할 때, 그는 그녀를 구할 것인데, 땅을 지각하거나, 아니면 밧줄과 대나무 혹은 나뭇조각의 도구를 이용할 것이다. 다시, 땅에 대한 지각은, 추측건대, 그가 그녀에게 물리적 도움을 자신의 정신력을 이용해서 주는 것을 의미한다.[25]

지진이나 목숨을 구하는 것은 중요한 논제이다. 하지만 내가 상기시킨 문제는 더욱 일반적인 것이다. SS IV, 93-7 = *sutta* XXXV, 116에서 붓다는 승려들에게 세상(*loka*)의 끝은 이동함으로써(즉, 물리적 운동에 의하여) 혹자가 알고, 보고, 도달할 수 있는 것[26]이 아니지만, 세상의 끝

24 Taisho 22.267b.2-10. 나는 Juo-Hsüeh Shih 스님께 이 정보에 관해 도움을 받았다.

25 그 경전은 다음과 같이 말하는데, 만약 그가 (추측하건대 이 방편들의 부족 때문에) '나는 당신이 곤궁한 처지에 있는 것을 알지만, 당신은 스스로의 죄업 때문에 떠내려가야 한다'고 말한다면, 그는 잘못을 범하지 않는다. 만약 그 여인이 그를 붙잡는다면, 그는 아주 신중히 행동해야만 한다. 그런 본문들의 존재는 대승불교가 어떻게 [소승의] 승려들이 이기적이라고 비판하는지를 이해할 수 있도록 도와준다.

26 여기서 사용된 언어는 평범하지 않다: 세 개의 미래수동분사 '*-ayya*'가 있다. Geiger와 Norman은 (*Pali Grammar* para 203) 이것들이 매우 오래된 형태라고 여긴다. 이것은 붓다 자신의 발음의 흔적인가?

에 도달하지 않고서는 고통을 끝낼 수 없다고 말한다. 승려들이 아난다에게 설명을 요구했기에, 그는 응한다 (붓다의 뒤이은 승낙을 얻어): 이 성자의 가르침에서 혹자가 세상에서 세상을 지각하고(*loka-saññī hoti*), *loka-mānī*가 되는 것 – 아래를 참조하라 – 에 의해 그것이 '세계'(*loka*)라 불린다. 무엇에 의해 그렇게 되는가? 눈과 귀와 냄새, 혀, 몸의 감각과 마음(*manena*)에 의한 것이다(p. 95 para. 11).'

나는 이 구절이 애타게 모호하다고 본다. 우리가 금방 보았듯 *saññā* 즉 통각은 우리가 당연시하는 함의를 필수적으로 전달하지는 않는다: 주체가 독립적으로 존재하는 대상을 거기서 그 대상에 영향을 주지 않고 지각한다. 일반적으로 그 용어는 사실상 인식자가 인식의 대상을 재인식(recognition)한다는 것을 의미할 것이다. 그것은 작용이고, 붓다가 관심이었던 것은, 내가 논의해왔듯, '작용들'이다. 주체와 객체, 인식자와 대상의 존재론적 상태에 관해서 그는 [자신의] 관점을 드러내지 않았다. 그러므로 *loka-saññī*란 용어 자체는 우리에게 '바깥 세계'가 진정 존재하는지 아닌지에 관해 말해주지 않는다.

*Loka-mānī*란 용어는 내가 번역하지 않은 채 남겨두었다. *Loka-saññī*와 *loka-mānī*라는 두 용어가 유의어에 가깝다는 것은 일반적인 팔리 표현양식에 잘 들어맞을 것이지만, 그런 명백한 유사성 또한 우리를 잘못으로 이끌 수도 있는데, 다음 장에서 우리는 그것을 볼 것이다. 주석서(*Sāratthā-ppakāsinī* II, 389)는 그것들의 가까운 유의성을 당연하게 생각한다. 이것은 정확하게 *mānī*를 '생각하다'라는 어근 *man*으로부터 그 어원을 찾고, *loka-mānī*를 '세계를/관하여 사색함'이라는 의미로 취한

다. 문제는 *mānin*이 복합어의 마지막에 올 때(이 용어와 활용은 산스크리트와 팔리에서 공통적이다), 절대 단순히 '생각함'을 의미하지 않는 듯한 것이다. 이것은 항상 재귀적 의미인 '자신이 x가 되는 것을 생각함'을 가지는 듯한데, 예를 들어, *paṇḍita-mānin*에서는 '자신이 아주 현명해지는 것을 생각함'으로 나타난다. (이로부터 'x가 되는 것이 자랑스럽다'는 의미로 도약한다.) 그렇다면 *loka-mānī*는 무엇을 의미하는가? 일반적으로 사용되는 엄밀한 비유에 의한다면, 이것은 '자신이 세계가 되는 것을 생각함'을 의미할 것이다.

이것이 아난다와 붓다가 의미한 것인가? 이것은 유아론적 존재론을 전달하려는 것이 아닌데, 그들이 존재론을 전달하려는 의도가 전혀 아니었기 때문이다. 이것은 어쨌든 도덕적 전언을 잘 전달할 것이다 – 사람들은 그들 자신의 세계를 생각하고, 그들이 그 세상인 것으로 생각한다. 그들은 감정적으로 세상과 그들의 경험을 동일시한다.

아난다가 말하기에 이른 것은 '(감각만이 중요한) 세계는 (그 다섯에 마음을 더한) 여섯 감각들을 통한 우리의 경험이고, 그래서 붓다가 의미한 것은 이 경험들을 끝냄으로써 해탈을 성취할 수 있다는 것'이다.

나는 *loka-mānī*에 또 다른 해석이 가능하다고 본다. *Paṇḍita-mānī* 같은 용어는 혹자가 스스로를 x로 생각하면, 자신이 틀렸다는 함의를 전달한다. 하지만 아마 여기서는 *mānī*가 일반적인 재귀적 의미를 갖지 않고, 오류적인 함의를 전달하는 듯하다: '세상이 존재한다고 생각함.'

이것이 결국 말하고자 하는 것은, 만약 내가 옳다면, 그 경전은 둘 중 어느 한쪽의 해석에 여지를 남겨두고 있다는 것이다: 나중에 유식학파에 의해 신봉된 것과 같은 관념론적 존재론 혹은 테라바다의 그것과 같은 실재론적 존재론. 붓다는, 아마 의도적으로, 양쪽 모두를 취하지 않았다.

하지만 동시에 우리의 머릿속에 일어나는 그 무언가와 '바깥 세계'에 있는 그 무언가 사이의 관계에 관한 그의 바로 그 가정은 우리들의 그것과는 다를 것이다. 만약 그렇다면, 이것은 '붓다가 사후에도 존재하는가?[27]'와 같은 질문을 진정 답변할 수 없는 것으로 만든다.

27 이것은 붓다가 대답하기를 원하지 않았던 질문의 일단 중 하나이다(MN *sutta* 63).

Ⅳ

고대 논쟁의 재탐색 :

팔리 경전에 나타난 정(定)에 대한 혜(慧)의 승리

IV 고대 논쟁의 재탐색 : 팔리 경전에 나타난 정(定)에 대한 혜(慧)의 승리

이 장은 팔리삼장 속에서의 역사적 변화와 교의발달에 관한 실례들의 한 집단과 관련돼 있다. 이 변화들 중 가장 중요한 점은 깨달음이 선정이 필요치 않은 오직 지적 분석 작용－전문 용어로는 반야(*paññā*)라고 알려진－으로만 성취될 수 있다는 사상의 발달이다. 이 사상은 아마 경장 속에서 오직 두 경전에서만 완전히 명백하게 나타나 있지만, 단지 하나만 존재할지라도 그 관행을 인정하기에는 족하다. 테라바다 불교에는 이 경전들을 권위로 삼는 태도의 전통이 분명히 살아 있다. 동일한 경전적 소재를 사용하여 같은 결론에 도달하는 불교 산스크리트 본문도 있는데, 하리발만(Harivarman)의 『성실론』[1]이다(하지만 오직 한문으로만 보존되어 있다). 하지만 이 작업은 절멸된 한 성문승 학

1 *Atya-siddhi-śāstra*: 이것은 복원된 산스크리트 본문이고, 영어 번역으로는 N.Aiyaswami Sastri, Oriental Institute, Baroda, vol. I 1975, vol. 2, 1978가 있다. 근대학자들은 이것의 연대를 기원후 3세기로 추정한다.

파(Bahuśrutīya)[2]에 속한다. 내가 아는 바로는, 테라바다는 이 사상을 받아들인 유일한 현존하는 불교 형태이다.

이 장은 두 구체적인 변화의 작용을 제시하는데, 나의 모두강의에서 이미 언급했다. 하나는 교조적 직해주의인데, 차별성을 만들어내기 위해서 단어와 문구를 판독할 때 원래 의도되었던 것보다 더한 의미를 부여하는 해석의 한 형태이다. 다른 하나는 논쟁이다. 불교 경전이 여러 승려들에 의해 편집되었고, 그것의 내적 증거는 우리에게 전해진 경장의 모든 경전들이 제1결집 때 아난다에 의해 암송된 것이 아님을 분명히 해준다. 이 경전들은 명상과 같은 주요 논제에 대해 다수의, 하지만 때때로 모순적인 설명을 포함한다. 내가 다른 곳에 썼듯이, 그 상위들에 관한 하나의 유력한 원인은 붓다가 45년간 지속된 설법의 생애 과정에서 [자신의] 견해들을 다양한 방법으로 발전시켰고, 아마 자신의 마음을 바꾸기도 했을 것이다(Gombrich, 1990, p. 9). 하지만 그 모순의 원인을 설명하기 위한 또 다른 나의 가설은 승려들이 해당 논제에 대하여 논의했고, 경전들은 때때로 어떤 한 논의의 한쪽 면 이상을 보존했다는 것이다. 이 두 작용은 상호 간에 배타적이지 않다: 교조적 직해주의는 수많은 논쟁거리를 만들어낼 수 있고, 논의는 종종 말꼬리 잡기로 퇴보될 수 있다![3]

2 엄밀히 말해서 하리발만은 삼매를 아주 조금만 인정하는데, 그것도 첫 선정의 단계 아래에서 만이다(de La Vallée Poussin, 1936-7, pp. 201-2).

3 그 학술집회에서 제기된 오해들을 미리 막기 위해서, 나는 그 상위와 교의적 변화가 오직 본문들의 과도한 직해주의적 해석으로부터 생겨났다고 말하는 것이 아님을 강조한다. 이 장이 분석하는 어느 하나를 포함한 다수의 쟁점들이 진정한 문제점임을 나는 절대 부정하지 않는다.

••• •• ••

*Puggala-paññatti*는 리즈 데이비즈 박사가 논장 중에서 최초의 책이라고 여기는데(Rhys Davids 1903, p. 188), 그 속에서 사람은 도덕적이고 정신적인 유형으로 분류되었다. 이 작업은 순수 창작물이 아니다: 그 분류는 경장에서 가져왔다. 그 본문은 일곱 겹의 분류를 포함한다.[4]

ubhato-bhāga-vimutto	양쪽에서 해탈한 자
pañña-vimutto	직관에 의해 해탈한 자
kāya-sakkhī	몸으로 체험한 자
diṭṭhi-ppatto	핵심을 본 자(見到)
saddhā-vimutto	믿음에 의해 해탈한 자
dhammānusārī	법의 추종자
saddhānusārī	믿음을 통한 추종자

이 일곱 가지의 분류[5]는 또한 아홉 가지의 분류에 포함되며, 후자의 그 첫 두 항목은 다음과 같다.

sammā-sambuddho	정등각(正等覺)
pacceka-sambuddho	벽지불(僻支佛)

4 *Puggala-paññatti* 10, 72.

5 *Puggala-paññatti* 10, 14-15, 73-4. 이 용어들은 p. 3에 또한 열거되었다.

이것은 우리가 어떤 계위 체계를 다루고 있다는 것을 즉각적으로 분명하게 만드는데, 그 속에서는 '믿음을 통한 추종자'가 최하위 등급으로 되어 있다.

이 아홉 요소의 목록은 경장 AN V, 23에서 열 요소의 목록으로 확장되었다. 이 본문은 마땅히 공양을 받을 만한 사람(應供)의 열 가지 유형 등－승가의 표준적 서술－을 열거한다. '믿음을 통한 추종자' 이후에 이것은 '가족 구성원'(*gotrabhū*)[6]을 추가한다.

비슷하게, 그 일곱 요소의 목록은 아홉 요소의 목록으로 또 다른 방식으로 확장된 것이 경장에서 발견된다. AN I, 73-4에서 붓다는 승려들에게 재가자 앞에서 서로를 구분하는 잡담을 하지 말 것을 경고한다. 붓다가 구상한 그것들의 활용은 그 일곱 가지인데, 추가로 다음 두 가지가 있다.

sīlavā kalyāṇa-dhammo	덕이 있고 선한 법
dussīlo pāpa-dhammo	부도덕하고 사악한 법

AN IV, 215는 동일한 아홉 요소의 목록을 가지는데, 그 문맥 또한 비슷하다. 어쨌든, 그 일곱 요소의 목록은 그 자체로 경장에서 가장 빈번하게 나타나는데, 확장 없이 나타나며, 이것은 우리의 시작점을 구성

6 최초기 본문들과는 이질적이라고 오랫동안 재인식되어온 이 골칫거리의 전문 용어를 여기서 논의하는 것은 적절하지 않을 것이다(P.E.D. 표제어를 보라). 그 논의에 대해서는 Ruegg, 1974; von Hinüber, 1978; Takasaki, 1992를 참조하라.

한다. 이것은 단조로운 명단으로서 여러 차례 나타나는데, 그 용어에 대한 해설이 포함되지 않는다: DN III, 105; DN III, 253-4; MN I, 439; AN IV, 10. 비슷하게, 그 용어들은 AN I, 73-4, AN IV, 215 그리고 AN V, 23으로부터 인용된 전술한 더 긴 목록에 별다른 설명 없이 정리돼 있다. 경장에서 그 목록이 용어들 사이의 차이를 구별짓는 방식으로 서술된 유일한 본문은 *Kīṭāgiri*경(MN *sutta* 70)이다. 우리 목록 속의 첫 여섯 용어가 서술된 경전이 AN IV, 74-9에 존재하지만, 이것은 단지 그것들을 두 범주로 나누는 방식으로만 서술돼 있다. 나는 그 일곱 용어가 하나의 목록으로서 나타날 때, 그것들에 관해 그 경전들이 우리에게 언급해주어야 할 것들을 모두 정리한 후, 이 경전을 다룰 것이다. 이것의 정리를 위해 나는 *Puggala-paññatti*에서 가용한 정보 또한 소개할 것이다.

*Kīṭāgiri*경에서 그 목록이 나타난 문맥은 다음과 같다.

붓다는 승려들에게 저녁(문자상으로는 밤)을 먹지 말라고 지시하지만, 일부 승려들은 그것을 그만두기를 꺼린다. 그리하여 그는 모든 사람들이 그렇게 조심해야만 하는 것은 아니라고 말한다: 아라한은 잘못될 수가 없기에 조심할 필요가 없다. 하지만 유학(*sekhā*)[7]은 당연히 조심해야 한다(MN I, 477). 그런 후, 주의가 (그리고 저녁 식사를 피해야 하는) 필요한 사람을 예증하기 위해, 그는 이 일곱 유형을 열거하고, 각각을 설명하면서 그들 각각에 주의가 필요한지에 대하여 말한다－즉, 그가 이미 아라한인지 아닌지를 확언한다.

7 역) 사성(四聖) 중에서 아라한을 제외한 나머지 세 종자: 예류과, 일래과 그리고 불환과.

그 설명은 여덟 단계로 성층화된 명상상태(P.E.D.의 표제어를 보라.)인 해탈(*vimokkha*) 견지에서 주어졌는데, 그 상태는 통각(受)과 상(想), 누출[8](漏, *āsava*) 그리고 세 혹은 네 장애의 일단인 '감각적 욕구, 연속적 존재에 대한 갈망, 형이상학적 견해(때때로 생략되었음) 그리고 무지'의 소멸에서 절정에 이르고, 그것들의 소멸은 열반의 성취와 동등하다. 나는 *vimo(k)khā*를 '해탈'로 *āsavā*를 '누출'로 번역할 것이다.

1. '양쪽에서 해탈한 자'는 이렇게 묘사되었다: '자신의 몸과 접촉하고, 색이 없으며, 색을 초월한 이들의 고요한 해탈에 정주하며, 자신의 누출이 자신의 직관을 통한 관찰에 의해 소멸된 어떤 한 유형. *ekacco puggalo ye te santā vimokhā atikkamma rūpe āruppā te kāyena phassitvā viharati, paññāya c'assa disvā āsavā parikkhīṇā honti*(p. 477).
2. '직관을 통해 해탈한 자'는 '자신의 몸과 접촉하지 않고, 정주하며……' – 나머지는 동일하다. 팔리본에는 *te*와 *kāyena* 사이에 *na*가 첨가된 것을 제외하고 동일하다.
3. '육체적 증인'은 '자신의 몸과 접촉하고 …… 색을 초월한 이러한 고요한 해탈에 정주하며, 자신의 누출 일부가 …… 소멸되었다.' 팔리본은 *āsavā* 앞에 *ekacce*(일부)란 용어가 있는 것을 제외하고는 처음 것과 동일하다.
4. '핵심을 본 자'는 '…… 자신의 몸과 접촉하지 않고, 직관을 통하여 자신의 누출 일부가 …… 소멸되었고, 여래에 의해 가르쳐진

8 역) 나무와 꽃, 고름 등에서 액이 흘러나와 본질적 존재를 가리는 것의 은유. 저자는 오염(corruption)이라 번역하였다. 유루라 번역하면 *sāsavā*와 구분되지 않는다.

것들을 이해했고, 통달하였다.' 팔리본에는 *na*가 2번 이하와 같고, *ekacce*가 3번 이하와 같이 있고, 그런 다음 *Tathāgatappaveditā c'assa dhammā vodiṭṭhā honti vocaritā*가 온다.

5. '믿음에 의해 해탈한 자'는 '자신의 몸과 접촉하지 않고…… 자신의 누출 일부가 소멸되었고, …… 자신의 여래에 대한 믿음이 안착했고, 단단히 뿌리내렸다.' 처음 부분은 4번에서와 같고, 그런 다음 *Tathagate c'assa saddhā niviṭṭhā hoti mūlajātā patiṭṭhitā*가 온다.
6. '법의 추종자'는 '자신의 몸과 접촉하지 않고 …… 색을 초월한 …… 자신의 누출 일부가 자신의 직관을 통한 관찰에 의해 소멸되지 않았다.' 그는 직관을 통해서 여래에 의해 가르쳐진 것들에서 아주 큰 만족을 찾고, 믿음, 정진, 억념, 삼매와 직관의 근(根)을 가지고 있다.' 팔리본에는 *na*가 2번 이하처럼 있고, 그런 다음 *āsavā aparikkhīṇā*가 판독된다. 그다음은 이렇다: *Tathāgata-ppaveditā c'assa dhammā paññāya mattaso nijjhānaṃ khamanti, api c'assa ime dhammā honti seyyathīdaṃ saddhindriyaṃ viriyindriyaṃ satindriyaṃ samādhindriyaṃ paññindriyaṃ.*
7. '믿음을 통한 추종자'는 '자신의 몸과 접촉하지 않고 …… 색을 초월한 …… 자신의 누출 일부가 자신의 직관을 …… 소멸하지 않았다.' 그는 단지 여래에 대한 믿음과 애정을 품고 있고 …… 직관의 근을 가지고 있다.' 처음 부분은 6번에서처럼 있고, 그다음은 이렇다: *Tathāgate c'assa saddām attaṃ hoti pemamattaṃ, api c'assa ime* …… (6번과 동일).

이 모든 것은 1번 일람표에 도식적으로 요약되었다.

일람표 1. 일곱 유형

	몸으로 체험하여 해탈	직관에 의한 누출의 소멸	믿음	아라한
1. 양쪽에서 해탈한 자	예	예	해당 없음	예
2. 직관에 의해 해탈한 자	아니오	예	해당 없음	예
3. 몸으로 체험한 자	예	일부	해당 없음	아니오
4. 핵심을 본 자	아니오	일부	해당 없음	아니오
5. 믿음에 의해 해탈한 자	아니오	일부	예	아니오
6. 법의 추종자	아니오	아니오	일부*	아니오
7. 믿음을 통한 추종자	아니오	아니오	예	아니오

* 6 또한 삼매와 직관을 일부 가지지만, 그는 현저하게 직관 유형이다(원문에 따름).

셋째부터 일곱째까지 모든 각각의 유형에 대해 그 본문은 '순조로운 조건 – 어떤 한 긴 문장으로 서술된 – 에서 그는 현생에 해탈을 얻을 수 있다'고 말한다.

여기서 *Puggala-paññatti*의 15쪽에서 제공된 부수적 정보를 추가하는 것은 유용할 것이다. 첫 세 유형에 대한 서술은, 다소간 축약되었지만, *Kīṭāgiri*경과 동일하다. 다른 네 가지의 서술은 조금 더 상세하다:

4. '핵심을 본 자'는 사성제에 통찰력이 있다. '자신의 직관을 통해……'(전술한 것과 동일), 그런 다음 '자신의 직관에 의해 자신의 누출의 일부가 소멸되었다.'
5. '믿음에 의해 해탈한 자'는 정확하게 전자와 동일하나, 그 문장 말미에 '하지만 핵심을 본 자만큼은 아니다'가 추가되었다(*na ca kho yathā diṭṭhipattassa*).

6. '입류과(入流果)[9]를 깨닫는 과정에 있는 어느 유형으로서 직관의 근이 수승하여 직관을 얻게 되면,[10] 그는 직관을 통해 알게 된 성도(聖道)를 밝힌다. 그는 '법의 추종자'의 유형이라 불린다. 혹자가 입류과를 깨닫는 과정에 있을 때, 그가 '법의 추종자'의 유형이고, 그가 과를 성취하면, 그는 '핵심을 본 자'이다.'
7. '입류과를 깨닫는 과정에 있는 어느 유형으로서 신심의 근이 수승하여 신심을 얻으면,[11] 그는 신심을 통해 알게 된 성도를 밝힌다. 그는 '믿음을 통한 추종자'의 유형이라 불린다. 혹자가 입류과를 깨닫는 과정이면, 그는 '믿음을 통한 추종자'의 유형이고, 그가 과를 성취하면, 그는 '믿음에 의해 해탈된 자'이다.'

이것은 *Kīṭāgiri*경보다 체계화에서 한 단계 더 나아가는데, 그 속에서는 4와 5가 각각 6과 7의 상위 등급임이 명백하게 언급됐다. 7에 관한 구절은 5에 관한 구절의 본문이 변질되었다는 것을 명백하게 만든다. 그 모방자는 뜻하지 않게 4에 적용할 문구를 5에 반복하였다. 그런 다음 그 혹은 후기의 필경가는 그 두 서술이 동일하다는 것을 알아차리고서, 설득력 없이 그 마지막 조항을 추가시켰다. 혹자는 *Kīṭāgiri*경을 반복적으로 탐독함으로써, 얼마간의 확신을 갖고 그 본문을 수정할 수 있을 것이다.

9 깨달음을 향한 진전이 퇴보할 수 없는 사람들은 네 가지 등급으로 분류되었다. 승격되는 순서는 입류, 일래, 불환, 아라한(=깨달은 자)이다. 입류는 최대 일곱 생, 일래자는 최대 한 생(인간으로서), 불환자는 인간으로서 더 이상 생이 없으며(다만 천상에 태어남), 아라한은 이미 깨달은 자로써 다시 태어날 수 없다.

10 이 문절을 인용한 MA II, 120에 의거해 *Paññāvāhī*라 판독했다.

11 MA II, 120에 의거해 *Saddhāvāhī*라 판독했다(상기 주석을 참조하라).

그렇게 설명된 우리의 목록은 극단적으로 도식화된 성격을 띠는데, 그것은 정신적 진보의 단계에 대하여 다른 본문들에서 언급돼 왔던 다양한 것들을 조직화하려고 시도한 증거이다. 그럼에도 불구하고, 이것은 한눈에 알 수 있는 특이점 두 개를 포함하고 있다. 첫째, 그 목록의 다섯째 유형은 '믿음을 통해 해탈한 자'라 불리지만, 사실 그는 전혀 해탈하지 못했다. 실로 그는 해탈하지 못한 자의 목록에서 아래에서 세 번째에 위치한다. 이 종자의 경우에는 자신의 칭호와 그것의 설명에 직접적인 모순이 있다. 둘째, 비록 진정한 모순은 아니지만, 특이점이 있는데, 그 일곱 유형의 목록에서 단지 둘만이 해탈했고, 해탈했는지 아닌지를 결정하는 것은 '자신의 누출이 직관을 통한 관찰에 의해서 소멸되었는지의 여부'이다. 그 목록에서 첫째와 셋째에만 공통적인 어떤 성취가 존재하는데, 이는 특정한 '무색계'의 명상상태들에 도달하는 것으로 구성되고, 그것은 '해탈'이라 불리기까지 하지만, 그것은 해탈하지 않는다! 따라서 첫째이자 가장 높은 단계의 유형인 '양쪽에서 해탈한 자'에 의한 그것들의 '해탈들'의 성취는 어떤 기능도 없는 듯하고, 단지 여분의 장식으로서 매달려 있을 뿐인데, 마치 로마 카톨릭의 공덕쌓기의 행위와 같다.

•● •● •●

이 이형들에 대한 탐구에 착수하기 전에, 우리는 AN IV, 74-9를 살펴볼 것인데, 이것은 이 목록에 관련된 어떤 것을 이야기하는 유일한 다른 경전이기 때문인데, 비록 특별히 도움이 되지 않는다 하더라도 말이다. 여기서 그 목록은 천상에서 열린 대담 도중에 나타난다. 티사라 불리는 승려는 최근에 브라마로 환생했고, 목건련은 신들이 가지고 있을 인간의 정신적 성취에 관한 지식을 물어보려 그를 소환하였다. 티사는 우리의 목록 중에 첫 여섯 유형에 대해 언급한다. 각각의 첫 두 유형에 대해 그는 그들의 몸이 존재하는 한 신들과 인간들은 그들을 볼 것이지만, 몸이 해체되고 난 후에는 그러지 못할 것이라고 말한다. 그 다음의 네 유형 각각에 대해서 그는 우호적인 조건에서 그들은 깨달음을 성취할 수 있다고 말하는데, 이 문장은 *Kīṭāgiri*경에서 3에서 7까지의 유형에 대하여 다섯 차례 사용된 그것과 동일하다.

목건련은 붓다에게 돌아가 그에게 [현재 브라마인] 고 티사 장로와 한 대화에 대해 말한다. 붓다는 그때 그 목록을 일곱 개로 구성하지만, 특이한 방식이다. 그는 "티사가 너에게 무상(無相)에 정주(*animitta-vihāriṃ*)하는 유형에 대해 가르쳐주지 않았었다"라고 말한다. 목건련의 청원에 그는 '어떠한 모습(相)에도 미혹되지 않음에 의해 승려는 무상삼매에 들어가 정주하며', 신들 역시도 그가 우호적인 조건에서는 – 이전의 네 유형에 관해서 상술됐다 – 깨달음을 얻을 수 있음을 안다는 것을 설명했다.

어떻게 우리는 이 본문을 해석해야 하는가? 내게는 이것이 우리 본문의 작성자/편집자/암송자들 사이의 논쟁의 일부인 듯하다. 이 논쟁은 다양한 도덕적 특질과 정신적 성취의 상대적 가치에 관계하는데, 그 가치는 그것들이 당신을 얼마나 깨달음 가까이로 이끌어줄 수 있는가에 의해 평가된다. 이 작은 본문의 편집자는 그 일곱 유형의 목록을 전수받았다. 이 목록에서 세 가지 특질은 명백히 우위를 꾀한다. 그것들은 다섯 근(*indriya*) 중에서 세 가지이다: 믿음(*saddha*), 선정(*sati*) 그리고 직관(*pañña*). 직관은 쉽게 우위를 점한다: 이것은 유일하게 그 세 가지 중에서 해탈을 가져오는 것이고(1과 2 유형), 이것은 또한 4와 6 유형에서 우세하게 나타난다. 믿음은 5와 7의 위치에 존재한다. 선정은 직관과 함께 첫째의 위치에 있지만, 거기서 우리가 봤듯이, 이것에는 어떤 역할도 주어지지 않는 듯하다. 그렇지 않다면 선정은 오직 3에서만 우세한데, 거기서 이것은 완전한 정도로 나타난다 – 하지만 여전히 바람직한 결과를 낳는 전부가 아니다. 게다가, 적은 양의 직관을 가진 유형이 그 목록에서 [비존재로] 전환되지만(6에서), 작은 양의 선정은 여기서 전혀 고려되지 않았다.

AN IV, 74-9의 작가는, 내가 생각하기에, 이 상황을 호전시키려 노력했다. '무상삼매'는 '무색계 해탈'과 동의어이거나 거의 그렇다. 그 작가는 그 수직체계에서 직관의 지위를 공격할 수 없다고 분명히 느낀다: 이것은 견고하게 방비돼 있다. 믿음은 어쨌든 훨씬 더 약한 적수이다: '믿음에 의해 해탈한 자'는 사실 전혀 해탈되지 않았다! 그래서 그 세 특질의 주창자 간의 논쟁에서, '믿음을 통한 추종자'는 깨달음을 성취했거나 그것으로 향하는 유형의 일람표에서 선정의 주창자에게 자신의 지위를 내어준다.

••• ••• •••

그 경전 속에는 내가 여기서 제기한 논쟁과 비슷한 것들에 대한 직접적인 증거들이 존재한다. 가장 직접적인 예는 AN I, 118-120에서 찾아볼 수 있다. 사비타, 마하코티타 그리고 사리불 세 승려는 뒤따르는 세 개의 유형 중에 어느 것이 최고인지에 대해 논의한다: 몸으로 체험한 자와 핵심을 본 자, 그리고 믿음에 의해 해탈한 자(우리의 목록 중에 3, 4 그리고 5번). 사비타는 믿음에 의해 해탈한 자를 선택하는데, '자신의 믿음의 근은 수승하기 때문이다(*imassa puggalassa saddhindriyaṃ adhimattaṃ*).' (종종 그렇듯, 근거로 제시된 것은 단순히 항진논리적으로(tautologous) 재구성된 표현이다.) 같은 이유로, 마하코티타는 자신의 선정의 근이 수승하기에 몸으로 체험한 자를, 사리불은 자신의 직관의 근의 수승함 때문에 핵심을 본 자를 더 선호한다. 그들은 붓다에게 상의한다. 그는 혹자가 그 세 개 중 어느 종자가 최고인지 쉽고 명백하게 (*ekaṃsena*) 결정할 수 없는데, 어느 것이라도 일래자, 불환자 혹은 아라한이 될 수 있기 때문이라고 답한다. 다른 말로 하면, 이 세 유형 중 어느 하나라고 할 수 있는 사람은 중대한 정신적 진전을 이룩했고, 이번 생 다음에는 최대 한 생만을 더 살면 된다. 이 세 근 중 어느 것이라도 역시 혹자를 깨달음에 줄곧 이르도록 할 것이다.

나는 삼장 속의 어떤 본문도, 현대 문헌학적 의미로서, 붓다가 (그리고 그의 대담자들이) 말한 것의 오롯한 기록이 될 수 없음을 반복해서 말할 필요성을 느끼지 못한다: 그 본문들은 그것들의 원래 암송자에 의해 작성되었고, 구술 문학의 전형인 표준화와 형식화(formalisation)의 분명한 흔적을 지닌다. 내가 방금 논의한 그 경은 사실 아주 형식화되었는데, 심지어 믿음, 선정 그리고 직관의 근이 정확한 순서로 정착된 상태로 제시될 정도까지이다. 그 다섯 근(믿음, 정진, 억념, 삼매 그리고 직관)은 핵심 교의를 기억하기 위한 역할을 하는 숫자화된 목록의 하나이며, 아마 붓다 자신의 활동 시기까지로 거슬러 올라갈 것이다. 이 목록들의 순서는 필연적으로 계위를 지시하는 것은 아니지만, 그러한 의미가 종종 부여되었다.

비록 이것의 극단적으로 표준화된 형식에도 불구하고, 그 본문은 내게는 붓다에게 반드시 종종 일어난 실제 그대로의 사건의 유형을 대표하는 듯한데, 마치 모든 종교의 스승들에게 그러한 것과 같다. 제자들은 해탈을 위한 가장 최선인 방법에 대해 논의하고, 각각은 자신의 장점일 만한 것들을 내세우지만, 결국 그들은 자신들의 의문을 붓다에게 물어본다. 그 차례에 붓다는 그들에게 재확신시키는 (그리고 의문의 여지 없이 현명한) 대답을 한다: 하나의 목표를 달성하는 데는 다양한 길이 존재한다.

이제 이 본문의 내용과 우리의 일곱 유형의 목록(이는, 추후 보겠지만, 나는 이것을 붓다의 생전으로 귀속시키지 않는다)을 비교해보자. 여기서 '믿음에 의해 해탈한 자'라는 용어 자체는 적절한 의미를 형성하는데, 그것에 해당하는 유형이 실질적으로 깨달음을 얻을 수 있기 때문이다. 목록에서 그에 선행하는 그 두 유형 또한 그렇게 될 수 있다. 여기서 '몸으로 체험한 자'와 '핵심을 본 자'는 이제까지는 최종적인 깨달음에 [도달하는 데] 필연적으로 부족하지 않다. 그 목록과 대비되게, 이 세 유형은 모두 아라한일 수도 있다. 요약하자면, 우리는 그 대조로부터 두 결론을 도출할 수 있다: 첫째, 깨달음은 여기서 믿음, 삼매 혹은 직관으로부터 얻을 수 있으나, 그 일곱의 목록에서는 오직 직관에 의해서만 얻을 수 있다. 이것은 불교의 초기 역사에 있어서 확실히 흥미로운 점이다. 둘째: '핵심을 본 자'라고 지금 지시된 그 유형은, 최소 그의 성취의 최고 단계에서, 그 일곱의 목록에 있는 '직관에 의해 해탈한 자'와 같다. 협의적인 요점에서, 그 일곱의 목록은 분명히 순전한 교조주의적 구조임을 보여주는 척도로서 흥미롭다: 이것은 오직 이론상으로만 분별되고, 현실에서는 어떤 특색에도 상응되지 않는다는 의미로서의 교조주의이다.

나는 그 일곱 유형의 목록의 거의 대부분의 특색이 다음과 같은 의미의 교조주의에서 유래했다는 점을 드러낼 수 있다고 생각한다: 그 말들이 원래 묘사하려고 의도했던 것을 등한시하는 대가를 치르면서까지 말에 천착하다.

•• •• ••

이 작용에 실례를 들기 위해, 우리 목록의 아랫부분을 조사하고, '법의 추종자'와 '믿음을 통한 추종자'의 유형의 역사를 살펴보자.

내가 가장 오래된 본문들 사이에 위치함을 암시하는 여러 특색을 가지고 있다고 여기는 *Alagaddūpama*경(MN *sutta* 22)의 끝에서, 붓다는 꽤 단순하고 공공연하게, 그리고 자신의 가르침을 다소간에 따르는 승려들은 그에 상응하는 크고 작은 영적 진전을 이룰 것임을 가르쳤음을 말한다. 반복적인 구어 형태에서, 그 경전은 매번 명료한 가르침에 관한 그 어구를 반복하고, 그런 다음 최선이 아라한으로 시작하는 한 추종자의 범주의 진전을 서술한다. 명료한 가르침에 관한 동일한 시작부분을 가진 그러한 문구가 통틀어 여섯 개가 존재하고, 그래서 혹자는 추종자의 여섯의 등급화된 계위가 존재한다는 것을 연역할 수 있다. 둘째 자리에는 아라한 다음인 불환자, 셋째는 일래자 그리고 넷째는 입류자가 위치한다. 이것은 절대적으로 표준이고, 이 계위들의 서술 또한 그러하다. 여섯 째와 마지막은 이러하다: '나에게 믿음과 호의만 있는 사람: 그들은 모두 천상에 갈 것이 틀림없다(*yesaṃ mayi saddhā-mattaṃ pema-mattaṃ sabbe te sagga-parāyaṇā*).'

다섯째인 끝에서 바로 다음의 지위(penultimate)는 이 시점에서 우리가 관심있어 하는 사람들이다. 해당 본문은 아주 간략하다: *ye te bhikkhū dhammānusārino saddhānusarino sabbe te sambodhi parāyanā*. 나는 이렇게 번역했다: '나의 가르침을 따르는, 믿음을 가지고 따르는 승려들: 그들 모두는 깨달음에 이를 것이 틀림없다.' 그 절의 구조로부터 내게 절대적으로 분명한 듯한 것은, 여기서 우리는 유일한 범주를 취급하고 있다는 것이다.

주석서는 물론 우리의 일곱의 목록처럼 교조적 분류를 따르기에 그것에 부합하지 않는다. 사실상 이것은 '법의 추종자'는 직관의 근이 강한 유형이지만 '핵심을 본 자'보다는 한 단계 아래이고, 그에 비하여

'믿음을 통한 추종자'는 믿음의 근이 강한 유형이지만 '믿음에 의해 해탈한 자'보다 한 단계 아래라는 취지로 *Puggala-paññatti*(p. 15)를 인용한다. 하지만 주석서는 그 본문의 구조에 별로 신경 쓰지 않았다.

나의 주안점은 법의 추종자(*dhammānusārino*)와 믿음을 통한 추종자(*saddhānusārino*)가 여기서 – 원래 – 같은 사람이었다는 것이다. 나의 해석은 다른 방법들로 마찬가지로 전통이 된 그것과는 다르다. 내 생각으로는 문맥상 *dhammānusārin*는 단순히 '가르침을 추종함'을 의미하며, ('현상'과 같은) 기술적 의미의 법(복수형) 혹은 다른 어느 것이 아닌 특정한 한 근을 연마하는 것과 전혀 관계가 없다는 것이 분명히 드러난다. 나는 이 본문에서 그 두 개의 합성어인 *dhammānusārino saddhānusārino*가 진정 동등한 입장에 기초하지 않는다고 생각하고, 심지어 혹자는 후자의 용어가 전자를 조건짓는 것으로 여길 수 있다. 어떤 해석에서도 사실상 그 두 합성어가 문법적으로 완벽히 평행하지 않는 이유는, *dhamma*는 '추종함'의 직접적 목적어임에 반해 *saddhā*는 구격이나 탈격으로 해석되기 때문이다 – '믿음을 가지고' 혹은 '믿음으로부터.'

*Cūḷa Gopālaka*경(MN sutta 34)에 있는 범주들은 *Alagaddūpama*경의 그것과 사실상 동일하다. 그 본문은 확장된 직유로 구성되어 있는데, 거기서 승려들은 갠지스강을 건너는 가축에 비유된다. 여기서는 오직 다섯의 범주만이 있는데, *dhammānusārino*와 *saddhānusārino*는 그것들의 마지막을 구성한다. 하지만 다시 그 본문의 구조는 그 두 용어가 하나의 범주를 지시한다는 것을 전적으로 명백하게 만든다: 그것들은 자신의 어미소의 울음소리를 따라 강을 건너는 막 태어난 송아지와 같다.

*Dhammānusārī*와 *saddhānusārī*의 차별화는 아라한부터 아래로 입류자까지의 영적 진전의 네 등급이 열거되었을 때, 그리고 *dhammānusārino*와 *saddhānusārino*라는 용어가 폭넓은 문맥에서가 아닌, 고립된 상태에서 부록되었을 때 생겨난 것이 분명하다. 이러한 정황에서 *saddhānusārino*가 *dhammānusārino*로부터 분리된 범주이고, 낮은 등급이 매겨졌다고 연역하는 것은 자연스러울 수 있다. 나는 정확히 언제 그리고 어디서 이 격하가 생겨났는지 증명할 수 없지만, SN V, 200은 내가 의미하는 것에 대한 단서를 준다. 여기서 오근에 관한 절(*Indriya-saṃyutta*)에는 한 짧은 경전(*sutta* 12)이 있다. 직전의 짧은 경전(*sutta* 11)에서는 오근이 계층적으로 설명됐는데, 믿음은 바닥에, 직관은 꼭대기로 등급이 매겨졌다. *Sutta* 12는 아라한은 그 오근을 완전히 발달시켰고, 불환자는 더 대충(*mudutara*), 일래자는 더더욱 대충 그리고 입류자도 마찬가지, 법의 추종자도 마찬가지, 믿음을 통한 추종자도 마찬가지라고 말한다. 그래서 여기서는 *saddhānusārī*가 *dhammānusārī*보다 아래 등급이 매겨졌다. 이 차이에 조금 더 실질적인 내용을 전해주는 유일하게 내가 아는 본문－우리가 일곱 목록에 도달할 때까지－은 SN III, 225이고, 우리에게 흥미를 끄는 해당 절들은 SN III, 227-8과 동일하다. SN III, 225에서는 모든 여섯 감각의 근이 영원하지 않아서 변할 수밖에 없음을 말하고, III, 227에서는 동일한 것이 오온(*khandha*)에 대해서 말해진다. 양 본문은 이렇게 이어진다:

승려들이여, 이 가르침들(*dhammā*)에 믿음을 가지고 확신을 느낀 사

> 람은 믿음을 통한 추종자라 불린다. 그는 옳음의 길에 들어섰다. 그는 성인의 단계(*sappurisa-bhūmi*)에 들어섰고, 깨닫지 못한 범부의 단계(*puthujjana-bhūmi*)를 건너갔다. 그는 축생과 지옥, 아귀로 태어나게 할 그 어떤 행위도 할 수 없다. 그는 자신이 입류과를 스스로 체험할 때까지 죽지 못한다.
>
> 승려들이여, 자신의 직관을 통해서 이 가르침에서 어느 정도의 행복을 얻은 사람은 법의 추종자라 불린다. 그는 옳음의 길에 들어섰다 …… (그 절의 후렴부는 이전의 절과 동일하다).
>
> 승려들이여, 실재들을 이같이 보고 아는 사람은 입류자라 불리는데, 그는 퇴보하지 않고, 깨달음의 성취가 확실시되었고, 틀림 없이 그렇게 된다.

여기서 *dhammānusārī*는 *saddhānusārī*로부터 구분되었지만, 이 용어들의 뉘앙스가 이렇게 형성된 상태에서, 만약 이 본문이 독립적으로 취해졌다면, 혹자가 유일하게 확신할 수 있는 것은 그가 더 높은 등급으로 매기는 것은 그다음에 언급된 유형인 입류자라는 것이다. *Dhammānusārī*에 관한 특유한 어구는 *Kīṭāgiri*경에서 그것을 정의한 것과 동일하다. 어느 본문이 원조이고 어느 것이 차용된 것인지는 누구도 알 수 없다.

우리가 *Kīṭāgiri*경에 있는 이 두 유형의 정의를 되돌아볼 때, 우리는 *saddhānusārī*가 그는 '단지 여래에게 믿음과 애정을 가지고 있다'는 사실에 주로 의거하여 긍정적으로 정의되었다는 점을 인지하게 된다. 그 문구는 *Alagaddūpama*경의 여섯째인 마지막 범주로부터 차용되었음이 명백하다. *Saddhānusārī*로부터 *dhammānusārī*를 구분해야 할 필요성을 느낀 점은 그 문구를 약간 왜곡하도록 이끌었고, 그 왜곡은 우리들의 그 계보 발달을 추적한 것에 개연성을 더해준다.

나는 이 논의가 *dhammānusārī*와 *saddhānusārī*란 용어에 관한 모든 유익한 정보를 전달하는 사건들을 총망라했다고 생각한다. 일곱의 목록과 그것의 확장판에서 그것들에 관한 언급들에 관해서는 참조문헌들이 이미 앞에서 제시되었다.

•• •• ••

지금 우리는 어떻게 논쟁과 교조적 직해주의가 우리의 원 목록의 하단부를 형성하기 위해 결합했는지 봐왔고, 우리는 이제 그 목록의 꼭대기에 있는 세 유형으로 관심을 돌린다. AN I, 118-120에 있는 붓다의 진술에도 불구하고, 우리는 이 목록의 편집자가 믿음 혹은 삼매가 열반을 성취하게 하는 수단이 되는 근이 될 수 있다는 것을 받아들이지 않음을 상기한다. 그에게 그것을 유일하게 가능하게 만드는 근은 직관이다.

열반을 성취하게 하는 효과적 수단으로써의 명상과 직관의 경쟁은 정당하게 유명한 푸생(Louis de La Vallée Poussin)의 한 논문의 논제이다: Musīla et Nārada: Le Chemin de Nirvāṇa(de La Vallée Poussin, 1936-7).'[12] 나는 그가 말하는 것에 전적으로 동의하진 않지만－시작하자면, 나는

12 역) 본 논문은 불교학리뷰 10호에서 「무실라와 나라다: 열반의 길」로 번역·출판되었다.

'고행적'과 '황홀적'이라는 양자가 불교 명상에 대한 적절한 묘사라고 생각하지 않는다－나는 (그 첫 단락을 뺀) 그 논문의 시작 부분의 번역을 제시하는 것이 여기서 유용할 것이라 생각했고, 장말에서 그렇게 했다.

나는 삼매의 가치절하가 이미 알려진 일부 본문에서 시작된 것을 안다. 그들 중 하나는 *Susīma*경(SN II, 119-128)이라 불린다. 이 경전은 '하리발만이 혹자가 삼매의 단계, 즉 *jhāna*에 들어가지 않고서도 해탈을 성취할 수 있다는 입장의 근거로 삼은 본문이다'고 푸셍이 우리에게 말해준다(p. 201). 팔리어로 그 본문에 쓰인 것처럼－그리고 명백히 하리발만이 읽은 것처럼－이것은 사실상 그 입장을 지지하는 것으로 나타난다. 어쨌든, 한역판과 비교함으로써 그리고 내적 정합성의 검토를 통해, 나는 현존의 팔리본 *Susīma*경이 이전 본문의 재작업이라는 이론을 입증했다고 생각한다－혹자는 아마 대체적으로 변조(forgery)의 일종이라고 서술할 것이다. *Susīma*경을 바로잡는 것은 아주 많은 공간을 요하기에, 나는 이것에 별도의 소논문을 할당하려 한다. 나는 여기서 단지 나의 더 일반적인 논의에 대한 필수적인 결론을 추론하려 한다.

그렇게 하기 전에, 어쨌든, 나는 *paññā-vimutto,* 즉 '직관에 의해 해탈한 자'가 불명료한 개념인 '양쪽에서 해탈한 자'의 반쪽으로 보게 된 것의 경로를 반드시 추적해야 한다. 이것에 관한 우리의 탐구는 상응하는 추상명사 *paññā-vimutti*에서 시작한다.

우리는 *paññā*를 어떻게 번역해야 할까? P.E.D.의 표제어는 이렇게 시작한다: '인식의 고차원적인 모든 근을 포괄하는 지성, '일반적 진리에 정통한 지력'(Dial. II, 68), 이성, 지혜, 직관, 지식, 재인식.' 폴 윌리암스는 산스크리트 상당어 *prajñā*에 관해 초기 대승불교의 문맥에서 세련된 글을 썼다(Williams, 1990). 나는 그의 첫 문단을 인용하였다:

> 지혜는, 아! 아주 드물지만, *prajñā*는 그렇지 않다. 이 명백한 역설은 우리가 *prajñā*를 일반적으로 지혜로 해석하는 것을 난감하게 만든다. *Prajñā*는 정신적 사건, 의식의 상태이며, 일반적으로 인도-티벳의 배경에서는 분석·조사로부터 초래되는 의식의 한 상태이다(p. 42).'

윌리암스는 그런 다음 *prajñā*가 어떻게 순차적인 의미의 이동을 통하여 '진정한 상황의 올바른 인식'을 의미하게 되고(p. 43), 그런 다음 '궁극적인 진리가 대상이 되는 명상적 몰두상태'가 되지만(ibid), 그것은 (초기 대승에서는) '비개념적이고 불이적이지만, 대조적으로 그 선행하는 실례들은 개념적'인데(p. 44), 최종적으로 '그런 궁극적 인식(ultimate awareness)의 대상이나 내용'이 되는지를 보여준다(ibid). 후자의 두 의미는 우리 본문의 *paññā*에는 적용되지 않지만, 전자 둘은 그러하다: 그것들은 *paññā*를 **정확한** 이해를 뜻하도록 사용되는 경향이 있다. 근저(根底)에서는, 어쨌든, *paññā*는 단순히 '정신적 사건'을 의미하는 동사적 명사이고, 윌리암스가 적절히 서술한 바와 같다. (영어에서) '직관(insight)'이라는 용어는 일반적으로 그 관찰(insight)이 옳다는 함의를 전달하고, 혹자가 그 개념을 실체화하지 않는 것을 염두에 두고 있는 한에서, 나는 이것이 *paññā*에 대한 좋은 번역이라고 생각한다. 따라서 나는 *paññā-vimutti*를 '직관에 의한 해탈(release by insight)'로 번역한다.

*Paññā-vimutti*란 용어가 본문에 나타날 때, 이것은 일반적으로 *ceto-vimutti*와 한 쌍이다. P.E.D.는 *ceto*가 *citta*와 동등하다고 말하며, 그 후자에 관해서는 무수한 논문이 있다. 그것이 말하는 것처럼, '인도 심리학에서 *citta*는 생각의 소재처이자 생체기관'이며, 이것은 또한 단순히 '생각'과 '사고작용'을 의미한다. 붓다의 가르침에서 일반적 대의는, 무상과 무아에 대한 강조와 더불어, 실체를 작용으로 대체하는 것이기에, '생각'이 그 자체의 역동적 암시 때문에, 다수의 문맥에서 정적인 '마음'이라 하는 것보다 더욱 바람직할 것이다. 어쨌든 경전들은 *cittaṃ vimuccati*란 표현 또한 쓰기만, 혹자는 '생각이 자유로워졌다(thought is freed)'라 거의 말하지 않을 것이기에, 나는 여기서 *ceto-vimutti*를 '마음의 해탈(release of mind)'이라 번역할 것이다. 이것이 의미하는 바를 유념해야 하는데, 마치 *dhammānusārino saddhānusārino*라는 용어처럼, 우리는 여기서 한 쌍의 복합어, 자매어(doublet)를 가지는데, 앞 반쪽의 통사적 관계가 뒷 반쪽의 그것과 다르다: '마음의 해탈'이지만 '직관에 의한 해탈.'

마치 *dhammānusārino*와 *saddhānusārino*의 경우처럼, 나는 이 용어들이 처음부터 기술적 용어로서 생겨난 것으로 생각하지 않는다. 내가 가정하는 것은 아비달마에 의해 최종적으로 분류되고 기술적 의미를 획득하지 않은 초기 불교 경전의 심리적 용어가 존재하지 않는다는 것이고, 명백히 *citta/ceto* 그리고 *paññā*는 체계화된 교의학에서 정확한 의미를 가지고 있다. 원래, 어쨌든, *citta/ceto*는 오온(*khandha*) 중의 하나가 아니었고, 마음이나 생각에 대한 일반적인 용어였는데, 마치 *paññā*가 이해에 대한 일반적 용어로서 시작했던 것과 같다.

합성어 *ceto-vimutti*과 *paññā-vimutti*는 통사적으로 다르기에, 그들은 진정 동일한 의미를 가지지 않지만, 그들은 원래 같은 것을 참조시킨다. (다시: 우리는 *dhammānusārī*와 *saddhānusārī*를 떠올리게 되는데, 비록 의미는 다르지만, 역시 원래 같은 지시 대상을 가진다.) 단지 하나의 해탈만이 존재한다: 이것은 하나의 정신적 사건인데, 직관이 도화선이 되었다. 실천적 문제는 어떻게 그 단계에 도달하느냐는 것이다.

어쨌든, 이것들이 기술적 용어가 아니라 같은 지시대상을 가지는 근접·동의어(near-synonyms)라는 나의 가정은 불교 전통에서는 의문의 여지가 있다. MN I, 437에서 아난다는 왜 어느 승려는 '마음의 해탈'을 그리고 어느 승려는 '직관에 의한 해탈'을 성취하는지를 물어본다. 붓다는 대답하지 않았지만, 결과적으로 AN I, 118-120에서 세 승려에게 이 질문에는 답이 없다고 했다. 그와 반대로, 그는 아주 간결하게 "이것은 그들의 근의 부등(不等)함 때문이다"(*ettha kho tesāhaṃ ānanda indriya-vemattataṃ vadāmi*)라고 말한다. 이 본문은 따라서 두 *vimutti* 즉 두 개의 질적으로 다른 해탈의 경험이 존재한다는 것을 강하게 암시하고 있다. 나는 아래에서 이 본문이 교조적 논쟁의 산물이라는 것을 드러내려 한다.

전통에서는 그 두 용어를 대비되는 한 쌍으로 보게 되었다. 이 대비를 예증할 수 있는 다수의 경이 존재한다. 예를 들어, AN I, 61을 보자:

승려들이여, 영적인 지식을 유발하는 이들 두 실재가 존재한다. 어떤 것인가? 고요함(止)과 관찰(觀)이다.[13] 고요함을 도야함으로써 혹자는 어떤 이득을 누릴 것인가? 마음이 발달된다. 마음을 도야함으로써 혹자는 어떤 이득을 누릴 것인가? 오염[14]이 소멸된다. 관찰을 도야함으로써 혹자는 어떤 이득을 누릴 것인가? 직관이 발달된다. 직관을 도야함으로써 혹자는 어떤 이득을 누릴 것인가? 무지가 소멸된다. 승려들이여, 오염에 의해 더럽혀진 마음은 해탈하지 않고, 무지에 의해 오염된 직관은 도야되지 않는다. 그러므로[15] 승려들이여, 오염에는 비오염에 의해 마음의 해탈이 있고, 무지에는 비오염[16]에 의해 직관에 의한 해탈이 있다.

우리가 온전히 번역한 선행 문단은 (다른 많은 것들처럼) 열반을 향하는 두 길이 있음을 암시한다. 그러한 두 방법이 존재한다는 것은 붓다의 교의에 깊숙이 심어진 사상이지만,[17] 우리의 문제는 이 사상을 어

13 *Vipassanā*를 번역하기 위해서 나는 '직관: insight'을 썼을 터이나, 나는 이미 *'paññā'*를 위해 그것을 사용하였기에, P.T.S. 번역가인 우드워드를 따라 관찰(intuition)을 사용하였다(Woodward, 1932, p. 55). *Paññā*(혜)와 *vipassanā*(관)는 기본적으로 같은 의미가 있으나, 기술적 용어로서 다른 문맥에서 사용되었다.

14 역) Pali, Skt: *rāga*. '색칠되었다'는 뜻의 √raj라는 어근에서 발달한 것으로 판단된다. P.E.D.의 그 표제어 1번에 색깔, 색도, 색칠 그리고 염색으로 설명하였고, 모니에르 윌리엄스의 산스크리트 사전 또한 크게 다르지 않다. 그러므로 그 단어의 사전적 의미는 오염(汚染) 또는 염(染)이라 번역하는 것이 적절하고, 한자어의 탐(貪)이나 영어식의 passion(번뇌)는 지나친 의역이거나 후대에 변화된 의미로 봐야 할 것이다. 특히 한역인 탐욕은 영역의 그것과는 다르게 *lobha*와 동어가 된다(Cf. 팔리-일본어 사전).

15 팔리어에서 *iti*로 쓴다.

16 이 인위적 이분법의 어색한 결과는 이상한 합성어 *avijjā-virāga*, '무지로부터의 비오염'에 내재한다. *Virāga*, 즉 비오염(혹은 離欲)은 다양한 표준적 공용어에서 열반과 동의어로 사용되었다(P.E.D.의 표제어를 참조하라). 열반의 성취는 오염(貪), 성냄 그리고 미혹의 소멸과 동일하다. *Virāga*는 처음 두 가지의 소멸을 지시하기에 적절한 용어이지만, 그것의 성취에 이분법이 도입되자, 이것은 어색하게 항진명제(恒眞命題)인 *rāga-virāga* 그리고 말이 안되는 *avijjā-virāga*로 나뉘게 되었다.

17 이것은 우리의 암울한 처지에 두 가지 원인이 있기 때문이다: 감정적(욕망)과 지적(무지). 이 둘은 물론 서로를 증강시킨다.

떻게 해석해야 할지를 중심으로 산재한다. 몇몇 가르침은 팔정도가 계(*sīla*), 정(*samādhi*), 혜(*paññā*)의 단계로 나누어질 수 있는 것보다 더욱 근본적인 듯하다. 모든 본문은 도덕성[계]이 영적 진전을 위한 선행조건이라는 점에서 일치한다. 그러면 명상(止)과 이해(慧)로 가장 적절하게 불릴 수 있는－문맥상 번역이 변경되었다－그것들 사이의 관계는 무엇인가?

네 관점을 해당 경전들에서 발견할 수 있다. 첫째: 상기의 세 쌍의 체계화는 자연스럽게 그 자신을 계위적으로 해석하도록 만든다: 각 단계는 그다음을 위한 선행조건이고, 명상은 이해를 위한 필수적인 수행이다. 이것은 아마 가장 보편적인 해석일 것이다.

이것은 두 번째로 가능성 있는 해석과의 경계를 불명료하게 만든다: 열반을 성취하기 위해서는 양자의 방법이 당연히 얼마간 사용되어야 하지만, 그것 중 하나에는 우월성이 주어질 수 있다. (이것을 위한 팔리어의 표현 *samatha-/vipassanā-pubbaṃgamaṃ ariya-maggaṃ bhāveti*은 아래의 *Niddesa*로부터 인용되었다. [p. 176 참조]) 이것은 아마 위의 AN I, 61에 반영된 해석일 것이다: '오염에 의해 더럽혀진 마음은 해탈되지 않는다'는 진술은 직관의 발달을 통해, 따라서 오로지 무지의 제거를 통해 열반에 도달할 가능성을 배제한다.

우리의 현행의 목적을 위한 그 두 번째 해석의 주안점은 이것이 세 번째 해석을 위한 가교 구실을 한다는 것이다: 그 두 방법은 상호대안적이다. 둘 중 어느 것이라도 깨달음으로 이끌 수 있지만, 아마 그 깨달음은 사용된 방법에 따라 질적으로 다를 것이다. 이것은 MN I, 437로부터 이전에 인용한 아난다가 붓다에게 한 그 질문에 암시되어 있다. 이것은 푸생이 고대 불교를 전체적으로 특징지으려 한 그의 논문의 시작 부분에서 제창되었다(4장 끝의 부록을 참조하라). 어쨌든 그는 네 번째 관점을 지지하는 본문들을 인용하기에 이른다.

네 번째 견해는 가장 극단적인데, 셋째의 그것의 반론격인 대응일 것이다. 이것은 명상과 이해의 원래 계층화로 돌아가지만, 후자는 전자보다 우월해서 이것은 단독적으로만 사용될 수도 있는 데 반하여, 명상 그 자체만으로는 절대 깨달음을 얻지 못한다고 진술한다. 우리는 이 관점이 우리의 목록에－혹은 아마 나는 '이 장의 초반에 인용된 그 목록의 해설에 관한 문단에'라고 말해야 할 것이다－나타나 있는 것을 보았다. 다른 말로 하면, 이 해석은 만약 두 가지 해탈이 존재한다면, 그중 하나는 전혀 진정한 해탈이 아니라는 것을 말한다. 그런 입장을 취하는 것이 가능했는데, 비록 이것이 용어 자체의 [의미에 관한] 상위를 초래했을지라도, 우리는 이전의 '믿음에 의한 해탈'의 경우에서 이미 그것을 보여주었다.

일람표 2. 열반을 위한 두 요소의 상호관계[18]

견해의 종류	내용	중요성
첫째 견해	명상은 이해를 위한 필수적인 과정이다.	명상 → 이해
둘째 견해	양자가 모두 필요하지만 어느 하나에는 우선권이 주어질 것이다.	명상 ≒ 이해
셋째 견해	두 방법은 상호대안적이지만, 깨달음이 질적으로 다르다.	명상 ≦ 이해
넷째 견해	이해는 홀로 되지만, 명상은 그 자체만으로는 절대 깨달음을 얻지 못한다.	명상 ⊂ 이해

이 네 해석 중 첫째 스스로조차 이런저런 방법에서 발견된 상태와 작용 사이의 이분화에 적합하다: 그 후자 셋 중에서 어느 것이라도 그런 이분화는 대체로 불가피하다. 대비되게도, 사선정(*jhāna*)과 같은 깨달음에 이르는 길의 초기 형식은 후기에 두 극단으로 형성된 양자의 요소를 모두 포함한다: 예를 들면, 선정은 그 자신이 삼매에 할당되지만, 셋째와 넷째 선정은 억념(*sati*)을 포함하고 있다. 이분법이 일단 형성되면, 이것은 그 두 방법에 전형적으로 할당된 일부 용어들의 일람판(일람표 3)으로 명료화될 수 있다.

일람표 3. 두 방법/길(부록 또한 참조하라.)

오염(*rāga*)/ 탐욕(*lobha*) 그리고 성냄(*dosa*)의 소멸	무지(*avijjā*)/ 미혹(*moha*)의 소멸
삼매(*samādhi*)	직관(*paññā*)
마음이 한 점으로 됨(心一境性, *cittass' ekaggatā*)	억념(*sati*)
명상(*samatha*)	이해(*vipassanā*)
선정 등(*jhāna*)	여실지견(如實知見, *yathā-bhūta-dassana*)
수행(*bhāvanā*)	지성적 분석(*paṭisambhidā*)
심해탈(*ceto-vimutti*)	직관에 의한 해탈(*paññā-vimutti*)

•● •● •●

동의어나 유의어가 쌍으로 나타나는 것은 경전 양식의 표준적 특색

18 역) 원문에는 없으나 독자의 편의를 위해 정리하였다.

이다. 이 특색은 아주 보편적이어서 혹자가 이것에 대해 논의할 필요가 거의 없다: 이것은 모든 쪽에서 관찰된다. 때때로 어느 한 축에 속한 동의어와 유의어가 [다른 축의 그것보다] 더 길다: 셋이나 넷은 아주 일반적이다. 때때로 같은 기법이 전체 문단에 적용된다. 우리는 단어와 문구 양자의 동의성을 다음과 같은 표준적인 상투어에서 얻을 수 있다: *saddhiṃ sammodi, sammodanīyaṃ kathaṃ sārāṇīyaṃ vītisāretvā* (예를 들어, MN I, 16). 이 중복(redundancy)은 구전 문학에서 전언의 전승을 확실하게 하기 위한 전형적 기법이다.

반면에, 한 톨 남김없이 의미를 추출하려는 노력의 일환으로 자신들의 스승의 말을 정선하는 것은 제자들과 해석자들에게 동등하게 전형적인 행위이다. 만약 그가 어떤 것을 표현하기 위해 두 용어를 사용하였다면, 해석자들이 말하길, 분명 그에 대한 교의적 이치가 있을 것이다. 여기서 나는 이것이 자매어 *ceto-vimutti*와 *paññā-vimutti*에 일어난 것임을 보여주려 한다.

열반의 성취를 위한 가장 평범한 상투어를 분석해보자. *Āsavānaṃ khayā anāsavaṃ ceto-vimuttiṃ paññā-vimuttiṃ diṭṭhe va dhamme sayaṃ abhiññā sacchikatvā upasampajja viharati*: '누출을 고갈시킴으로써 혹자는 바로 이생에서[19] 무루[출]의 마음의 해탈과 직관에 의한 해탈을 깨닫고, 목격하고, 성취하고, 머무른다.' 혹자는 이 표현 안에 중복어가

19 나는 여기서 *diṭṭhe va dhamme*를 전통과 부합하게 번역하였지만, 전통적인 해석이 틀렸다는 강한 의심이 들고, 이것이 '그가 법을 보았을 때'를 의미한다고 생각한다. 어쨌든 이것은 틀림없이 차후 논문의 소재가 된다.

정확히 얼마나 많이 있는지에 대해 엄청난 길이로 논의할 수 있겠지만, 그 누구도 많이 존재한다는 사실 자체는 부정할 수는 없다: 예를 들면, *anāsavaṃ*('무루')은 중복어이며, 한 축에 있는 세 개의 절대격(*abhiññā* 등)은 의미에 영향을 주지 않고 두 개 혹은 심지어 한 개로도 줄일 수 있다. 비슷하게, 여기서 *ceto-vimutti*와 *paññā-vimutti*는 같은 것을 지시하는 것 외 다름 아니다.

확증을 위해서 열반의 증득에 관한 경전 중에서 최장이자 가장 명시적인 설명으로 유명한 한 구절의 절정 부분을 인용하겠다. *Sāmañña-phala*경에서 사문으로서의 삶의 결실인 궁극적인 성취는 다음과 같다. 혹자는 사성제와 그것을 누출에 적용함에 있는 그대로의 인식을 성취하는데(*yathā -bhūtam pajānāti*), 이것은 일련의 여덟 개의 평행하고 짧은 문장에 표현되어 있고 다음과 같이 끝난다: *ayaṃ āsava-nirodha-gāminī paṭipadā ti yathā-bhūtaṃ pajānāti*: '이것이 누출의 소멸로 이끄는 길임을 여실하게 알고 있다.' 그 본문은 다음과 같이 이어진다: *Tassa evaṃ jānato evaṃ passato kāmāsavā pi cittaṃ vimuccati bhavāsavā pi cittaṃ vimuccati avijjāsavā pi cittaṃ vimuccati. Vimuttasmiṃ vimuttam iti ñāṇaṃ hoti. Khīṇa jāti vusitaṃ brahma-cariyaṃ kataṃ karaṇīyaṃ nāparaṃ itthattāyā ti pajānāti*: '그는 그렇게 알고 봄으로써 그의 마음은 애욕의 누출로부터, 존재의 누출로부터 해방되었고, 무명의 누출로부터 해탈되었다. 그는 자신이 그같이 해탈했다는 것을 안다. 그는 직관을 가진다: 다음 생은 소멸되었고, 범행을 살아왔고, 그러함(thusness)에 더할 나위가 없다.'

*Cittam vimuccati*와 *ceto-vimutti*라는 표현은－이미 알려진 *citta*와 *ceto*의 상호교환성은 이전에 언급되었다－다름 아닌, 동사와 명사 상당어(nominal)의 상호 변환이다. 비슷하게, 동사 *pajānāti*는 명사 *paññā*와 상응하고, 이는 왜 내가 여기서 도리어 어색한 문구－'그는 직관을 가진다'－를 채택한 이유이다. *Jānato*와 *passato*라는 용어는 사성제와 누출을 보는 그의 직관을 가리킨다. 그것들은 현재 분사이며, 그래서 직관은 '마음이 해탈되었다'라는 *cittaṃ vimutti*와 동시발생적이다. 이 점을 드러내기 위해 나는 거기서 인용을 멈출 수도 있었지만, 뒤따르는 양자를 분명히 하기 위해 문단의 나머지 부분을 인용하였다: *pajānāti*가 이것의 마지막에도 반복적으로 나타남, 그리고 자신이 깨달았다는 것을 아는 것 자체가 깨달음의 일부라는 점. 고대와 현대의 해석학자들은 그 둘 사이를 구별하는 것을 망설여왔지만, 이런 종류의 본문들은 이 단계의 불교 가르침에서 하나가 다른 하나를 수반하였음을 드러낸다. 이것은 별로 놀랍지 않다. 혹자는 명확하게 자각하지 않은 상태에서 감정적일 수 있는데, 예를 들어, 근심하거나 낙담하는 것이 그러하다. 그러나 깨달음은 궁극적인 명확성의 상태, 즉 '실재를 있는 그대로 보는 것'이기에, 혹자는 분명한 것에 분명하지 않을 수가 없다!

••• ••• •••

여태까지 나는 본문들에서 일반적으로 근본적이라 여겨지는 '*ceto-vimutti*와 *paññā-vimutti*는 동일한 지시대상을 가진다는 것'을 보여주었다. 내가 보여주려 하는 것은, 나중이 되자, 교조적 해석은 *Vinaya Khandhaka*의 *Mahāvagga*의 말씨에 막대한 어려움을 가졌을 것이라는 것이다. 여기, 초전법륜의 마지막에서 붓다의 마지막 문장은 이렇다: *ñāṇam ca pana me dassanaṃ udapādi; akuppā me ceto-vimutti, ayaṃ antimā jāti, n'atthi dāni puna-bbhavo*: '그리고 깨달음이 내 안에서 일어났다: 내 마음의 해탈은 흔들릴 수 없고, 이것은 나의 마지막 생이고, 나에게 더는 환생이란 없다(Vin I, 11).' 마지막 두 문구는 중복된 동의어 체계의 좋은 실례이다. 하지만 첫째는 우리에게 아주 흥미로운 것이다: 붓다는 자신의 깨달음을 *ceto-vimutti*로 지시하고(이는 그가 불가역적이라고 선언하였다), *paññā-vimutti*란 용어를 전혀 사용하지 않지만, 후자는 나중에 계위적으로 월등하다고 여겨진다. 이것은 앞서 인용된 AN I, 61과 양립하지 않는 듯하다.

율장의 그 이야기에서 몇 쪽 더 나아간 부분에서의 후기의 해석은 한층 더 심각한 문제를 안고 있다. [거기에 나타난] 분석적 노선은 삼법인(*ti-lakkhaṇa*)의 교의를 강조하는데, 이 교의의 전거(典據)는 *Anatta-lakkhaṇa*(무아상)경이며, 이는 전통적으로 붓다의 두 번째 설법으로 알려져 있다. 게다가, 이 설법의 끝에서는 이것이 설해진 그 다섯 승려들에게 이렇게 말해졌다: *anupādāya āsavehi cittāni vimucciṃsu*: '취착 없이, 그들의 마음은 누출로부터 해탈되었다(Vin I, 14).' 따라서 그들의 깨달음 역시 *ceto-vimutti*로 지시되지만, 사실 이것으로 직접적으로 이끈 것은 수시마경 안에서 언급된 정확하고 배타적으로 *paññā-vimutti*로 이끄는 그것이다(아래 p. 182를 참조하라).

*Ceto-vimutti*와 *paññā-vimutti*는 그것의 대구법(parallelism)이 더욱 확장적으로 표현됐을 때 역시 동의어로 사용될 수 있다. 따라서 앙굿타라 니까야에 있는 한 경(*Pañcaka Nipāta, Yodhajīva Vagga,* AN. *sutta* LXXI)은 다음처럼 시작한다: '승려들이여, 이 다섯 가지 실재가 발달되고 증장되었을 때, 마음의 해탈을 초래하고, 그 과보의 복덕을 가져오며, 직관에 의한 해탈을 초래하고, 그 과보의 복덕을 가져온다(*ceto-vimutti-phalā ca honti ceto-vimutti-phalānisṃsā ca, paññā-vimutti-phalā ca honti-paññā-vimutti-phalānisaṃsā ca*)(AN III, 84-5).' 그 다섯은 몸의 부정함, 음식의 욕지기나는 본질, 세상의 모든 것들의 불만족스러운 특질, 모든 유위법의 무상함 그리고 그 자신의 임박한 죽음에 대한 인식이다.

전체 경들의 어법은 *ceto-vimutti*와 *paññā-vimutti*가 동일하다는 것을 명백하게 만든다. 그다음 경인 AN III, 85-6은 동일한데, 여기서 발달되어야 할 다섯 실재들이 무상의, 이것이 수반하는 것은 고의, 고에는 본질이 부재함의, 버림의, 비오염의 인식이라는 것만 제외하고서 이다(*anicca-saññā, anicce dukkha-saññā, dukkhe anatta-saññā, pahāna-saññā, virāga-saññā*). 여기서 그 이원론자가 무상, 고 그리고 무아에 대한 인식을 배타적으로 직관, 즉 *paññā*에 배정한 점은 주목할 필요가 있다.

*Paññā-vimutti*를 다른 종류의 깨달음과 대조하지 않는 몇 개의 다른 문구가 존재하는데, 그래서 이는 단지 깨달음이라는 한 용어뿐일 것이다. 따라서 SN III, 65-6(*Khandha-saṃyutta sutta* 58)에서는 '붓다는 각각의 오온－순차적으로 호칭되었다－의 미혹으로부터 벗어남, 비오염 그리고 소멸을 통하여 취착 없이 완전히 해탈하였고, 직관에 의해 해

탈한 승려도 정확히 같은 경우다.'라 서술한다. 차이점은 오직 붓다가 그 길을 발견하였고, 다른 이들은 따랐다.

Sutta-nipāta 속의 *Māgandiya*경의 게송 847에 쓰여 있길, '자신의 통각이 고요해진 이(*saññā-virattassa*)에게는 속박이 없고, 직관에 의해 해탈한 이(*paññā-vimuttassa*)에게는 미혹이 존재하지 않는다. 통각과 견해를 가지고 세상을 방랑하는 이는 충돌한다.' 이 문단에 대해 주석서 *Niddesa*는 통각이 고요해진 사람(*saññā-viratta*)을 '성도를 발달시키고 명상에 우선권을 준 사람(*samatha-pubbaṃ gamaṃ ariya-maggaṃ bhāveti*)'으로, 직관에 의해 해탈한 사람(*paññā-vimutta*)을 '관찰(*vipassanā*)에 우선권을 준 사람'이라고 주해하지만, 그들이 도달하는 목표는 같다는 것을 분명히 밝힌다. 이것은 위에서 정의한 것과 같은 그 두 방법에 관한 두 번째 해석과 부합한다. 지금까지 다룬 본문들에서는 *ceto-vimutti*와 *paññā-vimutti*뿐만 아니라, 한쪽에서는 '직관에 의해 해탈한 사람', 다른 한쪽에서는 '양쪽에서 해탈한 사람'(혹은 다른 어떤 방법)을 놓고 대비한 적이 없다. 어떻게 그런 대비가 일어나게 되었는가?

•● •● •●

나는 이 문제가 연기(*paṭicca-samuppāda*)의 상설로 가장 유명한 *Mahā-nidāna*경(DN *sutta* xv)의 마지막 부분에서 시작한다고 믿는다. 이것의 마지막 구에서 이 경은 내가 위에서 언급한 열반의 성취에 관한 바로 그 상투어를 *ceto-vimutti*와 *paññā-vimutti*의 대구법과 함께 가지고 있다. 그 본문 – 혹은 최소한 해당 부분 – 은 따라서 내가 최초기의 층위라고 여기는 그것에 속한다. 그 본문의 마지막 몇 개의 절 – P.T.S. 판의 마지막 세 쪽 – 에서는 명상상태에 관한 몇 가지의 분류에 집중하는데, 그중 일부는 표준적 분류에서 일탈한다.

상대적으로 소수의 사람만 성취한 내적 상태인 그 명상상태들은 얼마간 묘사하기 어려울 뿐 아니라, 분류하기도 어렵기에, 어느 전통에서라도 초기 단계에는 그 경험들을 문장으로 표현하려는 시도에 폭넓은 다양성이 존재한다는 것은 내게 아주 자연스러워 보이는 듯하다. (이것은 어떤 범위에서 그 차별적 묘사가 차별적 경험을 반영하는지에 관한 의문에 여지를 남긴다.)

*Mahā-nidāna*경(para.33, pp. 68-9)은 '의식의 일곱 거처(識住, *viññāṇa-ṭhiti*)가 있고, 두 처(處, *āyatana*)가 존재한다'고 말한다. 여섯째와 일곱째의 의식의 거처는 무색계인 '무한한 공간의 처(空無邊處)'와 '무한한 의식의 처(識無邊處)'이다. (이것은 무색계 선정(*arūpa-jjhāna*)의 표준 목록에서 이미 익숙해졌다.) 다음 '두 처'는 명백히 이것들에 뒤이어 등장하는데, 그것들은 '인식이 없는 존재의 (혹은 존재들의) 처(無所有處)' 그리고 '통각도 아니고 비통각도 아닌 처'(표준 목록에 있는 非想非非想處, *neva-saññā-nāsaññāyatana*)이다. 이 아홉 상태 각각에 대해 붓다는 "혹자는 이것의 생성과 소멸, 이것의 즐거움과 위험 그리고 이것으로부터 어떻게 나오는지에 대해 알 수 있지만(*pajānāti*), 그리하여 이것에 만족하는 것이 옳은가?"라고 말하였다. "아닙니다," 그의 대담자 아난다가 답했다(para.34). 그렇게 각각의 상태는 무상하고 불만족스러

운 것으로 드러났다. 34절의 마지막 부분에서 붓다는 '아홉 상태 모두의 특징을 이해한 승려는 (그것들에) 더는 취착함 없이(*anupādā*) 해탈하고, 그러한 승려는 '직관에 의해 해탈한 자'로 불린다'고 했다(*ayaṃ vuccati ānanda bhikkhu paññā-vimutto*).

여기서 *paññā-vimutto*란 용어의 존재는 지시된 사람이 명상하지 않았다는 생각에서 촉진된 것이라 거의 볼 수 없다. 그는 모든 명상의 단계를 거쳐 갔지만, 결과적으로, 그 모든 것이 무상하고 불만족스럽다는 것을 이해하게 되었다.

그다음인 35절에서 붓다는 '해탈'(*vimokkhā*-상기 p. 148을 참조하라)이라 불리는 여덟 단계의 명상을 설했는데, 그것들이 이전의 목록과 상당부분이 겹치는 것은 4번에서 7번까지가 공무변처정, 식무변처정, 무소유처정, 비상비비상처정이기 때문이다. 그 여덟째는 그 나머지를 초월하는 것인데, 통각(想)과 느낌(受)의 소멸이다.

그 경의 마지막인 다음 절 36에서는 '만약 어느 한 승려가 이 여덟 상태 중 어느 순서대로라도 어느 것이든 마음대로 드나들 수 있으면, 그는 *ubhato-bhāga-vimutto* 즉 '양쪽에서 해탈한 자'라 불리고, '현생에서 스스로 누출의 고갈을 통하여 무루를 깨닫고, 목격하며, 성취하고, 머무를 때, '마음이 해탈한 자(*ceto-vimutti*)', '직관에 의해 해탈한 자(*paññā-vimutti*)'라 불린다. 이 '양쪽에서 해탈한 자'보다 더 높고 더 세련된 다른 '양쪽에서 해탈한 자'는 존재하지 않는다.' 이것이 그 경의 절정이다.

여기서 '양쪽에서의 해탈'이 [구체적으로] 무엇을 의미하는지는 자명하지 않다. 다만 정황상 그 지시대상이 명상자에 의해 체험된 해탈의 경험임이 틀림없다는 것을 보여준다. 이것은 주석서들 속에 있는 다수의 문단에 의해 다양하게 상설된 견해이기도 하다.[20] 다양한 방식으로 그 안에서 그것들은 왜 '양쪽에서 해탈한 자'로 불리는지에 대한 다른 의견들을 적어두고 있다.[21] 거기에 기록된 그 어떤 견해도 내 자신의 추측과는 부합하지 않는다: 이 경전들이 상당히 중복적인 형식을 유지하는 상황에서, '양쪽에서'라는 말은 그가 각각의 상태를 동등하게 쉬이 드나들 수 있다는 사실을 지시한다－현대적 관용어로 그는 '마음대로 취락펴락한다(he can take it or let it alone).' 그러나 나의 추측이 옳고, 이것이 그 용어가 원래 지시하려고 의도됐을지라도, 나는 우리가 결코 그것에 대해 확실히 알 수 없으리라 생각하고, 어떤 고대의 본문도 이 해석을 채택하지 않았기에, 역사적으로 이것은 닫힌 결말이 되었다.

어쨌든 '양쪽에서 해탈한 자'가 명상자의 해탈을 지시한다는 사실은 또다른 경전의 문단인 어떤 세 개의 아주 짧고 도식적인(schematic) 경들의 연속물과 부합한다(AN, *Navaka Nipāta, Pañcāla Vagga, suttas* XLIII-XLV = AN IV, 451-3).[22] 이 각각의 세 짧은 경들은 정확하게 같은 양식을 띄고 있다. 이것은 어느 무명의 승려가－혹자가 그 언질의 말씨로부터 연역할 수 있는 바와 같이－선배인 다른 무명의 한 승려에게

20 그것들은 호너가 각주에 열거하였다(Horner, 1957, p. 151).
21 이 문단에 대한 주석을 참조하라, DA II, 514-15.
22 이 문단은 게틴이 간략히 논의하였다(Gethin, 1992, pp. 135-6).

어느 특정한 용어에 붓다가 무엇을 의미했는지를 질문하는 것으로 시작한다. 제43(XLIII)경은 몸으로 체험한 자(*kāya-sakkhī*), 제44(XLIV)경은 직관에 의한 해탈자(*paññā-vimutto*), 제45(XLV)경은 양쪽에서 해탈한 자(*ubhato-bhāga-vimutto*)라는 용어를 각각 다루고 있다. 이 세 용어들은 우리의 원래 목록의 3, 2 그리고 1이다. *Sakkhī* 그 자체는 원래 '증인 또는 목격자(eye-witness)'라는 뜻을 가져서, '육체'를 뜻하는 *kāya*를 이것에 더하는 것은 중복적으로 보인다. 어쨌든, *sakkhī*가 눈을 지시하는 한, 여기서 의도된 것은 그것이 은유라는 점이다: 그 용어에 대한 설명은 관련된 감각이 촉감, 혹은 오히려 아마도 감각 지각의 어휘에는 존재하지 않는 어떤 용어로서 몸에 충만한 어떤 느낌(a feeling permeating the body)이라는 것을 보여주고 있다. 해당 문단은 단순히 아홉 가지 명상의 성취(九次第定)에 관한 표준적인 목록을 검토하는데, 항상 그러하듯, 바닥에서 시작하고, 그것을 성취하고, 그것들에 머물며, 자신의 육체로 그것들을 접촉하는 사람을 몸으로 체험한 자(*kāya-sakkhī*)라 불린다고 말한다. 하지만 반전은 끝에 오는데, 첫 여덟 경우에는 붓다가 명상자를 방편(*pariyāyena*)이라고 하지만, 아홉째의 경우, 통각(想)과 느낌(受)의 소멸에 대해 그가 직설(*nippariyāyena*)이라 첨언했다.

다음으로 본문은 *paññā-vimutto*를 다룬다. 그 처우는 *kāya-sakkhī*의 그것과 평행하다. 혹자는 각 상태를 성취하고 머무름으로써, 그리고 그것을 이해함으로써 *paññā-vimutto*가 된다. 이것의 첫 여덟의 경우에는 방편, 아홉 번째는 직설이다.

*Ubhato-bhāga-vimutto*는 단순히 *kāya-sakkhī*과 *paññā-vimutto*의 성취를 합친 것이다: 그는 각 상태를 물리적으로 경험하고(자신의 몸으로 그것을 체험한다), 그것을 성취한 후, 그것을 이해한다.

나는 이것이 일관적이고, 최소한 *Mahā-nidāna*경과 양립하는 양자에 해당한다고 생각한다. 명상의 경험을 범주화하는 것은 거의 성공적이지 않기에, 만약 혹자가 여전히 '육체적으로 체험한다'와 단지 '그 상태를 성취하고 머문다' 사이의 구분이 혼란스러운 채로 남아 있더라도, 그것은 별로 놀라운 일이 아니다. 이 불명료함은 호너(주해 20을 참조하라)에 의해 인용된 일부의 주석서들이 왜 '양쪽'(*ubhato*)에 대해 다른 지시대상을 가리키기도 하고, 또한 색(*rūpa*)의 단계와 무색(*arūpa*) – 명(*nāma*)이라고도 불리는 – 의 양 단계에서 해탈된 사람이라고도 말하는지를 잘 설명할 것이다. 하지만 우리의 연구 노선의 주안점은 지금까지 인용된 그 어느 문단에서도 명상을 수반하지 않은 해탈이 칭찬할 만하다거나 혹은 심지어 가능하다는 함의가 존재하지 않는다는 것이다: 오히려 그 정반대이다. 그래서 어떻게 *paññā-vimutto*가 명상가라는 전도된 견해가 생겨났는가?

•• •• ••

이 시점에서 우리는 *Susīma*경으로 돌아간다(SN, *Nidāna-saṃyutta, Mahāvagga dasamaṃ* = XII, 70 = SN II, 119-128). 전술한 바와 같이 나는 이 본문에 관해 별개의 논문을 바칠 필요성을 느끼는데, 이것이 원래 아주 다른 요점을 가진 만든 한 본문을 일관성 없이 개조(reworking)한 것임을 보여주길 원하기 때문이다.

원문 혹은 그 비슷한 것은 한역판에 보존되어 있다. (여기서 재현하기에는 너무 긴) 그 판에서 불교가 아닌 다른 어떤 종교에 속한 지성적인 사문 수시마는 불교 조직에 들어가게 되는데, 불교도들의 대중적인 성공의 비밀을 찾기를 원했기 때문이었다. 그는 처음 보름 동안은 가르쳐지고 있는 것의 근본을 찾는 데 시간을 보냈기에, 그는 깨달음이 무엇으로 구성되어 있는가에 대해 어떤 생각을 가지게 되었다. 신참자인 그는 그 수도원의 승려집단과 사회적으로 동화되지 않았다. 그들 중 한 명이 그를 기죽이기 위해 그들 모두가 이미 깨쳤다고 말했다. 수시마는 이것이 무엇을 수반하는지에 대해 이미 배웠고, 그 승려를 검증했는데, 그는 즉시 진실을 드러내게 되었다: 그는 그들이 욕심과 성냄으로 자유롭다는 것조차 주장할 수 없었다. 수시마는 그런 다음 자신의 잠재력을 알아차린 붓다－아마 그 선행하는 대화를 알았기에－에게로 갔다. 붓다는 그때 연기지를 가르친다.[23] 그 가르침을 받자, 수시마는 자연스럽게 어떤 정신적 진전을 이룩하고, 이 진전의 결과－사실상 외적으로 드러나는 특징－로써 그는 자신이 첩자로서 승단에 들어왔음을 실토하였다. 붓다는 그때 그를 칭찬하였고, 그 본문은 수시마가 더 깊은 정신적 진전을 향하고 있다는 암시와 함께 종결된다.

상기 경전이 왜 변형되었는가는 어렵지 않게 알 수 있다: 이것은 상

23 이것은 분명 이 본문의 원래 특색일 것인데, 정확히 이 논제를 다루는 경전을 수집한 *Nidāna-saṃyutta*에 있기 때문이다.

가에 아주 큰 결례가 되기 때문이다. 삼장에는 승려들의 어리석음이나 무능함에 대한 아주 소수의 이야기만이 존재하지만, 그것들은 사실상 율장이거나 혹은 최소한 엄격하게 율의 문맥에서 유래한다는 경우로 한정되어 있다.[24] 그러한 율의 문맥에서 그것들은 제거될 수 없었는데, 왜냐하면 이 이야기들 속에서 그것들은 붓다가 차후 새로운 규율을 제정하거나 혹은 빠릴에야까숲으로 은둔하는 계기가 되는 승려들의 과오이기 때문이다(Vin I, 352ff).

팔리판에는 수시마가 깨달았다고 주장하는 승려들에게, 예를 들어, *Sāmāñña-phala*경(DN I, 77-84)에 열거된 것처럼, 첫 다섯 깨달음의 지식(*abhiññā*)을 성취했는지를 묻는다. 그들은 아니라고 대답한다. 그는 그때 그들이 몸으로 체험하였는지 그리고 색을 초월하여 무색인 고요한 해탈에 머무는지에 관해 묻는다. (이것은 *Kīṭāgiri*경에 있는 정의들 속에서 조우해온 바로 그 어투이다.) 그들은 아니라고 말하고, 그들은 사실 그렇지 않다: '우리들은 직관에 의해 해탈하였다.' (주석서는 이렇게 주석을 달았다(SA II, 126-7): *Mayaṃ nijjhānakā sukkha-vipassakā, Paññā-matten' eva vimuttā ti*: '우리들은 명상을 하지 않는 '건조한 직관자들'이고, 오직 직관에 의해서만 해탈하였다.') 수시마는 어리둥절해졌고, 그들에게 설명을 요구하였으나, 거절당했기에, 그는 붓다에게 질문한다. 붓다는 "만약 당신이 실재들의 존재방식을 안다면(이것은

24 예를 들어, 승려들의 성적 교제가 잘못된 것이 없다는 아리타의 이야기로 *Alagaddūpama*경(MN *sutta* 22)이 개시되지만, 이것은 율장(Vin IV, Vin II, 25-8)에서 또한 발견되며, 추측건대 원래 이 문맥에서 발생하였다.

연기를 지시한다), 당신은 열반을 알 것이다"라고 말한다. 그는 그때 수시마에게 *Anatta-lakkhaṇa*경의 요약판을 설명해주고, 오온의 각각은 무상하고, 불만족(苦)스러우며, 무아라는 것 그리고 이것들의 깨달음은 무욕, 그래서 해탈에 이르게 한다는 것을 보여주었다.

따라서 그는 수시마에게 연기지를 (한역판에서처럼) 가르치고, 그가 이것을 이해하는지를 묻는다. 수시마는 그렇다고 대답한다(p. 126). 여기서 붓다는 수시마가 다른 승려들에게 물은 여섯 질문들과 동일한 것을 묻고, 수시마는 그 어떤 초자연적인 경험도 가지지 않았다는 것을 받아들인다. 붓다는 그때 수시마에게 그가 깨달았다고 말하지 않지만, 주석서(SA II, 127)는 그가 그렇다는 것으로 결론 내린다—만약 혹자가 그 승려들의 주장을 진지하게 받아들인다면 이것은 자연스러운 연역이다. 수시마는 그때 잘못된 신분의 위장으로 거기에 있었음을 고백하고, 붓다는 이것이 아주 중대한 범죄이지만, 그가 고백한 것은 잘한 일이다고 답한다: 그는 이제 아마 더 높은 진전을 이룰 것이다. (하지만 만약 이미 그가 깨달았다면, 그가 어떤 진전을 더 이룰 수 있겠는가?)

이 개괄에서 나는 그 본문 속의 불합리한 것들에 대해 주해하였고, 나는 그 모두를 다른 곳에서 연구할 수 있기를 기대한다. 여기서 나는 오직 가장 중요한 것들만을 다룬다. 그 본문 자체에서는 (그 주석서와는 다르고, 푸셍의 보고서, 1936-7, p. 202에도 불구하고) 단지 설법의 이해만을 통하여 수시마가 깨달음을 성취했다고 주장하지 않지만, 확실히 그 승려들은 그렇다는 것을 선언하는데, 수시마가 재검증을 통하여 그 승려들이 명상의 성취가 없었다는 것을 받아들이도록 만든다. 어떠한 경우에도 자신이 깨달았다고 주장하는 것은 율을 위반하는 것(*pācittiya* 8, Vin IV, 25)인데, 비록 그것이 진실일지라도 마찬가지다.[25] 이 경우, 한역본과의 대조가 보여주듯이, 나는 그들이 거짓말을 한다고 믿는다.

우리의 팔리 경전의 개정자는 그 이야기를 바꾸길 원했고, 그래서 붓다와 함께 이미 있던 승려들은 비불교도의 종파에서 온 신참자보다 우월하게 되었다. 그래서 그들의 깨달음은 진정한 것이 돼야 했었고, 그의 질문은 단순히 질문일 뿐이었으며, 날카로운 검증이 아니었다. 동시에, 깨달은 승려들이 성취하지 못한 것은 탐욕과 성냄의 제거와 같은 정말 기본적인 것이다. 이것들에 대해 해당 개정자들은 *Sāmañña-phala*경에 열거된 초능력들로 대체했다. 이것은 지성적인 선택이었고, 그 안에서 붓다는 초능력의 행사는 불필요하고, 심지어 역겹다는 것을 피력했다. 그 개정자는 사선정－본문에서의 말씨는: *Sāmañña-phala* paras. 75-81－을 부정할 만큼 표준적인 정도를 거슬러 가지는 않았지만, 그 주석서는 그 길로 나아갔다.[26] 추측건대 누구든 신통지(*abhiññā*)

25 율의 문맥은 그 금지가 원래 주로 재가자에 알려주는 것에 반대해 명해졌다는 것을 암시하지만, 나는 전통에 의해 보통 이렇게 해석된다고 이해한다.

26 란쩨 커신쯔(Lance Cousins)는 이 부분을 세미나에서 강조하였다. 그의 견해로는 삼장의 모든 본문은 사선정의 성취는 깨달음뿐만 아니라 심지어 입류과의 선행조건이라는 것을 (비록 그것들은 극명하게 보여주지는 않지만) 암시한다는 것이다. 그는 이 장의 셋째 문장에 동의하지 않는데, 그는 그 변화가 주석에서 발원되었다고 생각하고, 이것은 전통과의 단절을 상징하기 때문이다. 그가 옳을 수도 있지만, 나는 그 문제가 언젠가 그렇게 정확하게 안착될 가능성이 있는가에 대해서 회의적이다. 어떠한 경우에도 나는 거기에 여러 계열의 이론이 있고, 경들 자체에 일부 승려들에 의해 선정을 격하시키는 다수의 증거를 가지고 있음을 보여주었다.

의 부족으로부터 유추할 수 있는 함의는 이런 능력들을 부여하는 명상 수행의 경지에 아직 도달하지 않았다는 것이다. 그래서 그 승려들은 명상수행 없이 깨달았다고 주장하는 듯하다.

그 개정자는 지금 그 승려들이 수시마에게 수수께끼를 내는 것으로 만들었다. 그는 자연스럽게 당혹스러워졌고, 붓다에게 도움을 빌러 갔다. 붓다는 승려들이 주장하는 말이 일리가 있다는 것을, 이 새로운 판에서, 수시마에게 보여주어야 했다: 이것이 수시마가 그 승려들에게 한 동일한 질문을 붓다가 수시마에게 한 이유이다. 그리고 그 개정자가 *paññā*의 우월성을 보여주기 위해 *Anatta-lakkhaṇa*경(Vin I,14)을 그의 가필 소재로 선택했던 것, 혹은 그 주석가가 수시마는 그것을 듣자마자 깨달음을 얻었다고 했던 것은 아마 의도적이었을 것이다. 전통에 의하면, 이것은 붓다가 자신의 첫 제자인 다섯 승려에게 가르친 두 번째 설법이고, 이것을 들음으로써 모든 다섯 승려가 깨달음을 성취하였다(상기 pp. 171-2를 참조하라). 따라서, 붓다의 표준적 전기에 따르면, 이것은 설법의 청취의 결과로서 깨달음이 성취된 첫 기록된 사례이다! 그 [둘의] 비유는 사실 정당하지 않은데, 물론 그 다섯 승려들은 이 순간을 위해 여러 해에 걸쳐 준비했기 때문이다.

이 경우에 나는 명상을 배제하기 위한 *paññā-vimutti*의 재·정의가 발생한 것은 논쟁의 결과 때문이 아닌, 오히려 승단의 변증론(辨證論)[27]에 의거해 일어난 일종의 서술적 사고(narrative accident) 때문이라 생각

27 역) apologetics. 체계적인 논쟁과 담론을 통하여 종교적 교리를 방어하는 종교적 학문이다. 호교론(護教論)이라고도 한다.

한다. 하지만 나는 우리에게 전해진 팔리판 *Susīma*경의 저자가 그 논제에 대한 관점들을 보급하기 위해 가졌었다는 가능성을 배제할 수 없다. 어쨌든 내가 오히려 확실하다고 느끼는 것은 그가 그 관점들에 관한 정통한 권위를 가지지 않았다는 점이다. 그래서 그는 *Anatta-lakkhaṇa*경의 가르침을, 비록 그릇됐지만, 전거(precedent)로서 인용하려 시도했을 것이다.

•● •● •●

*Susīma*경은 직접적으로 도전받았던 듯하다.[28] 그 도전은 어느 한 경에 담겨 있는데, 무실라와 나라다라는 두 승려의 영적 성취를 대비하였기에, 푸셍의 해당 논문의 제목이 되었다. 불운하게도 푸셍은 이 경의 전언이 수시마경의 그것과 직접적으로 상반된다는 것을 인지하지 못했다. 이것은 SN, *Nidāna-saṃyutta, Mahāvagga aṭṭhamam* = XII, 68 = SN II, 115-8이고, 현재의 팔리 삼장의 배열에서는 이것이 거의 *Susīma*경 직전에 위치해 있으나, 한역의 잡아함경(*Saṃyukta Āgama*)에서는 이것이 그것 조금 뒤에 나온다.

이 경은 단지 세 쪽 분량이지만 상당히 복잡한 서술구조로 되어 있

28 물론 이것은 그 경이 작성될 때 현재의 팔리 *Susīma*경이 이미 존재했을 때만이 사실이 될 것이다. 그렇지 않다면 그 발전의 과정은 분명 더욱 복잡하였을 것이고, 정확하게 추적될 수 없다. 하지만 우리들은 여전히 그 논쟁을 연역할 수 있다. 우리는 구전으로 작성되고 보존된 본문들을 다루고 있으며, 그래서 새로운 판이 한 구술 전승에 삽입되었을 때, 이것은 이전의 오래된 판을 모든 곳에서 제거한다는 것을 필수적으로 의미하지 않는다.

는데, 그 안에는 네 승려가 등장한다. 처음에는 사비타가 무실라에게 여러 질문을 한다. 그는 그에게 진정 연기지를 직접 보고 아는지를 묻는데, 이는 그것을 전적으로 믿는 것에 어떤 식으로든 반대되는 것이다. 무실라는 자신이 그렇다고 말한다. 그 문답은 연기의 각지마다 반복되었는데, 순방향－노사는 생으로 인해 일어난다－과 역방향－노사는 생이 멸함으로 멸한다－으로 취해졌다. 이것 다음에는 '유의 소멸이 열반이다'(*bhava-nirodho nibbānaṃ*)(p. 117, paras. 26-7)라는 명제가 온다. 이것 역시 무실라는 스스로 알고 본다. 그것에 의해서 사비타는 '그래서 무실라 승려는 아라한이고, 그의 누출은 고갈되었다'고 말한다. 무실라는 침묵했고, 그래서 혹자는 그것을 동의함으로 간주한다.

우리는 이미 사비타를 알고 있다: 그는 '믿음에 의한 해탈'의 주창자였다. 이것이 삼장에서 그가 나타나는 다른 유일한 곳이고, 이것의 중요성은 아마 그가 믿음을 대변하는 것－가르침을 전적인 믿음으로 받아들이는－이고, 따라서 무실라를 완전하게 돋보이게 하는 것이다.

나라다는 그때 사비타에게 그가 무실라에게 한 동일한 질문을 물으라고 했다. 그는 그렇게 하고, 같은 길이의 문답이 행해지는데, '유의 소멸이 열반이다'에서 절정에 이른다. 하지만 사비타가 나라다에 그가 아라한인지에 대해 물었을 때, 그가 대답하길, '완전한 직관(*sammā-paññāya*[29])으로 나는 그 진리를 정확히 보았다: 유의 소멸이 열반이다. 그러나 아직 나는 아라한이 아니다, 나의 누출은 고갈되지 않았다.' 그

29 P.T.S.판의 *sammapaññāya*는 오자이다.

는 목마르고 더위에 지친 여행자가 우물 속의 물을 보았지만, 그것을 마시지 못한 것에 자신을 비유함으로써 말을 잇는다: 그는 물의 관한 지식은 있지만 육체적으로 마실 수 없다(*udakan ti kho ñāṇam assa na ca kāyena phusitvā vihareyya*).

최종적으로, 세 번째는 간결한 대화인데, 사비타와 아난다 사이의 그것이다. 후자는 사비타에게 "나라다를 어떻게 평가하는가"라고 물었고, 그가 대답하길, "흠잡을 데 없이 좋다"라고 하였다.

이 본문에서 자신의 말에 명백한 동의를 얻은 나라다는, *paññā*를 더 깊고 경험적인 깨달음이 없는 좁은 의미의 지성으로 해석하고－그 해석은 팔리 *Susīma*경에 의해 정당화될 수 있다－이것이 깨달음을 얻기 위한 적절한 방법이라는 것을 부정한다. 물론 그가 틀림없이 옳고, 아니라면 시험을 위해 연기지를 공부한 모든 학생들이 거기서 깨달았을 것이다! 나라다는 몸으로 체험한 자(*kāya-sakkhī*)라는 용어를 구사하지는 않았지만, 우리는 '육체적으로 접촉함(*kāyena phusitvā*)'이라는 구가 그것의 상당어라는 것을 보아왔다.

•● •● •●

*Susīma*경의 형식화된 문구는 *Ubhato-bhāga-vimutto*의 개념과 결합하여, 우리의 원래 목록의 처음 세 유형으로 직접적으로 이끈다. 하지만 그것에 뿐만이 아니다. SN I, 191에서는 구분이 모호한 신비스러운 방식으로 배가된 듯하다. 해당 배경은 어느 자차(自恣, *pavāraṇā*)인데, 이

는 하안거의 마지막에 그 기간을 같이 보낸 승려들이 만약 그들이 어떤 식으로든 율을 범했으면, 서로에게 용서를 구하는 의식이다. 그 본문은 거기 있는 오백 명의 모든 승려가 아라한이라는 말로 시작하기에 (p. 190), 붓다가 사리불에게 그들 모두에게 흠이 전혀 없다고 말한 것은 놀랍지 않다. 그는 그들 중 육십 명은 삼명(*tevijjā*), 육십 명은 육증지(*chaḷabhiññā*), 육십 명은 양쪽에서 해탈하였고, 그 나머지는 직관에 의해 해탈하였다고 말한다.[30] 이들은 명상을 통해 육증지를 획득하였기에, 이들은 명상자였다고 연역될 수 있다. 이 본문은 그러므로 우리 유형의 목록과 일치하지 않지만, 오히려 깨달음에 이르는 두 길에 관한 세 번째 해석이라 내가 이름 붙였던 것을 기술한다: 그들은 상호 대안적이다.[31] ('양쪽에서의 해탈'이라는 용어의 존재는 셋째나 넷째 해석을 반드시 내포하는데, 이것이 '양쪽'이 **아닌** 해탈도 가능하다고 전제하기 때문이다.) 어쨌든, 삼명을 지닌 승려가 별도의 범주로 존재하는 것은 나를 당황스럽게 한다. 삼명은 자신의 전생, 모든 존재의 환생 그리고 사성제에 더해 자신의 누출이 고갈되었다는 것을 아는 지식이다. 그것들이 묘사된 그러한 본문들에 따르면－*Sāmañña-phala*경(DN I, 81-4)처럼－그것들은 깨달음의 불변의 부수물이다. 주석가 역시 이 범주 때문에 역시 명백히 어리둥절해졌기에, 나는 단지 최후의 보루가 되는 설명에 호소할 수밖에 없다: 그 본문은 변질－삼명이 난외주에

30 주석(SA I, 278)은 도움이 되질 않는다. 이것은 *tevijjā*나 *chaḷabhiññā* 그 어느 것도 주해하지 않는다. 이것은 여기서 양쪽(*Ubhato-bhāga*)이 명(*nāma*)과 색(*rūpa*)이라고 설명한다.

31 역) 168~69쪽의 내용과 일람표 2를 참조하라.

쓰여진 이후 슬며시 기어들어 왔다 – 되었거나, 혹은 극단적으로 부주의하게 편집되었다.

그러한 설명은 우리가 다뤄야 할 마지막 본문(AN III, 355-6 = *Chakka Nipāta, Dhammika Vagga, sutta* XLVI)의 경우에는 요구되지 않는다. 이것은 푸셍이 자신의 논문 시작 부분에 요약한 경전이다(장 말 부록을 보라). 이 경이 한역판에는 존재하지 않는다는 사실에 주의하는 것은 중요한데, 이는 이 본문이 본체에 나중에 추가되었음을 강하게 암시한다. 이 경은 깨달음에 이르는 두 길에 관한 세 번째 해석 – 타당한 두 방법이 존재한다 – 을 고수하지만, 이 점에서 *Kīṭāgiri*경과 우리의 목록보다는 덜 극단적이다. 하지만 이것은 깨달음을 성취하기 위해서는 꼭 명상가일 필요가 없다는 것을 판독한다.

이 본문은 마하쭌다라 불리는 한 승려에 귀속된 교설이다. 비록 주석서(AA III, 379)는 그가 사리불의 동생이었다고 하지만, 한역본이 부재는 이것에 진중한 의문을 던진다. 마하쭌다는 두 집단으로 구분되는 일부 승려들에게 설법하는데, 그는 그들을 *dhamma-yogā*와 *jhāyī*로 지칭한다. 후자는 분명히 명상가이고, 선행하는 용어는 삼장 그 어느 곳에서도 발견되지 않지만, '자신의 여법한 행위가 곧 가르침'을 의미하는 듯하다. 주석서는 이것을 *dhamma-kathika*, 즉 '설교자'로 주해한다. 그 지시대상은 틀림없이 순전히 지성적으로 수행하는 승려들이다. 그 두 집단의 승려들은 사이가 좋지 않았고, 서로에 대해 불평한다. 마하쭌다는 그들에게 화해하라고 말한다. 학문적 유형은 명상가들을 찬탄해야 하는데, '몸을 가진 상태에서 불멸의 상태를 경험하고 거기에 머무르는 희유한 사람'(*ye amataṃ dhātuṃ kāyena phusitvā viharanti*)이기 때문이다. 그리고 명상가들은 학인들을 찬탄해야 하는데, '심원한 진리를 통찰하고 보는 희유한 사람'(*ye gambhīram attha-padaṃ ativijjha passanti*)이기 때문이다.

이 경은 팔리 삼장(세부적으로는 *Aṅguttara Nikāya*)이 [편집이] 완전히 닫히기 전에 교의의 변화가 행동규범에 영향을 끼쳤고, 승려들이 최소한 한 곳에서－더 광범위함은 의심의 여지가 없다－실제로 명상가들과 비명상가들로 나뉘었음을 보여준다.

•• •• ••

우리가 추적해왔던 정확한 발달 노선과 동등하거나 더 설득력 있는 대안을 제시하는 것은 아마 가능할 것이다. 우리는 이 논문에서, 어쨌든, [다음을] 논증하였다고 주장하는 바이다:

1. 선정이 없는 깨달음은 붓다나 최초기 본문들에서 아마 결코 예견되지 않았을 것이고, *paññā-vimutti*는 원래 그것을 지시하지 않았을 것이다.
2. *Paññā-vimutti*는 선정이 없는 깨달음을 지시하게 되었고 (혹은 최소한 어떤 특정한 선정의 성취가 없는), 이 변화는 *Susīma*경의 변형과 상당한 어떤 관련성이 있을 것이다.
3. 최종적으로, 일반적으로 알려진 바와 같이, 팔리전승에는 깨달음의 과업을 단념하지 않은 채, 명상을 다른 이에게 일임시킨 승려

집단이 사실상 존재했다.

•• •• ••

이들 변화의 연대기에 대해 우리가 할 말이 있는가?

*Kīṭāgiri*경의 서문 부연설명에서 슈미츠는 우리 목록의 용어들에 이목을 집중시키는데, 그것은 그가 '아비달마 용어'라 부르는 것이며, 그것들은 틀림없이 그 경전이 붓다보다 몇 세기 이후에 속한다는 것을 보여준다고 말한다(Kurt Schmidt, 1989, p. 201). 그는 또한 그 용어들이 *Bhaddāli*경(MN *sutta* 65 = MN I, 437-447)에서 반복적으로 나타난다는 것을 지적한다. 그것들을 아비달마 용어라 부름으로써 그는 전후 순서를 전도시킨 듯하고, 그가 말한 '몇 세기'는 분명 억측이다. 어쨌든, 그의 요지는 *Kīṭāgiri*경과 *Bhaddāli*경 사이의 밀접한 관계에 이목을 집중시키기에 가치가 있다. 양자는 근본적으로 승려는 저녁식사를 하지 말아야 한다는 붓다의 규율의 도입을 다루고, *Bhaddāli*경에서 그는 과거에는 승려들이 그렇게 많은 규율이 필요하지 않았지만, 지금은 승려들이 그들이 해오던 것과 더는 같지 않아서, 그들에게 더 엄격한 규율이 필요하다는 것을 설명한다. 이것은 우리가 추적해왔던 그 발달과정에 의해 암시된 것을 확증한다: 그 일곱 유형에 관한 우리의 목록이 있는 그 본문은 최초기의 계층에 속하지 않는다.

이것은 절대 연대기에 대해 혹자에게 거의 아무것도 알려주지 않는다. 하지만 깨달음에는 명상이 필요하다고 생각하도록 교육된 승려들이 *paññā-vimutti*의 좁은 의미의 해석을 받아들임으로써 인생의 후반에 그 관점을 바꾸었다는 것은 거의 있을 법하지 않다. 구원론에서의 그런 변화는 수도원 사람들의 전체적 전향이 요구되는 듯하며, 최소 두 혹은 세 세대에 걸쳐 일어나는 문제이다. 나는 최소한도 시간의 요구 범위는 불멸과 제2차 결집 사이의 그것과 같을 것이라 가정하는데,[32] 그 사건 때는 여전히 붓다를 개인적으로 알고 있던 소수의 참가자들이 존재했기 때문이다. 나는 다른 어느 곳에서 그것이 대략 65년일 것이라 계산했다(Gombrich, 1988a, p. 17). 그것은 최소를 의미한다. 별개의 학파에 의해 보존된 율장과 경장의 동질성 때문에 이 본문들이 아쇼카의 전법과 불교의 대확장시기(대략 불멸 후 150년)까지 전체적으로 구성되지 않았다는 것은 생각하기 어렵다(Gombrich, 1992a). 하지만 이것에 일부 변형과 첨가의 존재를 배제하지 않는데, 다시 말하자면, 변질이 없지 않았다.

•• •• ••

이 장 전체를 통하여 나는 불교의 구원을 열반과 깨달음으로 별다른 차별 없이 지칭하였다. 이 두 용어는, 초기의 본문들에 관계하는 한에서, 완벽한 동의어이다. 열반(Pali: *nibbāna*)은 '꺼지다(going out)'를 의미하고, 탐·진·치의 불을 꺼트리는 것을 지시한다. 깨달음(Enlightenment)

32 역) 남방 상좌부 전통에서는 그 시간을 대략 백 년으로 보고 있다.

은 *bodhi*(문자상으로는 '깨어남(awakening)')의 번역이고, 같은 것을 지시하지만, 의미상으로는 성취의 감정적인 면보다는 영적지식과 동일시된다.

감정의 조절('고요함', *samatha*)은 명상에 의해 목적을 성취하는 방법에 할당되고, 그에 반하여 실체의 이해는 지성적인 방법에 할당되는 이분화하는 한 경향을 우리는 보아왔다. 우리는 또한 지성적인 방법에 상위 가치를 수여하는 어떤 한 경향－동일한 경향은 아니지만, 많은 실례들에서 겹치는－을 보아왔는데, 이는 명상의 전체적 효과에 의문을 던지는 범위로까지 확장된다. 그것의 궁극적 결과는 깨달음을 위해 명상 없이 정진하는 테라바다 승려의 존재이다.

나는 초기 대승에서 비·명상가에 대한 어떠한 증거도 알지 못한다. 반면에 해당 종교의 목적을 각/정각(*bodhi/sambodhi*)과 같은 영적지식의 용어로 정의하는, 예를 들면 『법화경』의 실례와 같은, 현저한 경향도 존재한다(p. 99를 참조하라). 물론 대승은 그 자신을 주로 윤리적 용어로 정의한다: 혹자는 보살이 되겠다는 원을 가져야 하는데, 다른 이를 구하는 것 없이 자신의 구원만을 위해 정진하는 것은 아주 좋은 것이 아니기 때문이다. 게다가 대승 경전들은 상당히 이질적이어서, 그들을 일반화하는 것은 어렵다. 그럼에도 불구하고, 초기 대승 문학의 한 거대한 집성체의 바로 그 명칭인 반야바라밀(*prajñā-pāramitā*)은 역사가들이 얼마간 직관(*prajnā*)을 격찬하는 경향을－감정의 절제인 이욕(*virāga*)의 중요성의 희생을 통해－추론해도 무방하다는 것을 보여준다. 어쨌든 그런 추론은 다른 이야기이다.

부 록 _APPENDIX

Louis de La Vallée Poussin의 번역: 'Musīla et Nārada: Le Chemin de Nirvāna', 두 번째 문단의 시작 부분의 처음(pp. 189-92).

너무 경솔함 없이, 혹자는 고대와 교조적 양자의 불교 자료에서 두 가지 상반된 이론을 구분할 수 있는데, 마치 바가바드기타가 상캬(*sāṃkhya*)와 요가(*yoga*)의 이름으로 구분하는 것과 동일한 방식이다: 구원을 순전히 그리고 주로 지적인 성취로 만드는 이론과 두타행과 삼매 훈련의 목표로 만드는 이론이다.

한편에서 우리는 '실재의 분별'(*dharma-pravicara*); 정사간택(正思簡擇, *pratisaṃkhyāna*); 관(觀, *vipaśyanā*); [사성]제의 직시(見諦, *satya-darśana*); 법의 적용(AN III, 355의 *dhamma-yoga*와 비교하라)인 직관(*prajñā*)을 가지고 있다. 수행자들은 실재를 여실하게(*yathābhūtam*) 재인식한다: 무상, 고, 공, 무아. 그는 그것들에 싫증이 났기에 욕망을 소멸시키고, 그 결과로써 과보와 윤회를 불러오는 업의 작용을 멈춘다.

다른 편에는 삼매(*samādhi*); 선정(*dhyāna*); 입정(*samāpattis*); 수습(*bhāvanā*)의 고요함(*śamatha*)의 길이 있다. 점진적인 정화와 점진적인 사고(*saṃkalpa*)의 조복을 통해 이 길은 무의식의 상태－모든 형태의 생각의 소멸, *saṃjñāvedayatitanirodha* 혹은 *nirodhasamāpatti*－로 이끄는데, 이는 고행자를 초월적인 실체－열반(고대 교의) 혹은 열반과 같은 것

(설일체유부 교설)－를 체험하게 만드는 것이다. 원리적으로는, 만약 사실이 아니라면, 이 길은 특정적으로 불교적인 것이 전혀 없고, '진리를 보는 것'은 그 안에 있을 여지가 없으며, 사변적인 이해(*prajñā*)는 그 것 안에서 활용되지 않는다…….

[여기서 de La Vallée Poussin은 AN III, 355-6을 요약한다. 상단의 p. 188을 보라.]

그 양자에서 구원－윤회의 끝이고, 우발적인 사건과 죽을 운명의 소멸, 영원과 불멸로 들어감－은 열반의 성취에 달려 있다. 한쪽은 명상을 통해 혹자는 열반을 육체적으로 분명히 체험해야 한다는 태도를 보이고, 다른 쪽은 열반을 지성적으로 깨닫는 것만으로도 충분하다고 생각한다.

V

앙굴리말라는 누구였는가?

Who was Aṅgulimāla?

V 앙굴리말라는 누구였는가?

Who was Aṅgulimāla?

살해된 사람들의 손가락으로 염주[1]를 만들어 걸쳤기에, 그로부터 이름이 유래된, 앙굴리말라 이야기보다 더 잘 알려진 불교설화는 아마 몇 없을 것이다. 불교도들에게 일반적으로 잘 알려진 판본에 따르면, 그는 천 명의 희생자가 필요했고, 붓다를 죽임으로써 자신의 목표치를 달성하려 했을 때, 단 한 명만이 모자랐다. 붓다는 앙굴리말라가 희생자를 급습하는 숲을 걸어 지났고, 그래서 그는 붓다를 공격하려 시도했는데, 붓다는 보통 속도로 걷는 듯 보였지만, 그가 최대한 빨리 달렸음에도 불구하고 결국 따라잡지 못했다. 이 기적적인 시점에 앙굴리말라는 붓다에게 말을 걸었고, 시구로 된 짧은 문답 이후, 붓다에게 귀의의 예를 표했다.

---

1 *Mālā*는 일반적으로 '꽃목걸이(garland)'로 번역되지만, 여기서 '염주(necklace)'는 요지를 더 명확히 나타낸다. 해당 본문은 앙굴리말라를 *cora*로 부르고, 이는 보통 '도둑' 혹은 '강도'로 번역되지만, 이 경우에 (사실 절대 언급되지 않지만) 훔치는 것보다 폭력이 더 강조된 것은 '날강도(brigand)'가 더 적절한 번역이라는 것을 암시한다.

붓다는 자신이 사용하는 가장 일반적인 방편 중 하나로 앙굴리말라를 교화시킨다: 말장난을 치는 것.[2] 이 경우에 그는 전문적 용어뿐만 아니라 '머무르거나 멈추다'를 뜻하는 아주 일반적인 동사인 *tiṭṭhati*에서도 말장난을 친다. 그 날강도는 담화의 도입 부분의 게송에서 이것에 물리적인 의미를 부여하지만, 붓다는 자신의 대답에서 그 용어를 윤리화해 명백한 모순을 해소시킨다. 이는 그 날강도를 진정으로 감동시켰기에, 그는 스스로 귀의의 예를 표한다.

팔리 삼장에는 이 삽화에 관한 두 본문이 존재한다. *Thag*(長老偈)에는 앙굴리말라에게 귀속된 26개의 시구가 존재한다(866-91). 이 게송 중에서 처음 다섯 구는 *Aṅgulimāla*경(*AS*)의 삽화의 절정 부분에 나오는 다섯 시구에 상응한다(MN II, 97-105). 마지막 다섯 게송을 제외한 나머지 장로게의 해당 시구들은 *AS*의 후미 부분에 나타나는데, 그곳에서 그것들은 앙굴리말라가 깨달음을 성취했을 때 읊은 감흥시(*udāna*)로서 서술된다. 나를 그것들을 더는 신경쓰지 않으려 한다.

또한 나는 *AS*에서 앙굴리말라의 귀의 직후에 나오는 그 유명한 삽화에 관여하지 않을 것인데, 이는 그가 산고로 고통받는 한 여자를 조우하고 그 어머니와 아기를 살린 이야기이며, 그는 '그가 성스러운 태생으로 태어난 이래 – 즉, 출가한 이후 – 살아 있는 중생의 생명을 결코 의식적으로 해하지 않았다'는 (진실한 언행으로서의) 말을 함으로써 그렇게 하였다. 이 진술은 앙굴리말라 호위주(*paritta*)로 알려졌으며,

2 역) Playing upon words: 이것은 단순히 논리적이거나 상식적인 문답 형식의 대담(dialogue)이 아니다. 그런 의미에서 오히려 선문답에 가까운 대화 형식이다.

이것은 여전히 불교국인 스리랑카에서 산고 중의 여인의 고통을 더는 데 사용된다(Gombrich, 1971, p. 224). 이 삽화는 그가 불교 승려의 보증된 무해함과 학살범으로서의 이전의 경력을 대비하는 것으로부터 요점을 끌어낸다.

하지만 이 학살범은 정확히 누구였는가? 우리는 *AS*(p. 102)에서 그의 부모님의 이름이 가르갸(Gārgya)와 만타니임(Mantāṇi)을 아는데, 그것들로부터 그가 브라민이라는 것을 연역할 수 있다. 하지만 왜 그는 손가락 염주를 목에 걸고 있었는가? 비록 이것과 이에 관련된 질문에 대한 대답은 불교도 내에서 꽤 잘 알려졌지만, 그들이 아는 것은 팔리주석에서 나왔다. 게다가, 우리가 그 주석들을 세밀하게 조사하면, 그것들이 상당히 일관성이 부족하다는 것을 알게 된다. *Thag*에는 산문 서술이 없기에, 이 점에서 우리의 의문에 이것은 도움이 되지 않는다. *AS*는 무엇을 말하는가? 이것의 도입부에서 앙굴리말라를 간략하게 묘사하고 있다: '코살라 왕국의 파세나디 왕의 재위기에 앙굴리말라라는 강도가 있었다. 그는 중생에 흉폭하고, 손은 피범벅이었으며, 살인에 중독되었고, 잔인했다. 그는 마을이나 면, 혹은 읍 전체의 사람들을 몰살시켰다. 그가 살인을 계속함에 따라, 그는 그들의 손가락의 염주를 목에 걸쳤다.' 어느 날, 사위성에서 탁발한 음식을 먹은 붓다는 길을 떠나 앙굴리말라와 마주치기 직전이 됐다. 지역 주민들은 그에게 경고했다. 그들은 앙굴리말라의 인상을 되풀이해서 묘사했고, 사람들은 큰 무리를 지을 때만 그 여정을 떠나지만, 그렇게 할지라도 앙굴리말라는 그들을 잡아 죽인다고 말했다. 붓다는 개의치 않고 여정을 계속했다.

그 날강도는 붓다가 혼자서 오는 것을 보았을 때, 그를 죽이기로 결심하고, 무장하여 죽일 준비를 했다.

이 서술에서 앙굴리말라가 붓다를 죽이려 한 유일한 동기는 순전히 잔혹한 마음이었다. 그가 날강도인 것은 인정한다. 하지만 붓다는, 그가 일견에 알 수 있었겠지만, 사문이었고, 그래서 훔칠 수 있는 그 어느 것도 가지지 않았다. 그러면 그가 노린 것은 무엇인가? 만약 이 삽화의 유일한 요지가 산고에 처한 여자를 구해주는 것의 서문의 역할을 하는 것이고, 이것은 승려로서 무해함과－저자의 동기가 순전히 가학성이라면－이전의 가장 극악한 잔인함을 대비시키는 구도로 만들었을 것이다. 하지만 이것은 지나치게 간결한데, 특히 손가락 염주에 대한 해명으로는 더 그렇다. 이것은 해당 전통의 구성원들을 만족시키지 못했고, 그래서 주석가들은 완전한 정황적 이야기를 제시하였다.

•● •● •●

두 주석서가 존재한다: MN에는 *Papañca-sūdanī*(*Ps*)가 있는데, 붓다고샤에 귀속되어 있고, *Therā-gathā*(장로게)의 그것에는 *Paramattha dīpanī*(*Pad*)의 일부가 있는데, 담마팔라로 귀속된다. *Ps* 본문(III, 328-31)은 얼마간 변질된 듯하고, 호너의 P.T.S.판은 상태가 좋지 않다: 그녀의 구두법의 사용과 판독의 선택 양자는 그녀가 그 본문을 아주 잘 이해하지는 못했다는 것을 추정케 한다. 그럼에도 불구하고, 나는 논의된 모든 본문에서 P.T.S.판을 사용할 것인데, 왜냐하면 그것들이 가장 폭넓게 사용되기 때문이다.

*Pad*의 해당 부분의 P.T.S.판은 우드워드(III, 54-6)가 편집자이지만 또한 완벽하지 못하다. 일부의 주해에서 담마팔라의 본문은 붓다고샤의 그것과 아주 가깝기에, 그는 분명 *Ps*를 베꼈거나 혹은 부연하였을 것이다. 이것들은 매우 가깝지만 일치하지 않기에, 이것은 마치 그가 덜 변형된 오래된 판의 본문을 가지고 있었던 것으로 보인다. 어쩌면 우리는 이것을 다른 교정판이라 부를 수도 있다. 어쨌든, 우리가 곧 논의할 설화 문단에서 달마팔라는 오히려 붓다고샤가 한 이야기를 자신의 언어로 재구성하고, 모순들을 평탄화시키려는 어떤 노력을 한 듯하다.

뒤따르는 그 이야기의 요약본에서 '*Ps*'와 '*Pad*'로 시작하지 않는 첫 세 문단은 그 두 판에 공통적인 것의 요약이고, *Ps*로 시작하는 문장들은 붓다고샤판에 유일한 것, *Pad*로 시작하는 문장들은 달마팔라판에 유일한 것을 요약했다. 첫 세 문단 이후에는 차이가 벌어지기에, 나는 단순히 *Ps*판에서 주어진 문단과 *Pad*판에서 주어진 문단을 교차적으로 기술하였다.

앙굴리말라는 브라민이자 코살라국 왕사의 아들로 태어났다. 그는 밤에 태어났는데, 그가 태어나는 그 시각에 도시의 모든 무기가 번쩍거렸다. 왕은 자신의 무기가 번쩍이는 것을 보았고, 두려움에 떨었다. 앙굴리말라의 아버지는 그가 도둑별자리 아래서 태어나는 것을 목격했다. 그는 잠자리가 편안하였는지를 묻기 위해 다음 날 아침 왕을 수행하자, 왕은 자신의 불안감을 그에게 전했다. 그 왕사는 날강도가 될 운명을 가진 자신의 아들이 태어났었다고 얘기했다. 왕은 그에게 그의 아들이 혼자서 *Ps*: 영토를 해할 것인지 *Pad*: 무리를 이끌 것인지에 관해 물었다. 그 왕사는 그가 혼자서 행할 것이라 했고, 왕에게 자신의 아들을 죽이기를 원하는지를 물었다. 왕은 단독으로 범행하는 자는 살도록 허하노라고 말했다. *Ps*: 그들은 그를 *Ahiṃsaka* 즉 '해를 끼치지 않는 자'라 불렀는데, 왕의 무기가 섬광을 발할 때는 누구도 다치지 않기 때문이다. *Pad*: 그들은 그를 *Hiṃsaka*, 즉 '해로운 자'라 불렀는데, 그의 출생이 왕을 우려시켰기 때문이지만, 나중에 *Ahiṃsaka*로 바뀌었다. 이 시점에서 *Pad*는 그가 커서 코끼리 일곱 마리의 힘만큼 강해졌고, 이를 전생에 그가 벽지불[3]의 비에 흠뻑 젖은 옷을 불을 피워 말린 [공덕 때문이라는] 삽화로서 설명한다.

앙굴리말라는 교육을 위해 탁실라로 보내졌다. 그는 스승의 학생 중 최고였고 다른 이들은 그를 시샘했다. 그들은 스승이 그를 미워하도록 계략를 꾸몄다. 그들은 앙굴리말라가 자신들의 스승에게 불손한 행위 -그것의 함의는 앙굴리말라가 스승의 아내와 외도를 했다는 것이다-를 범했다고 믿게 만들었다. 스승은 복수를 위해 그를 죽이고 싶었지만, 직접적으로 그렇게 할 수 없었다. *Ps*: 그는 자신의 제자를 죽였다는 것이 알려지면 자신의 경력을 망칠 것이라 생각했다. *Pad*: 앙굴리말라는 모략을 쓰지 않고서 죽이기에는 너무 강하였다. 그래서 그 스승은 앙굴라말라에게 관례적으로 제자가 스승에게 가르침 끝에 주어야 하는 선물을 요구한다. *Ps*: 그는 천 개의 다리(*jaṅghā*: 일반적으로 무릎

3 벽지불(*paccekabuddha*)은 신화적 분류 중 한 사람이다: 그는 다른 붓다의 가르침을 배우는 혜택 없이 깨달음을 성취하며, 스스로 남을 가르치지 않는다.

부터 발목까지의 다리를 지칭함)를 죽이기를 명한다. *Pad*: 그는 사람의 천 개의 오른손 손가락을 가져오라고 명한다. 그는 사람들이 저항하는 과정에서 앙굴리말라를 반드시 죽일 수 있을 것이라 생각했다. *Ps*: 앙굴리말라는 자신이 사람을 해치지 않는 집안에서 태어났다고 항변하지만, 그의 스승은 그 졸업의 선물이 없다면 그의 학업은 결실을 맺지 못할 것이라 했다. *Pad*: 앙굴리말라는 오랫동안 단련해오던 냉혹함을 끌어냈다.

> *Ps*: 따라서 그는 밀림 한가운데서, 혹은 그곳을 드나드는 곳에서 사람들을 죽였다. 그는 그들의 옷가지를 취하지 않고, 다만 그들의 숫자를 세려 노력했다. 어쨌든, 그는 셈하는 것을 잊어버렸는데, 살인자는 무릇 마음이 혼란스럽기 때문이다. 따라서 그는 각각의 손가락을 잘라 보관하였지만, 저장고에서 손가락들을 잃어버렸다. 그래서 그는 손가락들을 꿰뚫었고, 그것들로 염주를 만들어 목에 찼다. 이것이 어떻게 그가 앙굴리말라로 불렸는지에 대한 이야기이다.

> *Pad*: 그는 어느 언덕의 꼭대기에 살았는데, 거기서는 여행자들을 염탐할 수 있었다. 그는 가서 그들의 손가락의 취했고(본문은 그들을 죽였다고 말하지 않는다), 나무에 그 손가락들을 걸어 놨다. 하지만 매와 까마귀가 일부를 먹었고, 나머지는 땅에 떨어져 썩었다. 그래서 그것의 셈표(tally)를 만들 수 없었다. 따라서 그는 실에 그 손가락을 꿴 염주 목걸이를 만들어서 희생제의 실처럼 몸에 찼다.[4] 그래서 그는 앙굴리말라라는 이름을 가

4 *Yaññopacitaṃ*은 *yaññopavītaṃ*으로 판독되기 때문이다.

지게 되었다.

Ps: 그래서 그 누구도 그 숲에 들어갈 수 없었다. 더 많은 희생양을 찾아서 앙굴리말라는 밤에도 동네에 들어갔고, 문을 차 부순 다음, 사람들을 그들의 잠자리에서 살해했다. 그래서 사람들은 동네에서 큰 마을로, 큰 마을에서 도시로 떠나서, 그 주위의 대략 3리그 반경 내에 사는 모든 이들이 집을 버리고 사위성의 왕궁 주변에 야영하게 되었다. 거기서 그들은 왕에게 하소연하였다.

Pad: 사람들은 여행하기를 멈췄고, 그래서 그는 마을에서 사람들을 학살했다. 당연한 결과로 사람들은 그 지방에서 모두 떠났다. 이 시점에서 앙굴리말라는 손가락 천 개 중에서 단 하나가 모자랐다. 사람들은 코살라의 왕에게 하소연했고, 그래서 그 왕은 국민들에게 포고를 발표했었는데, 그 강도를 곧 잡을 것이고, 자신의 군대를 소집할 것이라는 선언이었다.

Ps: 그제서야 그 브라민은 앙굴라말라가 자신의 아들인 '해를 끼치지 않는 자'임을 알아차렸고, 아내에게 말했다. 그녀는 남편에게 그 꼬맹이를 집으로 데려오라고 부탁하였으나, 그는 무서워서 가지 못하겠다고 했다. 그러자 곧 그녀 스스로가 그를 구하러 갔다. 그날 아침 붓다는 앙굴리말라를 (천안으로) 보았고, 자신이 그를 만나러 가면 그를 구할 수도 있음을 깨달았다: 숲에서 시 한 수를 들으면 그는 출가하고, 육증지를 깨달을 것이다. 하지만 만약 자신이 직접 가지 않는다면, 앙굴리말라는 그의 어머니께 죄를 지을 것이고(즉, 어머니를 죽임), 따라서 구제불능이 될 것이다. 붓다는 앙굴리말라에게 가피를 내리기로 결심했다.

붓다는 식사를 마친 후 출발한다.

Pad: 앙굴리말라의 어머니는 그 포고를 들었고, 남편에게 그가 자신들의 아들이고, 그 자신이 가서 그를 꾸짖어 집으로 데려와야 하며, 그렇지 않으면 왕이 그를 죽일 것이라고 말했다. 아버지는 그런 자식은 필요 없으니 왕이 원하는 대로 놔두라고 답했다. 앙굴리말라의 어머니는 스스로 그를 찾아 나섰다. 붓다는 앙굴리말라가 (잠재적으로) 그의 마지막 생에 다다랐지만, 만약 그가 자신의 어머니를 만나면, 손가락 천 개를 채우기 위해 그녀를 죽일 것임을 알았다. 그래서 그는 식사를 마친 후 그 숲을 향해 30리그를 걸어갔다.

Ps: 그 당시 앙굴리말라는 거친 음식과 비참한 환경에 질렸고, 999명의 사람을 죽였다. 그가 단 하나만 모자란다는 것을 알게 되었을 때, 그는 다음에 만나는 사람을 죽이기로 결심했다. 그러면, 그는 졸업과제를 해결할 것이다. 그 후 그는 수염을 가다듬고, 목욕재계하고, 옷을 갈아입은 후, 자신의 부모를 만나러 갈 것이다. 그래서 그는 밀림의 한가운데서 가장자리로 나왔다. 그리고 거기서 붓다를 만났다.

Pad: 붓다가 그 숲에 막 도착했을 때, 앙굴리말라는 자신의 어머니를 먼 거리에서 발견했고, '오늘 나의 어머니를 죽여서 모자란 손가락을 채우겠노라'고 생각했다. 그래서 그는 칼을 뽑고 그녀를 쫓아갔다. 붓다가 그들 중간에 개입했다. 앙굴리말라가 붓다를 보았을 때, '왜 그 손가락 때문에 내 어머니를 죽일 것

> 인가? 그녀를 죽이지 말자. 나는 이 사문을 죽이고 그의 것을 취할 것이다'고 생각했다. 그래서 그는 자신의 칼을 뽑아 들고 붓다를 쫓아갔다.

이 시점에서 양 주석서는 그 본문(*AS*와 장로게 각각)을 재결합한다. 이 삽화에 관련된 원문들은 어머니에 관해 일절 언급하지 않는데, *AS*에서는 단지 앙굴리말라의 부모의 이름이 후반부에 나타난다. *AS*는 앙굴리말라가 붓다를 최대한 빨리 쫓아가지만, 붓다가 보통으로 걸었음에도 불구하고, 놀랍게도 그를 따라잡지 못했다고 말한다. 그래서 그는 멈추어 섰고, 붓다를 불러 세운다. 붓다는 대답했다, "나는 이미 멈췄다. 앙굴리말라여, 너 역시 멈춰야 한다." 앙굴리말라는 답시를 읊었다(장로게의 그의 게송의 맨 처음이기도 함):

> 걷고 있는 당신은, 오 사문이시여, 내게 말하노니,
> "나는 이미 멈췄노라",
> 그리고 이미 멈춘 나에게 당신은 말한다네, "멈추지 않았다."
> 내가 당신에게 묻나니, 오 사문이시여,
> "어떻게 당신은 멈췄고, 나는 멈추지 않았나이까?"

붓다는 대답한다:

> "나는 멈췄다네, 앙굴리말라여,
> 모든 중생들에 위해를 영원히 버림으로서.
> 너는 살아 있는 존재에 거리낌이 없다네.

그래서 나는 멈췄고, 너는 멈추지 못했노라."

연속적인 다섯 구절 중 셋째인 그다음 시구는 이 삽화의 절정을 구성하는데, 극도의 골칫거리이자 이 글의 핵심이다. 이것에 매달리기 전에 나는 주석서에서 말한 이야기를 검토하려 한다. 붓다고샤는 *Ps*에서 그 이야기에 대한 서문을 다음과 같은 말로 서술한다: '본문에서 그는 손가락 염주를 목에 걸치고 있었다고 한다. 왜인가? 그의 스승이 시켰기 때문이다. 이것이 그 이야기의 배경이다.'

이 핵심점에서 그 배경에 대한 해설은 그다지 만족스럽지 않다. 이 설명에 대한 진의는, 나중에 차분한 승려로 변했고, 깨달음을 성취한 사람이 된 앙굴리말라가, 근본적으로는 진정 완전히 좋은 사람이었고, 그가 그렇게 행동한 것은 오직 자신의 스승에 복종하기 위해서였다는 것이다. 사실, 그가 자신의 스승과 문제 있기 전에 (비록 그 자신 때문이 아니었지만) 자신의 이름이 '무해'였다!

붓다고샤에 따르면, 그는 천 명의 사람을 죽이라는 노골적인 지시를 받았고 (비록 나는 그 본문이 왜 천 개의 다리로 지시하는 것인지 알 수 없지만), 손가락들은 나중에 단순히 계산의 도구로 나온다. 담마팔라는 명백히 이것이 너무 이상해서, 그의 스승이 그에게 손가락을 가져오라고 직접적으로 요구한 것으로 만들려 했다. 어쨌든 그조차 그 본문에 일관성을 유지하는 것에 아주 성공적이지 못하였는데, 만약 그 본문이 그대로 받아들여진다면, 천 개의 오른손 손가락은 이백 명으로부터 제공될 수 있고, 그것을 얻는 것에는 살인이 필수적이지 않기 때문이다. 그 양 판본은 왜 그 날강도가 그 손가락을 자신의 목에 걸도록 결심하였는지에 대해 터무니없는 해명에 의지한다. 그 누구도 천 개의 손가락 염주가 얼마나 크고 무거울 것인지에 대해 고민하지 않았다.

명백히 우리는 물론 그런 출처로부터 정말 실제 같은 이야기를 기대하지 않지만, 얼마간 좀 더 일관성 있는 설명을 기대한다.

•• •• ••

4부 니까야의 경들, 즉 설법들의 정전적(正典的) 모음집에서 붓다는 간혹 초자연적 존재를 상대한다. 하지만 대부분의 경우에서 그는 사람들과 상대하고 – 구체적으로 말하면 설법하며, 그것들은 현대 사실주의의 척도로 실제적으로 묘사된 듯하다. 예를 들어, *Dīgha Nikāya*의 34개의 경 중에서 오직 다섯 개 – *Janavasabha, Mahāgovindha, Mahāsamaya, Sakkapañha* 그리고 *Āṭānāṭiya* – 만이 신에게, 혹은 신에 의해 교설됐지만, 그것들은 주로 혹은 배타적으로 신들에만 관계되었기에, 명백히 대부분의 붓다의 설법과는 별개의 범주에 속한다. 리즈 데이비즈 박사는 합리적으로 그것들을 '신화적(mythological)'이라 부른다(Rhys Davids, 1910, p. 294). (그것들은 '환생을 다루는 경의 집합'인 다른 별개의 범주와 겹치고, 겹치지만, 그 안에서 *Janavasabha*와 *Mahāgovindha*는 그 양자의 내용을 가지고 있다.[5]) 만약 우리가 명백히 '신화적 집단'으로 정의된 이것을 배제한다면, 붓다의 어느 대담자라도, 우리의 사고방식으로, 그들이 아마 할 수 없었던 것을 하지 않았을 듯하다.

혹자는 한술 더 뜰 수도 있는데, 일단 붓다의 추종자들은 사실주의적 설명의 절대적 영향 아래 있었다고 특징지을 경우이다. 그들은 고행 혹은 명상수행을 통해 사람들이 *iddhi* 혹은 *iddhi-pāṭihāriya*로 불리는 일종의 신통력을 성취할 수 있을 것임을 받아들였다. 이런 능력은, 예를 들어, *Kevaddha*경(DN I, 212)에 열거되어 있다. 그리고 붓다는 거기서 동일한 효과를 발휘하는 마술(*vijjā*)의 일종이 존재한다는 것을 지적하지만, 그것은 어떤 종교적 가치도 없다고 했다. 붓다는 다른 사람의 생각을 읽는 능력에 관해서 동일한 것을 이야기해 나간다. 붓다의 대담자 중 사람은 *Dīgha Nikāya*에서 사실상 그런 능력을 보여주지 않지만, 그들이 그렇게 했을지라도, 이는 붓다의 추종자들－이 본문들의 최초기의 청취자들－에게는 비현실적으로 들리지 않았을 것이다.

마찬가지로 불교 승려들이 기적(*pāṭihāriya*)을 현시하는 이야기가 일반적으로 오래됐다고 여겨지는 빨리 삼장의 일부에서 나타나는데, 표준적인 *iddhi*의 목록에서 벗어난다. 예를 들어, 다바라는 승려는 일곱 살 때 깨달았고, 빛나는 손가락을 가졌는데, 그 빛으로 밤늦게 도착한 승려들을 그들의 숙소로 인도하였다(Vin III, 159-60). 그리고 앙굴리말라가 산모를 구해주던 것은 우리의 본문에서 동일한 범주에 할당될 수 있을 것이다. 현대의 독자들에게 더 자연스러운 설명이 떠오를 수 있다는 사실은 여기서는 무관하고, 우리는 실체가 어떻게 그 본문의 작가들과

5 이 집단의 다른 구성요소는 *Mahāpdāna*경과 *Mahāsudassana*경이다.

초기 청중들에게 나타났는가에 대해서 관심을 갖는다. 붓다의 대담자들은 주로 두 분류로 나누어진다: 재가자(종종 브라민)와 사문. 후자 중 일부는 충격적인 수행법을 갖고 있다. *Pāṭika*경(DN *sutta* xxiv)에서 우리는 한 나체 고행자에 관한 이야기를 듣는데, 꼬라(*Korakhattiyo*)라 불리는 한 크샤트리아 계급의 성직자인 그는 개처럼 행동하고, 나체로 사방으로 다니며, 땅바닥에서 손을 전혀 쓰지 않고 입으로 음식을 먹는데(DN III, 6), 또 다른 나체 고행자는 그의 움직임을 극도로 절제하지만, 고기와 강한 술만 먹고, 절대 쌀을 섭취하지 않는다(DN III, 9). 붓다는 *Majjhima Nikāya*의 한 경(57: *Kukkuravatika Sutta*)에서 개처럼 살고 있던 세니야(*Seniya*)와 소처럼 살았던 뿐나(*Puṇṇa*)라는 사람을 언급한다. 붓다는 만약 그들이 자신들의 맹세를 지킨다면 개와 소로 각각 환생할 것이고, 만약 실패하면, 그들은 지옥으로 떨어질 것이라고 말한다(MN I, 388-9).

내가 보여주려고 하는 것은, 만약 *AS*가 유일한 것이 아니라면, 앙굴리말라는 당대의 환경에서 식별될 수 있는 유형의 사람임이 틀림없을 것이라는 점이다. 의심할 바 없이 거기에는 다양하고 무시무시한 날강도가 있었다. 하지만 그들이 손가락 염주를 목에 걸쳤을까? 그렇다면 왜 그랬을까? 주석가들은 그럴싸한 답이 없는 듯하다. 이 시점에서 본문으로 돌아가자.

•● •● •●

뒤따르는 그다음 시구는 P.T.S.의 MN 출판본(Chalmers 편집)에 있다.

cirassaṃ vata me mahito mahesi
mahāvanaṃ samaṇoyaṃ paccavādi
so 'haṃ cirassā pahāssaṃ pāpaṃ
sutvāna gāthaṃ tava dhammayuttaṃ.

선행하는 시구와 뒤따르는 시구처럼, 이 게송은 *tuṭṭhubha*운율로 작성되었는데, 이는 행당 열한 개의 음절로 구성된다. 하지만 첫 행은 12, 둘째도 12(허용된 변이, 즉 *jagatī*를 제외하고)지만, 셋째는 단지 10음절이다. 명백하게 본문은 변질되었다.

둘째 행에 관해서 P.T.S. 편집자는 다음과 같은 이형을 기록해두었다. 버마 MS: *mahāvanaṃ pāpuṇi saccavādi*; 태국 출판본: *mahāvanaṃ samaṇa paccupādi*; 스리랑카 MSS: *mahāvana*(*mahāvanaṃ*의 오자?) *samaṇo'yaṃ paccupādi*. *Paccavādi*라는 판독은 오직 버마본의 *Ps*에서만 증명되었다. P.T.S. 편집자는 렉티어 디피실이어(*lectio difficilor*)로서 선택하였을 것이다. 장로게의 P.T.S.판에서 둘째 행은 *mahāvanaṃ samaṇo paccupādi*로 판독되는데, 이는, 버마의 이형처럼, 최소한의 운율을 갖추고 있다.

*Thag*에서 셋째 행 또한 운율을 갖추고 있다:

so 'ham cajissāmi sahassapāpaṃ

나는 주석서들의 판독을 아래에서 다룰 것이다.

이 시구들은 무엇을 의미하는가? 번역가들은 원래의 팔리어에 적합할 듯한 것과 그 이야기의 정황에 부합하는 것 사이에서 선택했었어야

했다. 노만은 자신의 습관에 따라 원문에 가까운 것을 고수하였다. 그의 장로게의 번역은 이렇다:

868. 실로 오랜만이라네, 위대한 선지자, 사문, 내가 사모했던 분께서 위대한 숲으로 돌아온 지가.
그대의 고매한 시를 들으매, 나는 무수한 악을 버릴 것이외다.
(Norman, 1969, p. 82)

여기서 드는 의문은 (*AS*의 – 주석서는 차지하고) 그 이야기에서 붓다가 그 숲에 들어간 지가 아주 오래되지 않았다는 점이다. 그렇지 않다면 앙굴리말라가 누구를 지시할 수 있는가? 또한 앙굴리말라가 전에 다른 어떤 고행자를 공경해왔다는 것 또한 전혀 그럴싸하지 않다. 자신의 스승을 지시할 수도 없는데, 주석서에 의해 고안된 그는 탁실라에 있었기 때문이다. 더 심각한 문제는 부사 *cirassaṃ*은 가장 근접한 동사인 '사모했다'라는 뜻의 *mahito*에 붙는 것이 자연스럽다는 점이다. *Cirassa(ṃ)*에 관해 P.T.S. *Pali-English Dictionary*는 단지 '간만에, 결국'이라는 의미를 기록하고 있다. 산스크리트 상당어 *cirasya*에 대해서는, 어쨌든, 모니어 윌리암스는 또한 가용한 의미로서 '오랫동안'을 기록한다. 그래서 이 의미는 팔리에도 적용될 수 있을 것이다.

냐나몰리(Nyanamoli) 스님(p. 195)은 *AS*를 이렇게 번역한다:

'오, 마침내 나의 공경을 받았던 그 성자,
이 사문은 지금 그 위대한 숲에 나타났다네.

진정 나는 오랫동안 모든 악을 버릴 것이니,
당신의 싯귀를 들으매 진리가 현현하도다.'

셋째 행의 *cirassā*를 '오랫동안'으로 번역하는 것은 오히려 빈약한 의미를 형성하고, 혹자는 왜 냐나몰리가 '마침내(at last)'를 반복하지 않았는지를 의아해할 것이다. 노만처럼 그는 첫째 행의 *cirassaṃ*을 가장 가까운 동사가 아닌, 둘째 행의 동사에 연결시킨다. 그리고 노만처럼 그는 그럴듯하지 않는 의미를 구성하는데, 그의 번역은 앙굴리말라가 붓다('이 사문')를 그 시를 읊는 시점 이전부터 그를 공경했음을 암시하기 때문인데, 이는 명명백백하게 그런 상황이 아니다.

커트 슈미츠는 자신의 *AS*의 번역이 확실한 의미를 형성할 것이라는 점에 대해 확신한다. 지혜롭게, 그는 이것과 그 앞의 시구 사이에 완전한 단절을 표시하기 위해서 별표와 공백을 넣었다.[6] 따라서 그는 이렇게 번역하였다:

'Einst trat zu mir im grossen Wald der Weise,
Der hoch verehrte, (und.ich sprach zu ihm:)
Längst hätte ich das Böse aufgegeben,
Wär'mir dein Wahrheitswort zuteil geworden(Schmidt, 1989, p. 229).'

6 이 해결책을 채용함으로써 그는 Karl Eugen Neumann, *Die Redden Gotamo Buddhas aus der Mittleren Sammlung* (Munich 1900), II, p. 596의 선구적 번역을 따랐다.

내가 이것을 번역해보았다.

> '오래전 그 위대한 숲에 현인, 대단히 공경된 그분이 나에게 오셨다네. (그리고 내가 그에게 말하길) 나는 오래전 죄악을 버렸을 것이라네, 만약 당신의 진리의 말씀이 나에게도 베풀어졌었더라면.'

슈미츠는 첫째 행(*pādā*)에서 [해석의] 어려움을 보았고, 그의 해결책은 처음 절반에 해당하는 시구를－그 사건이 일어난 지 오랜 후인－현재로 넣은 것이었는데, 그런 다음 '그리고 내가 그에게 말하길'을 괄호 안에 넣어 제시했다. 그가 *Pahāssaṃ*을 조건절로 번역한 것인 '~면 나는 버렸을 것이다'로 하는 것은 교묘하고 문법적으로도 가능하지만, 장로게의 해당 줄의 판독과는 부합하지 않는데, 거기서 *cajissāmi*는 오직 미래형만 성립된다. 그리고 슈미츠의 해석은 *cirassaṃ/cirassā*를 '오래전(long age)'으로 두 번 해석하는 데 종속되어 있지만, 그 단어는 그 의미를 절대 가지지 않는 듯하다. 이것은 그의 전체적 해석, 이것의 모든 교묘함을 옳지 않다고 보게 한다. 이것에 관한 소소한 문제도 있다. 만약 앙굴리말라가 자신의 개종 한참 이후를 말한다면, 그가 붓다를 *samaṇo 'yaṃ*, 즉 '이 사문'으로 부르는 것은 아주 이상하다－슈미츠가 그 단어를 그의 번역에서 생략함으로써 침묵으로서 인식하고 있는 사실! 슈미츠의 번역은 또한 내가 처음 둘에 반대한 그것을 가지고 있다: 부사 *cirassaṃ*은 자연스럽게 *mahito*와 붙는 듯하지만, 그는 이것을 *paccuvādi/paccupādi*와 함께 취한다.

이 마지막 요점에서는 나와 호너 양은 명백하게 일치한다. 그녀의

것은 MN의 현행 P.T.S. 번역본이다. 그것은 다음과 같이 흘러간다:

> '위대한 성인이 나에 의해 공경된 지는 오래되었지만, [이제야] 이 사문은 곧 그 위대한 숲을 통과한다네. 나는 곧 죄악을 제거할 진데, 당신 게송 속의 진리를 들어서라네(Horner, 1957, p. 286).'

둘째 행에서, 호너 양은 '곧 ~한다네(yet)'를 제시하였고, 어느 쪽이든 판독이 부정과거(aorist)인 주동사를 현재형으로 번역하였다. 하지만 양자의 요점은 그녀의 일반적 해석이 틀렸음을 가리키지 않는다. 어쨌든, 그녀는 셋째 행의 *cirassā*를 '곧(soon)'으로 번역하였는데, 이는 그녀가 본문에 없는 부정어을 보충하였다는 것을 시사한다. 그녀의 번역은 그 문맥에서 의미를 잘 형성하고, 내게는 제안된 것 중에서는 최고이지만, 이것은 그 게송이 어느 정도 앞뒤가 맞는 않는 것으로 드러난다. 나는 우리가 더 잘할 수 있다는 것을 보여주기를 소망한다.

나는 지금 해당 게송의 두 주석을 제시하려 한다. 첫째는 *Ps* (III, 33):

> '그때 그 강도는 생각했다: "이것은 장엄한 사자후이며, 장엄한 할이다. 이 할은 마하마야의 아들 싯다르타, 출가사문의 왕 이외에 그 누구의 것도 될 수 없다. 실로(*vata*), 나는 그 날카로운 눈매의 붓다가 나를 보았다고 생각한다. 세존은 나에게 가피를 내리기 위해 이곳에 다다랐다." 그래서 그는 *cirassaṃ vata me* 등을 얘기했다. 거기서 *mahito*는 신과 사람에 의해 사방승물의 보시를 통해 공경하는 것을 의미한다. *Paccavādi*는 그가 이 위대한 숲에 오랜만에 나에게 가피를 내려주기 위해 왔다(*paṭipajji*)는 것을 의미한다. *Pahassaṃ*

*pāpaṃ*은 내가 죄악을 던져버리겠다(*pajahissāmi*)라는 뜻이다.'

*Paccavādi*를 *paccupādi*로 판독하는 이형이 있다. *Pahassaṃ*은 여기서 일반적 팔리 음성학에 부합되도록 중앙의 '*a*'가 단모음으로 판독된다. 문헌 속 다른 이형은 대수롭지 않게 보인다.

담마팔라는 *Pad*(III, 57-8)에서 정말 어떤 새로운 것도 추가하지 않고 이것을 확장시킨다. 하지만 그는 물론 셋째 행의 다른 판본을 가지고 있다.

> '앙굴리말라는 이전에 세존의 명망에 대해 들었는데, 이는 그의 진실된 성품에 의해 촉진된, 마치 기름이 물 위에 퍼지는 것처럼 세상에 두루 퍼진 것이다. 그런 연유로, 또한 모든 필수조건이 갖춰져 자신의 지식이 영글었기에, 그는 이분이 세존이라는 것을 깨닫고 환희했다. 그는 생각했다, '이것은 위대하고 장엄한 사자후이고 장엄한 할이다. 나는 이것이 다른 사문 그 어느 누구의 것도 될 수 없고, 고타마의 사자후라 생각한다. 위대한 선지자(*mahesi*), 정등각께서는 실로(*vata*) 나를 보셨다. 세존은 나에게 가피를 내리시려 이곳에 이르셨다.' 그래서 그는 이 시를 읊었다. 이것 안에서 *cirassaṃ vata*는 '오랜만에 실로'를 의미한다. *Me*는 '나에게 가피를 내리려고'를 의미한다. *Mahito*는 '신들을 포함한 세상에 의해 지극한 존경심으로 공경되었다'라는 뜻이다. 그는 도덕적 보물창고의 위대한(*mahante*) 품격을 원하고(*esi*) 구하기에 *mahesi*이다. *Mahāvanaṃ samaṇo paccupādi*는 '모든 악을 잠재우신(*samita*) 세존, 그가 이 위대한 숲에 오셨다'는 것을 의미한다. *So 'ham cajissāmi sahassapāpaṃ*

> *sutvāna*는 '그 사람 즉 나는 진리의 가르침을 설파한 *dhamma-yuttaṃ*이였던 당신의 게송(*gāthā*)을 들었다'를 의미한다. 그는 생각했다, '그 사람, 즉 나는 그것을 들음에 천 가지의 죄들을 먼 훗날까지도 던져버릴 것인데, 비록 아주 오랫동안 관련되었고 수행했더라도 말이다.' 그리고 그가 어떻게 행동했고 세존에 의해 얼마나 가피를 입었는지 보여주려고, '지금 나는 아주 확고히 이것을 포기하겠다'라고 말했을 때, 승려들은 결집에서 다음 두 게송을 넣었다.'

여기서 생긴 본문의 유일한 이형은 담마팔라가 우리의 시구를 인용할 때이다. 버마 MS의 둘째 행에서는, 우리가 이미 이전에 *AS*를 위해 주목했듯이, *saccavādi*로 판독한다. 셋째 행에서 같은 버마 자료는 이렇게 판독한다:

> *so 'haṃ carissāmi pahāya papaṃ* '그래서 나는 악을 떠난 채로 살 것이다.'

주석가들은 첫째 행의 *mahesi*, 즉 '위대한 선지자'가 붓다라는 것에 의심의 여지를 남겨두지 않는다. 팔리에서 *mahesi*는 항상 붓다를 지칭한다는 것은 진실인 듯하다. 붓다고샤는 노만, 냐나몰리 그리고 슈미츠와 그 첫 *cirassaṃ*을 둘째 행 끝의 주동사에 붙인다는 점에서 일치한다. 인용된 어느 번역가와 다르게, 그 양 주석가는 *me*를 *mahito*로부터 통어론적으로(semantically) 분리했고, 그래서 그들은 이것을 '나의 목적을 위하여'라고 해석한다. 그들은 그렇게 하는데, 왜냐하면 그들은 이 단계에서 앙굴리말라가 붓다를 공경했다고 말한 것이 상식적이지 않다고 보기 때문이다. 하지만 *me*를 *mahito*로부터 떼어놓는 것은 언어학적으로 허술하다. 따라서 주석가들은 첫째 줄에서의 문제를 아주 분명히 인지했지만, 그럴싸한 해결책을 내놓을 수 없었다. 우리는 셋째 줄을 고려한 후에 첫째 줄으로 돌아갈 것이다. 막 인용된 그 버마어의 이형은 운율이 맞기도 하고 의미도 통한다. 게다가 *carissāmi*는 *cirassā*의 서사(書寫)적 훼손(graphic corruption)으로써 파생된 듯하다. 그럼에도 불구하고 나는 이것이 원래의 판독일 것 같다고 생각하지 않는다— 나는 *Thag*의 해당 줄을 더 선호한다.

> *so 'haṃ cajissāmi sahassa-pāpaṃ* '그래서 나는 천 가지 죄악을 떠나겠노라.'

이것 역시 운율이 맞고, *cajissāmi*는 *carissāmi*로 쉽게 변질될 수 있다. 이 판독을 위한 결정적인 논의는 어쨌든 그 천 가지의 범죄에 관한 것이다. *AS*는 (물론이거니와 장로게는 더더욱) 앙굴리말라가 붓다와 조우했을 때 그 천 번째 손가락을 위해 나섰다는 말을 하지 않는다. 그렇지만 이 세부적 내용은 그 삽화와 배경 이야기를 제시한 사람이 명백히 설명할 필요가 있다고 느낀 어떤 것이다. 있는 그대로의 *AS*의 이야기에서 그는 어떤 특정한 수의 손가락이 필요했던 것 같지 않다. 그의 수집은 한정된 목표가 없었다. 그가 천 개의 손가락이 필요했다는 생각은 분명히 이 줄의 과도한 문자주의적 해석으로부터 생겨났음이 틀림없다.

*Sahassa-pāpaṃ*의 형식 또한 문제가 되지 않는데, 비록 고전 산스크리트와 팔리에서 일반적 방식으로 '천 가지의 악'을 말하는 복합어는 *pāpa-sahassaṃ*일지라도 말이다. *Sahassa-pāpaṃ*은 *dvigu samāsa*로서 적절히 설명될 수 있다: '천 가지의 범죄를 구성하는 어떤 것.' 하지만 더 나은 설명은 선·고전 산스크리트에 의해 뒷받침된다－부흐트링크(Böhtlingk)와 로트(Roth)는 표제어 *sahasra, sahasrāśvena,* '천 마리의 말로'를 *Pañcaviṃśa Brāhmaṇa*[7]로부터 구체적 실례로서 인용한다.

첫 두 행의 그것은 무엇인가? 우리는 위에서 이미 보여주었는데, P.T.S.판의 *AS*의 본문에 인쇄된 둘째 줄은 한 음절을 더 많이 가지고 있는 데 반하여, 각주에 인용된 이형의 판독은 정확한 운율을 보여주고 있다. 문제의 근원인 첫째 줄을 우리가 더 깊이 고찰하면 어느 것이 더 좋을지를 결정할 수 있을 것이다. 그 줄의 운율이 정확한 판본은 통용되고 있지 않다. 노만은 *Thag* 868의 주석에서 *cirassaṃ*의 끝에 있는 *anusvāra*를 삭제함으로써 운율을 맞추려고 노력했고, 그런 다음 그 줄의 넷째 음절에 음절분해(resolution)가 있다고 주장한다. 이것은 기술적으로 단지 가능성의 범위 안에는 들지만, 팔리 *tuṭṭhubha*에서 넷째 음절에 음절분해는 극히 드물다. 워더는 *Pali Metre* 속의 자신의 표본 중에서 그런 실례가 없다고 기록한다(Warder, 1967, pp. 207-9). *Thag*에 대한 노만 자신의 운율 일람표에서 이것은 그에 대한 유일한 실례이고

7 I, II, 17. Monier-Williams는 그 형식을 제시하지만 출처는 생략하였다.

(Norman, 1969, p. xxxvii), 장로니게(*Therī gāthā*)의 그것에 상응하는 일람표에서는 전혀 존재하지 않는다(Norman, 1971, p. xx). 그런 음절분해에 대한 유일한 확증적 증거는 *Thag* 1142c에서 발생하는 한 *jagatī*에서의 넷째 음절의 음절분해로부터, 그리고 그에 더해 *Thag* 518a에서 변형처럼 보이는 어느 한 줄 속에서의 한 유망한 실례로부터 나온다(Norman, 1969, p. xi).

운율분석은 차치하고라도, 있는 그대로의 첫째 줄에 대한 결정적인 반박은 그것의 의미에 놓여 있다. 이미 설명했듯이 *mahesi*는 오직 붓다만을 지칭한다. 그래서 있는 그대로의 그 줄의 자연스러운 의미는 '오랜 시간 후에/동안 나는 그 위대한 선지자－즉, 붓다－를 공경해왔다' 이다. 하지만 *cirassaṃ*의 의미 또한 그 이야기에 부합하지 않는다: 그 피비린내 나는 날강도가 붓다를 흠모해왔고, 그를 만나기를 기다렸다는 말은 별로 설득력이 없고, 고대 주석가와 현대 번역가들은 피차일반 이 해석을 피해왔다. 더 심각한 상위가 존재하는데, *AS*와 *Thag*의 본문으로 출판된 판들의 둘째 줄에 따르면, 그가 그때 붓다를 '이 사문' 혹은 '사문'으로 더욱 자유분방하게 지칭하는 것이다. 그는 붓다를 *mahesi*(위대한 선각자)와 *samaṇo*(사문)으로 동시에 지칭할 수 없다.

해석자들은 그 줄의 '자연스러운' 의미를 회피하려 노력하는 와중에 또한 그 연의 구문론 일부를 위배하였다. 나는 이미 일부 사람들이 어떻게 부사 cirassaṃ을 둘째 줄의 끝에 있는 주동사와 연결했는지를 보여주었다. 그들은 오히려 첫째 줄의 동사 *mahito* 대신에 그것에 그렇게 함으로써, 단어의 배열이 암시하는 의미에 역행했다. 여기서 나는 더욱 심도 있는 통어론적인 요지를 반드시 드러내야 한다. 셋째 행은 *so 'haṃ*으로 시작한다. 삼인칭 대명사를 일인칭 (혹은 이인칭) 대명사와 함께 사용하는 것은, 내가 알기로, 항상 전방조응적[8]이고, 이것은 일인칭 (혹은 이인칭) 인물이 이미 논제일 때 생겨난다. 이 전방조응적 특징을 나타내기 위해 위에 나의 *Pad*의 번역에서 *so 'haṃ*을 '그 사람 즉 나'로 어색하게 번역했다. 이것의 활용은 당연하기에, 나는 *me*가 첫째 행의 논리적 주어가 되어야 한다고 생각한다. 다른 말로 하면, 주석가들은 *me*를 잘못 처리했고, *me mahito*는 당연히 같이 있어야 하기에, '나에 의해서 공경되었었다', 즉 '내가 공경했었다'를 의미한다. (행위주체로서 소유격이 과거수동분사로 활용되는 것은 팔리에서는 일반적이다(von Hinüber, 1968, pp. 239-40, paras. 234-5). 산스크리트에서 이것의 (더 한정된) 사용에 관해서는 Pāṇini 2,3, pp. 67-8을 보라.)

그래서 해결책은 무엇인가? 첫째 줄이 분명히 변형되었다고 단정하고, 나는 손가락의 염주 목걸이를 걸친 사람이 오랫동안 누구를 공경해 왔을 것인지에 대해 내 스스로에게 물었다. 문헌상에서 *mahesi*는 *maheso*로 쉬이 바뀔 수 있다. 이 변화는 우리들의 문제 거의 대부분을 한방에 날려버릴 수 있을 듯하다. 앙굴리말라는 Śaiva/Śākta의 원형으로 드러났는데, 산스크리트에서 *maheśa*(=Pali *maheso*)는 Śiva의 한 칭호이기 때문이다. 그들의 유혈 서원에 관해 불교경전만큼 빠른 증거는 거의 존재하지 않는데, 그것은 그 여신의 숭배자가 자신 스스로를 종종 살아

8 역) anaphoric. 혹은 대용어라고도 한다. 앞서 나온 어구를 가리키는 용어법이다. 참고로, cataphoric은 후방조응이다.

있는 희생자들로부터 뜯어낸 인체의 일부로 장식하도록 이끌었다.[9] 하지만 개의 서원와 같은 그런 다른 극단적 수행에 관한 불교가 가진 증거는 비슷하게 동떨어져 있다. 우리는 단순히 서력 기원 (혹은 사실상 몇 세기 후) 이전의 모든 종교적 수행들에 관해 아주 소량의 증거만을 가지고 있는데, 불교, 자이나교 그리고 정통 브라만교는 예외이다.

해당 행의 마지막 모음의 단순한 변화만으로는 그 줄의 운율 문제를 해결하는 데 충분하지 않지만, 우리는 지금 어느 방향에 해결의 토대가 놓여 있는가를 알 수 있다. 앙굴리말라는 자신을 '위대한 주' 즉 쉬바의 오랜 숭배자로 묘사하고 있다. 염주 목걸이를 위해 손가락을 수집하는 그의 수행은 따라서 어떤 맹세의 이행임이 확실하며, 그 안에서 그 숭배자는 자신이 믿는 신의 신상 형태를 얻으려 노력한다. 서원을 성취하기 위해 행하는 종교수행을 팔리용어로는 *vata*라고 한다. 나는 그 행을 절대적 확신을 가지고 복구할 수 없을 것이지만, 이것이 시작하기에는 *ciraṃ vatā*가 운율과 의미 양자를 복원하는 것이다. 나는

9 그 학술집회에서 이 동일화에 대해 그 누구도 질문하지 않았다. 하지만 내가 거기서 보고했고, 독자들에게 주의줘야 할 것은, Śaivism의 선구적 역사가인 동료 샌더슨(Alexis Sanderson) 교수에 의해 이 [동일화가] 비판되었다는 점이다. 나는 그가 내게 보낸 편지 중 가장 적절한 부분을 인용하겠다: '모든 Śaiva vratins (Śaiva 고행주의 분파를 창시했다) 중에서 언제 어느 때라도 '그들의 유혈의 서원에 …… 장식하도록 이끌었다'는 어떤 증거도 없다. Bhairava 혹은 Kālī의 독실한 신자에게 인신제를 지낼 것을 틀림없이 부과했지만, 그들이 희생양의 손가락이나 신체 일부분으로 자신의 몸을 장식했다는 것은 내 자신은 물론이고, 당신 또한 증거를 제시하지 못하고 있다. 이 신앙으로 입문한 사람은 인골로 조각된 장식품으로 치장했고, 인간의 두개골을 발우로 사용했으며, 시체의 머리칼을 휘감아 만든 *yajñopavītam* (희생제의 실)을 걸친 *kapālavaratam/mahāvratam*을 일시적으로 혹은 평생 지킬 것이다. 하지만 이 모든 것은 생전의 그것보다는 사후의 것이다. 여신이 때때로 잘린 신체 일부로 장식했다는 것은 현실과는 상관이 없다.' 나는 그가 고견을 보내주신 것에 아주 감사드리지만, 그가 인용한 바로 그 자료로부터 추론의 여지가 있다. 아래 p. 230 또한 참조하라. 결국, 우리에게는 여전히 왜 어떤 이들이 손가락의 염주 목걸이를 걸쳐야 했는지에 대한 질문이 남았다.

*vatā*를 목적의 여격으로 취한다: '나의 서원 실천을 위해' 즉 '서원을 수행하기 위해'.[10] 나는 그 본문의 아주 초기의 전승 단계에서 '서원'은 그런 수행에 대한 개념이 없는 사람들에 의해 잊혔고, 그들은 이것을 여분의 불변화사 *vata,* '사실상'으로 바꿔버렸다.

둘째 행은 어떤가? 나는 버마판의 *mahāvanaṃ pāpuṇi saccavādi*라는 판독을 더 좋아한다. 이것은 앙굴리말라가 여기서 붓다를 '진리의 설법자'로 호칭하기에, 이것은 강도를 교화하고, 다음 줄에 표현된 결단으로 이끈 정확히 그－역설적인－진리이기에 완벽한 의미를 형성한다. 산문체 *AS*의 저자가 *saccavādi*로 판독한 것 역시 그 산문에서 붓다가 자신은 멈췄다고 말한 이후에, 앙굴리말라가 '사캬족의 이 사문은 진실되고 약속을 지킨다(*saccavādino saccapaṭiññā*)'라고 혼잣말한 사실에 의해 아마 그렇게 되었다(p. 99).[11] *Saccavādi*는 *s*와 *p*의 글자 혼동에 의해서 *paccavādi*로 변형되었을 수 있는데, 이 형식은 다른 어떤 곳에서도 나타나지 않지만, '도착했다'는 의미의 동사로 해석되었다. *Thag*의 본문과 스리랑카 MSS 그리고 태국의 *AS* 인쇄판은 *paccupādi*로 쓰여 있는데, 이것 또한 유례없는 형태이다. 노만이 *Thag* 868의 주해에서 말하듯 이것은 *paccapādi*의 오자일 수 있다. 하지만 왜 그렇게 존재하지 않는 형태의 글자로 필사 오류가 일어났어야 했는지는 불분명하다.

10 그 형식을 보기 위해서 Geiger와 Norman, 1994, p. 19 para. 27.2을 보라. 이장의 통용된 판에서 나는 그 본문의 몸체에서 *vatā*가 '서약 때문에'를 의미하는 탈격이었다고 암시했고, 여격은 주해에서 대안으로 주어졌다. 나는 샌더슨에게 *vatā*는 절대 '서원'을 의미하지 않고 '서원을 세운 수행'이라는 것을 지적한 데 대해 감사드리며, 따라서 거기서 그것이 탈격일 가능성은 거의 없다.

11 이것은 Sally Mellick Cutler 박사에 의해 지적되었다.

*Pāpuṇi*와 *paccavādi/paccupādi*가 같은 의미를 가지는 듯했기에, 아마 전자는 후자에 대한 주해(gloss)로 해석되고, 본문에서 제거되었을 것이다. *Samaṇo*는 삼인칭 동사로 해석돼왔고, 개정작업으로서 소개되었다.

*Pāpuṇi*는 진정 몇 인칭인가? 전술한 바와 같이, 이것은 이인칭 단수인지 아니면 삼인칭인지의 사이에서 애매하다. 하지만 제3의 가능성 또한 염두에 두어야 한다: 이것은 일인칭 단수인 *pāpuṇiṃ*에 상당하지만, 일반적인 운율파격에 (그리고 추측건대 *i*의 비음화된 발음에) 의해 *anusvāra*의 탈락을 동반한다. *Samaṇo*를 쓴 모든 사람은 그 동사를 삼인칭으로 해석했지만, 내게는 이것이 그 문답에서 분명 열등한 의미를 보여준다. 내게는 이것에 넷째 줄의 *tava*를 예견하고 이인칭으로 취하는 것과 일인칭으로 취하는 것에 대한 선택권이 주어졌다. 후자는 *so 'haṃ*과 결합할 때 가장 매끄러운 구조를 만든다: '나는 이 위대한 숲에 왔노라, 오 진리의 설법자여 그리고 나는 지금 …….' 어쨌든, 앙굴리말라는 그 숲에 이미 살아왔고, 그 말을 한 것은 붓다가 도착했기 때문이었던 듯하다. 나는 그 논의들이 똑같은 무게감이 있다고 보지만, 차감하면 결국 나는 그 동사를 이인칭으로 취할 것이다. 한 문헌전통은 명백하게 이 세부적 대목에서 나와 일치한다: 태국의 *AS*의 이형은 호격의 *samaṇa*를 가지고 있다.[12] 나는 이것을 그 본문에서 *samaṇo*로 [변하는] 길의 중간 단계로 취하는데, 그 단계는 그 동사가 이인칭이어야 한

12 이 이형이 운율에 맞기 위해서는 *samaṇa*의 첫 음절이 길어졌어야 했을 것이다. 이것은 호격이고 짧은 휴지가 뒤따랐을 것이기에 나는 이것이 불가능한 파격이 아니라고 여겨진다.

다는 것을 얼마간 기억하고 있었다. 만약 *pāpuṇi*가 사실상 이인칭이라면, *saccavādi*는 호격보다는 주격으로 번역하는 것이 더 나은데, 이렇게 하는 것이 더 무게감을 주기 때문이다.

요약하자면, 나는 다음과 같이 판독[13] 및 번역한다:

ciraṃ vatā me mahito maheso *mahāvanaṃ pāpuṇi saccavādi*
so 'haṃ cajissāmi sahassapāpaṃ *sutvāna gāthaṃ tava dhammayuttaṃ*

'오랜 시간 동안 서원을 지키기 위해 쉬바를 숭배해왔다네. 당신이 그 숲에 도착해서 진리를 설하고 있네. 그래서 나는 천 가지의 죄 버릴 것이니, 당신의 게송을 들었기 때문이라네, 선량한 것을 가르치는.'

첫 세 게송은 앙굴리말라의 개종에 관한 요약적 설명이라야 이치에 닿는다는 것을 지적하는 것만이 오직 남았는데, 이는 그가 빨리 달렸으나 걸어가는 붓다를 따라잡을 수 없었다는 신비적 요소를 가정하지 않는다. 그 이야기의 단편은 말장난의 단순히 과도한 해석으로서 일어났을 수도 있다.

•● •● •●

13 역) 본문의 내용과 모순되는 원문의 *mah eso*를 *maheso*로, *saccavādī*를 *saccavādi*로 발음 구별 기호(diacritic)를 수정하였다.

어떻게 이 발견이 인도 종교의 역사에 들어맞을 수 있을까? 탄트라라 알려진 그러한 일단의 종교수행에 관한 것에 기원후 7세기 이전의 증거는 단편적으로만 존재하는데, 우리 본문의 시대보다 천여 년이 더 늦다. 하지만 앙굴리말라의 손가락 염주 목걸이는 팔리 경전에서 발견되는 그런 수행에 관한 유일한 증거가 아닐 것이다.

탄트라는 아시아와 동남아시아의 토착전통에 충만한데, 숭배자가 자신의 신과 문자적 의미로서 얼마간 동일화된다는 사고에 기반을 둔다. 그런 동일화가 수행되는 가장 보편적인 형태는 신들림이다: 그 신(남성형 혹은 여성형)이 그 숭배자의 몸에 들어가서 제어하고, 현시한다고 믿어졌다. 이 사고는 탄트라와 신앙 양자인 인도 유신론의 세련된 신학 대부분의 토대가 된다. 탄트라 수행자는, 다름 아닌 마을무당인데, 일반적으로 해당 신의 옷과 장신구를 걸침으로써, 그 혹은 그녀의 초상의 외관의 채용을 통해서 동일화를 실연(實演)한다.

Pāśupata Sūtras[14]에서 쉬바교의 고행자 가운데 빠수빠따 종파에는 *liṅgadhārī*, 즉 신의 표장을 걸치는 것이 강제되는데(*sūtra* 1, 6), 쉬바교 마을의 성직자들이 자신들의 몸에 신성한 재를 바르고, 그 신의 무기를 지니는 것을 우리가 여전히 볼 수 있는 것과 같다(Gombrich & Obeyesekere, 1988, figures 6, 9). 그렇게 차려입은 숭배자는 그 신의 행동을 흉내내는데, 이 모방이 문자 그대로 행해졌는지 아니면 오직 상상 속에서만 행해졌는지의 범위는 엄청나게 다양했다.

14 Ed. R. Ananthakrishna Sastri, *Trivandrum Sanskrit Series* CXLIII, Trivandrum 1940.

탄트라 또한 혹자가 부정함으로부터 힘을 끌어낼 수 있다는 사고에 의지해 있다. 깨끗함에 대한 브라만적 기준은 그 자체가 세상은 위험한 힘으로 가득 찼다는 사상에 부분적으로 의존해 있는데, 이것들은 시체에 그리고 피, 정액 그리고 변과 같은 육체의 분비물에 응집되어 있다고 하거나 혹은 그런 부정한 물질을 즐기는 정령으로 의인화되었다. 깨끗함을 보존하는 것은 부정한 물질들을 피하는 것인 동시에 의인화된 암흑의 힘을 격실(bay)에 가둬두는 것이다. 깨끗함은 사회적이고 종교적인 사정의 규범이지만, 이것은 [반대 상태의] 강력한 힘을 차단하기에, 이것은 또한 스스로 지운 일종의 불구상태이다. 탄트라는 그 부정한 힘에 고삐를 채우려 한다. 만약 그가 망쳐버리면, 그것들은 아마 그를 파멸시킬 것이지만, 만약 그가 올바른 방법을 알고 있다면, 그는 아마 그것들을 정복할 수 있을 것이다. 자신이 가지고 노는 그 힘에 의해 파멸되는 위험을 무릅쓰는 흑마법사는 아마 세계적으로 친숙한 인물일 것이다. 인도 전통에서 차별적인 것은 마법사가 숙달되도록 추구하는 방법인데, 자신이 사용하길 바라는 마법이 의인화된 정령과 자신의 동일화를 통해서 얻어진다.

이 수행의 신학적 이론화가 브라만 철학의 영향 아래 성립될 때, 특히 불이론의 교의로, 어둠의 힘을 통달하는 것은 깨끗함과 깨끗하지 못함, 선과 악의 이원론의 초월로 개념화되었다. 이 초월성은 탄트라가 구원의 길이 될 때 필수적이다. 그 단계에서 혹자가 동일화하려는 그 신은 동일하게 모든 세속적인 이원론을 초월한다. 하지만 탄트라가 세속적인 힘을 위해 사용되었을 때, 정/부정 분리의 어두운 측면 속에서의 그 기원은 더욱 분명해지고, 신들의 도덕률 초월적인 성격(antinomian character) 또한 그렇게 된다. 이 신들은 유혈의 희생을 요구할 뿐만 아니라, 질서가 잡힌 사회적 삶 바깥 지역에 자주 출몰한다: 밀림 그리고 극단적인 경우에는 묘지와 시체 안치장. 이상적으로 인도인들은 시체를 대부분의 경우에 화장하지만, 가난한 사람들은 종종 필수적인 땔나무를 준비할 여력이 없기에, 시체들은 절반만 태워진 채 막 버려지거나 혹은 전혀 태워지지 않기도 했다. 묘지는 그렇게 아주 무시무시한 곳이었고, 강력한 고울과 뱀파이어들의 출몰지였다.

도덕률 초월 수행은 인도에서 이만큼 체계화된 적이 없었기에, 그것들은 브라만 문헌으로부터 우리에게 알려진 어떤 한 신 혹은 다른 어떤 신을 숭배하는 종파로 모조리 분류될 수 있다. 우리는 도덕률 초월적 수행에 관한 팔리삼장 속의 기록들을 앞에서 인용했는데, 이는 더 보편적인, 즉 브라민이 우세했던 사회의 규범을 정확하게 어김으로부터 어떤 능력 그리고/혹은 구원을 끌어내려고 노력했었다. 고기와 독한 술로 살던 *Pāṭika*경 속의 나체 고행자는 분명히 그런 도덕률 초월자였고, 고전적 탄트라 수행자는 의식으로서 그런 '부정한' 음식을 먹는다. 개와 소의 생활 방식을 채용하는 것은 비슷한 도덕률 초월자의 행위였을지라도, 고전적 탄트라 복합체의 일부는 아니었다. 탄트라의 여러 수행과 사상은 중세의 모든 고전적 인도의 종교 전통 속으로 퍼져갔다. 하지만 가장 초기 탄트라 수행자들이 숭배한 신들은 쉬바와 그의 힘이 의인화된 여신(Devī)의 형태들이였다. 그 여신은 또한 자신만의 신화를 가지고, 한 종파가 쉬바교(Śaiva) 혹은 샥티교(Śākta)로 분류되는 것은 그녀가 근본적으로 쉬바의 배우자로서인가 아니면 보다 더 한 그녀 자체로 강력한 존재인가에 크게 의존한다. 역사적으로, 쉬바교/샥티교의 종교 복합체는 하나로 취급될 수 있고, 미묘한 차이가 있을 뿐 많은 관련된 수행과 사상적 전통을 공유하고 있다.

쉬바는 리그베다에서 루드라란 이름으로 알려졌고, 어두운 측면의 삶, 위험한 외부인과 연관되어 있다. 그는 수많은 역할과 다양한 이름을 가지고 있다: 어떤 범위에서 이것들이 하나의 일관성 있는 실재 혹은 다른 시간과 장소 그리고 정황으로부터의 전통의 한 융합체로 구성되는가는 우리가 여기서 논의할 수 있는 질문이 아니다.

그 여신에 대한 아주 작은 근거만이 베다 본문에 존재한다. 후대에는 무시무시한 형상을 지닌 그녀의 가장 보편적인 이름은 깔리(Kālī), 즉 '흑여신'이 되었다. 그와 부합하게, 쉬바는 마하깔라(Mahākāla), 즉 '위대한 흑신'이라는 이름을 지닌다. 이것은 이중적인데, Kāla는 '시간'을 의미하기도 하기에 '사신(death)'의 이름이다. 따라서 마하깔라는 또한 '위대한 사신'을 의미한다. 이 죽음과의 가까운 연관성은 전형적으로 묘지에 자주 출몰하고 시체로 스스로를 장식하는 깔리에 여파를 미칠 수 있다.

깔리가 어떻게 시각화(觀像念佛)되어야 하는지에 대한 세부적 묘사를 위해서 우리는 *Kālī Tantra*를 참조한다. 이것은 상대적으로 근대의 본문인데, 거의 확정적으로 현재의 천 년대로 연대를 추정할 수 있고, 동인도에서 샥티교의 유명세와 함께 절대적인 영향력을 떨친다.[15] 이

15 Sanjukta Gupta, 개인적 대담.

것은 그 여신의 염불(*dhyāna*), 즉 어떻게 그 여신이 시각화되어야 하는지에 관한 규정이 포함되어 있다. 이 서술에서 신체의 일부의 형태가 여러 차례 나타난다: 그녀는 해골염주로 장식되었고(*muṇḍamālāvibhūṣitām*), 그녀의 네 손 중에, 왼쪽의 상단의 것은 새롭게 참수된 머리를 쥐고 있으며(*sadyaśchinnaśiraḥ* ⋯⋯ *vāmordhva* ⋯⋯ *karāmbujām*), 그녀는 목에 걸쳐져 있는 해골염주로부터 떨어지는 피로 범벅이 됐다(*kaṇṭhāvasakta-muṇḍālīgaladrudhiracarcitām*). 시체로 한 쌍의 귀걸이를 찬 무시무시한 모습에(*karṇāvataṃsatānītaśavayugmabhayānakām*) (이것들은 아마 아기들의 시체다), 그리고 시체로부터 수집한 팔들의 허리띠를 차고 있다(*śavānāṃ karasaṃghātaiḥ kṛtakāñcīm*).[16]

깔리의 그러한 근대적 서술에 관한 논거를 인용하는 것은 이 자리에서 적절하지 않은 듯하다. 하지만 팔리삼장은 깔리의 이야기를 담고 있는데, 비록 감질날 정도로 짧지만, 이는 그 여신이 이천여 년을 통하여 아주 다르게 시각화되지 않았다는 생각에 강력한 근거를 제시한다.

*Thag*에서 우리는 한 쌍의 절(151-2)을 발견하는데, 한눈에 봐도 놀라운 마하깔라라는 이름을 가진 한 승려에게 귀속되었다:

> Kālī itthī brahatī dhaṅkarūpā
> satthiṃ ca bhetvā aparaṃ ca satthiṃ
> bāhaṃ ca bhetvā aparaṃ ca bāhaṃ
> sīsaṃ ca bhetvā dadhithālikaṃ va

16 *Kālītantra* ed. and pub. Khemarāja Śrīkṛṣṇadāsa, Bombay saṃvat 2029 (1972 AD.), p. 35.

esā nisinnā abhisandahitvā.

Yo ve avidvā upadhiṃ karoti
punappunaṃ dukkham upeti mando.
Tasmā pajānaṃ upadhiṃ na kayirā
Māhaṃ puna bhinnasiro sayissan ti.

노만은 이렇게 번역했다(Norman, 1969, p. 20):

'151. 거대하고 거무스름한 여인, 까마귀같이, 넓적다리뼈를 하나 부수고, 그런 다음 다른 하나, 팔 하나를 부수고, 그런 다음 다른 하나, 해골바가지를 응유질그릇처럼 부수고, 그것들을 함께 쌓아 놓은 채 앉아 있다.

152. 어리석은 자는 무지하여 환생의 기반을 만들어 다시 그리고 또 다시 고통받는다. 그러므로 분별이 있는 자는 환생의 기반을 만들지 말아야 한다. 내 해골이 부서진 채 절대 다시 눕지 않게 해주소서.'

첫 절의 마지막 단어에는 다양한 판독이 존재한다: *abhisaddahitvā* 그리고 *abhinnahitvā*. 나는 *abhisannahitvā*로 교정한다. *Abhi-sam-nah*에 대해서 모니에 윌리암스의 산스크리트 사전은 '엮다 혹은 같이 꿰다'와 '(적)에 대항해 스스로를 무장하다'라는 의미를 부여한다. 과거수동분사인 *abhisaṃnaddha*에는 이것이 '무장된'이라고 부여하였다. 따라서 나는 *abhisaṃnahitvā*를 '같이 꿰고 있는 그리고 장신구를 걸치고 있는'

이라는 의미로 취한다.

주석서 *Pad* II, 27은 (내 생각으로는) 무엇이 어떻게 돌아가는지 아무것도 모른다.[17] 이것은 마하깔라가 대상(caravan)의 지도자인 상인이었고, 붓다의 설법을 듣고 나서 개종했다고 말한다. 그는 불교 승려의 금욕적 수행(두타행)의 하나로 알려진 묘지에서의 수행을 택했다(*sosānikaṅgaṃ adhiṭṭhāya susāne vasati*). 이것은 이렇게 이어진다:

> '그때 어느 날 깔리라고 불리는 시체 태우는 여인이 새로운 시체를 받았는데, 허벅지와 팔 양자를 부쉈고, 해골을 응유질그릇처럼 부쉈으며, 이 모든 조각을 함께 쌓아 그 장로가 보기 위한 적절한 장소에 얹어 놓아서, 그가 그것에 관해 명상할 수 있게 하였다. 그런 다음 그녀는 한쪽 구석에 앉았다. 그 장로는 그것을 보았고, 자신을 훈계하기 위해 말했다: ……' (여기서 그 두 절이 뒤따른다.)

나는 그 게송을 다음과 같이 해석한다. 마하깔라는 틀림없이, 앙굴리말라처럼, 불교로 전향한 쉬바교도/샥티교도였다. 마하깔라는 쉬바와 동일화하기 위해 그가 취한 이름이었다. 그는 거기서 깔리를 시각화하기 위하여 묘지를 방문하곤 했고, 첫째 게송은 그런 시각화를 묘사하였다. 깔리는 그 시에서 바로 그 이름이었고, 단지 어떤 서술이 아니었으며, *itthī*는 그 대상이 인간 여자라는 것만을 의미하지 않는다 – 이것은 여신에게 (혹은 여성 악령에) 역시 적용될 수 있다.[18] 그 명상자

17 *Dhammapada-aṭṭhakathā* I, 66–74에서도 같은 이야기가 반복된다.

는 그녀가 시체로부터 사지를 취하고, 그것들로 스스로를 장식하는 것을 본다. 그녀는 뇌수가 떨어지는 해골을 취한다(주석서가 정확하게 설명하듯이). 응유의 언급은 아마 또한 그녀가 해골을 밥그릇으로 사용한다는 것을 함의하고, 결론적으로 그것이 그녀의 숭배자들이 하지 않으면 안 되는 것이며,[19] 우리가 이미 알고 있듯이 후에 Śaiva Kāpālika 종파에 의해 행해졌다(Lorenzen, 1991, p, 5). *Esā*, '여기'라는 단어는 마하깔라가 그 여신이 자신의 바로 면전에 앉아 있는 것을 볼 수 있음을 보여준다. 이 시각화를 할 때나 한 후에 그는 자신도 죽자마자 자신의 사체가 비슷하게 잘려나가고, 해골은 그런 용도로 사용될 것임을 깨닫는다(둘째 절에서).

나는 이 일화에 대한 주석서의 불교적 합리화가 얼마나 설득력이 없는지에 대해 더 이상 강조할 필요성을 느끼지 못한다. 시체에 관해 명상하기 위해 묘지로 가는 승려는 수많은 시체를 발견할 것이기에, 자신을 위해 사지의 더미를 준비하기 위한 시중의 노역이 필요하지 않으며, 시체를 잘라내거나 혹은 다른 방법으로 훼손하는 것은 불교적 수행도 아니다.

18 샌더슨 교수는 피력했다: '*itthī*는 내 견해로는 그 *Thag*가 인간에 대해 말하는 것을 확정적으로 증명한다. 여신은 절대 산스크리트에서 *srtī*로 지칭되지 않는다.' 어쨌든 여기서 나는 내 견지에 대해 확신한다. 샌더슨 교수는 Kālī 숭배자들에 의해 그리고 그들을 위해 쓰인 본문을 참조시킨다. 불교는 전통적으로 그녀에게 아주 다르고 훨씬 덜 공손한 태도를 가진다(Gombrich & Obeyesekere, 1988: chapter 4를 보라). 나는 사실 싱할라어 자료 제공자에게 Kālī를 '여인'(스리랑카어로 isrī)이라고 부르는 것이 귀에 거슬리느냐고 물었는데, 그들은 그렇지 않다고 단호하게 말했다. *Naradeva*라는 용어의 사용이 팔리에서 남성신을 호칭하는 것(SN I, 5; SN I, 200)은 그 대등한 것을 제시하는 듯하다.

19 나는 Sanjukta Gupta로부터 이 착상을 빌렸으나, 샌더슨 교수는 설득력이 없다고 여긴다.

•• •• ••

이것은 매우 엄선된 증거의 요소라서 팔리삼장에서 쉬바와 깔리에 대한 다른 출전이 부족한 것을 우려할 필요가 없다고 생각한다. 하지만 여기서 다른 출전을 집결시켜보자. 쉬바신(*Sivo devaputto*)은 *Saṃyutta Nikāya*(I, 56-7)에서 구체적인 내용 없이 언급되었다. 출가 수행자가 생계를 꾸리는 데 잘못된 방법의 목록에서(DN I, 9), 오늘날 우리가 '비전(occult)'이라 부를 수 있는 종류의 지식(*vijjā*)의 목록이 나타난다. 이 목록에는 *siva-vijjā*가 나타난다. 주석서(DA I, 93)는 두 설명을 제시한다: '혹자가 묘지에서 살 때 어떻게 마음을 진정시키는지에 대한 지식이다(*santi-karaṇa*: 안심진언). 그들은 이것이 재칼의 울음의 지식이라고도 말한다.' 그것들은 사실상 동물군의 울음과 다른 행동들로부터 미래를 예지하는 과학(science of prognostication)이다. 하지만 전자의 해설은 두 가지의 이유로 필시 교정되어야 할 듯하다. 첫째, 재칼은 여성형인 *sivā*이지 *siva*가 아니다. 둘째, 그 목록에서 그다음 항목은 귀신들에 대한 지식(*bhūta-vijjā*)이며, 강령술(necromancy)로 잘 알려진 이 용어는 귀신들과 시체 파먹는 요괴와 관련되어 있다.

쉬바의 다른 산스크리트어의 이름은 Īśāna이고, 이 이름은 구체적으로 그가 북동 방향을 주관하는 신이라는 제식의 문맥에서 사용되었다. *Tevijja*경에서 붓다는 한 목록의 신들을 이름을 부름으로써 그들이 죽을 때 천국에서 브라마와 합일하기를 희망하는 브라민을 비웃는데, Īśāna는 그 이름을 부르는 것이 공허하다는 목록에 있는 신들 중에 하나이다(DN I, 244). Īśāna는 또한 신들의 왕으로서 SN I, 219에 언급되었다. 이 본문 *Dhajagga*경은 퇴마를 위한 목적(*paritta*)으로 종종 암송된 것들 중 하나이다.

비록 *Mahābhārata* 이후로 Maheśa는 산스크리트 문헌에서 쉬바의 일반적인 이름이지만, 이것은 팔리삼장에서는 아직 발견되지 않았다. 하지만 나는 이것이 거기에 줄곧 잠복해 있었다고 추측한다. Maheśa는 문자상으로 '위대한 주'를 의미하고, 따라서 마치 어떤 신에게도 지칭될 수 있는 것처럼 보이지만, 힌두교 수행에서는 이것이 항상 쉬바의 호칭이거나 별칭인 듯하다. 삼장에서 신들은 때때로 *mahesakkha* 그리고 *appesakkha*로 지칭되고, 전통적으로 '대단한 능력의' 혹은 '작은 능력의'의 의미로 해석됐다. 나는 *mahesakkha*가 'Maheśa로 불렸다'라는 뜻의 산스크리트 *maheśākhya*(*mahā-īśa-ākhya*)로부터 나오며, 그 용어는 쉬바를 지칭한 문맥에서 발원되었다는 것을 제안한다. 이것은 그런 다음 오해되었고, 일반화되었다. (*Appesakkha*는 비유적 형태일 것이다.)

깔리에 대한 의심의 여지 없는 증거가 존재한다. 우리는 *Māra-tajjaniya*경(*sutta* 50)에서 대목건련이 마라에게, 지난 겁에, 그는 깔리의 아들이고 (혹은 이었고), 구류손불 생애 동안에 두시라고 불리는 마라의 자매였음을 이전에 보았다(MN I, 333).[20] 깔리를 마라의 어머니로 부르는 것은 마하깔라와 그녀의 관계에 대한 풍자적 비유처럼 미심쩍게 들린다. 다른 참조 역시 풍자적으로 들린다 – 유난히 말다툼이 많고 독설가인 여

20 역) 상기 pp. 116-18을 참조하라.

승려는 Caṇḍakālī로 불렸다(Vin IV, 230, 276-7, 293, 309, 331, 333). '흉포한'이란 의미의 Caṇḍī는 항상 깔리의 별명이었다. 여기서 나쁜 성격으로 유명한 여자는 Caṇḍakālī를 별명으로 얻었던 것으로 보인다.

•• •• ••

앙굴리말라는 살아 있는 피해자로부터 손가락을 모았고, 시체로부터가 아니었다. 이것은 어처구니없는 것이 아니다. 인도 전통에서 깔리는 강도들의 보호성인이었고, 그들이 유혈 희생제를 지내는 관습은 -심지어 사람의 희생양으로부터- 근대까지 존속됐다. 붓다고샤의 청정도론(IX, para. 41)에서 산적이 숲에서 어떤 승려에게 접근해 식도로부터 뽑은 피를 제물(*bali*)로 쓰기 위해 그들 중 한 명을 죽여야겠다고 말한다. 불운하게도 그 본문은 그 신의 이름을 명기하지 않는다. 비록 이 본문은 기원후 5세기 초반부터로 연대를 추정하지만, 우리는 붓다고샤가 아주 더 오래된 소재를 보통, 만약 '항상'이 아니라면, 사용한다는 것을 익히 알고 있다. 이것은 이야기가 아니라 도덕적 딜레마의 실례이며, 만약 그런 상황이 실제 삶에서 절대 일어나지 않은 것이라면, 이것의 요지를 잃어버릴 것이다.

사실 우리는 그것이 실제 삶에서 일어났다는 것을 알고 있다. 당나라의 구법승 현장이 아요디야(Ayodhyā)로부터 갠지스강으로 내려갔을 때, 그와 그 일행은 수적(水敵)에 붙잡혔다. 그 수적들은 그 중국 승려를 두르가(Durgā)를 위해 희생하기로 마음먹었으나, 천우신조의 폭풍우 덕분에 겨우 목숨을 건졌고, 이는 그 수적들을 두렵게 했기에, 그들은 불교로 전향하였다(Watters, 1904, p. 360). 따라서, 천 년 이상이 지난 후 인도의 같은 장소에서 한 불교 승려가 앙굴리말라와 붓다 사이의 체험을 반복적으로 경험하였다. 만약 현장이 붓다의 그 경험이 진정 무슨 일이었다는 것을 알았다면, 우리는 그 우연의 일치가 단순히 성인전의 모방(hagiographic fabrication)이었다는 것을 의심할 권리가 있지만, 그는 결코 그것을 알지 못했다. 그래서 그의 경험은 우리의 이야기에 주옥같은 역할을 한다.

나는 우리들이 대략 천여 년 동안 불교가 인도에서 탄트라에, 혹은 최소한 Śaiva/Śākta 탄트라에 – 이는 최상의 탄트라 종교였다, 반립적이라 특징지을 수 있는 종교였다고 별다른 지장 없이 말할 수 있다고 생각한다. 첫째, 불교는 일반적으로 자제심을, 그리고 세부적으로는 자각이 점진적으로 완전한 자기 인식이라 해도 좋을 정도까지 향상되는 명상상태를 도야하였다. 신들린 사람에게는 일반적인 자제심과 자각이 완전히 억제되었다. 전통적인 스리랑카 사회에서 신들림이 불교적 가치에 대립된다고 보는 사실은 무당(*kapuvā*)에 의지하는 제도화된 정령신앙행위가 향상된 불교 지계의 요일인 뽀야(*poya*)날에는 행해지지 않는다는 사실을 통해 분명히 드러난다. 둘째, 불교 그 자체는 세속적 일에 관계하지 않고, 바라문 사상의 부정의 개념을 받아들이지 않는다. 따라서 스리랑카 불교에서 생리 중인 여자는, 예를 들면, 사리를 친견하지 않을 것이지만, 그러한 처지는 그녀가 불교 사원을 참배하거나 다른 어떠한 신행활동에 참가하는 것에 영향을 끼치지 않는다. 셋째,

불교는 절대 도덕률 초월적이지 않고, 어떤 상황에서도 일반적 도덕성이 초월되지 않는다. 이것에는 스리랑카 불교 전체가 증거가 된다: 우주 전체는 윤리적 질서로 구조화되어 있고, 비윤리적인 바람에 응할 작정인 신은 그 사실에 의하여 마귀의 일종(*yakṣa*)이 된다.

어떤 아이러니가 현장이 희생양이 될 것이라는 협박을 받았을 그 즈음에 – 우리는 '수 세기 이내'보다 더 구체적으로 연대를 매길 수 없지만 – 불교가 탄트라에 의해 대규모 침공을 받아서 금강승(Vajrayāna) 전통이 탄생한 사실에 존재한다. 수행자와 신과 마귀의 동일화에 의존하는 것 – 신들림의 세련된 이론화 그리고 부정으로부터 힘을 끌어내는 것 양자에 있어서 불교 탄트라는 모순적인 불교이고, 전통을 거꾸러뜨렸는데, 제파통합주의(syncretism)라는 딱지가 마땅한 방식이었다. 하지만 이것은 불교 윤리에 의해 재·식민지화되었다: 이것의 용도는 결코 비윤리적이 아니고, 불교제식에서 상연된 비유적 연극이며, 수행자들이 항상 선이 악에 대해 승리함을 목격하도록 시각화되었으며, 깨달음으로 이끄는 것으로 해석되었다. 다른 말로 하면, 금강승을 불교적으로 만드는 것은 그것의 윤리이다. 은유적으로 우리는 붓다가 앙굴리말라뿐만 아니라 앙굴리말라의 종교 전체를 제도시킨 것이라고 말할 수 있다.

참고문헌

Alsdorf, Ludwig, 1968 : *Die Āryā-Strophen des Pali-Kanons*, Akademie der Wissenschaften und Literatur, Mainz.

Brough, John, 1953 : *The early Brahmanical system of Gotra and Pravara*, Cambridge.

Carter, John Ross, 1978 : *Dhamma, Western Academic and Sinhalese Buddhist Interpretations*, A Study of a Religious Concept, Tokyo.

Causton, Richard, 1988 : *Nichiren Shōshū Buddhism* : An Introduction, London.

Collins, Steven, 1982 : *Selfless Persons*, Cambridge.

Falk, Harry, 1993 : *Schrift in alten Indien* : *ein Forschungsbericht mit Anmerkungen*, Tubingen.

Fergusson, James, 1873 : *Tree and Serpent Worship*, 2nd ed., London.

Fischer, Eberhard and Jain, Jyotindra, 1974 : *Kunst und Religion in Indien : 2500 Jahre Jainismus*, Zurich.

Frauwallner, Erich, 1956 : *The Earliest Vinaya and the Beginnings of Buddhist Literature, Serie Orientale Roma VIII*, Is.M.E.O., Rome.

Frauwallner, Erich, 1973 : *History of Indian Philosophy*, vol. 1, tr. V. M. Bedekar, Delhi.

Geiger, Wilhelm 1994 : *A Pāli Grammar*, tr. Batakrishna Ghosh, revised & ed. K. R. Norman, Pali Text Society, Oxford.

Geiger, Magdalene and Wilhelm, 1920 : *Pāli DHAMMA, vornehmlich in der kanonischen Literatur, Abhandlungen der Bayerischen Akademie, Philosophisch- philologische und historische Klasse* 31,1, Munich.

Gelblum, Tuvia, 1970 : 'Sāṃkhya and Sartre', *Journal of Indian Philosophy* 1, pp. 75–82.

Gethin, R. M. L., 1992 : *The Buddhist Path to Awakening*, Leiden.

Gombrich, Richard, 1971 : *Precept and Practice*, Oxford.

Gombrich, Richard, 1975 : 'Ancient Indian Cosmology', *Ancient Cosmologies*, ed. Carmen Blacker and Michael Loewe, London, pp. 110–142.

Gombrich, Richard, 1980 : 'The significance of former Buddhas in Theravadin tradition', *Buddhist Studies in Honour of Walpola Rahula*, ed. S. Balasooriya et al., London, pp. 62–72.

Gombrich, Richard, 1988a : 'The History of Early Buddhism : Major Advances since 1950', *Indological Studies in South Asian Bibliography – a Conference*, 1986, National Library, Calcutta, pp. 12–30.

Gombrich, Richard, 1988b : *Theravāda Buddhism : A Social History from Ancient Benares to Modern Colombo*, London; corrected edition 1994.

Gombrich, Richard and Obeyesekere, Gananath, 1988 : *Buddhism Transformed*, Princeton.

Gombrich, Richard, 1990 : 'Recovering the Buddha's Message', *The Buddhist Forum : Seminar papers 1987–1988*, ed. T. Skorupski, SOAS, London, pp. 5–23; reprinted in *Earliest Buddhism and Madhyamaka*, ed. D. Ruegg andL. Schmithausen, Leiden.

Gombrich, Richard, 1992a : 'Dating the Buddha : A Red Herring Revealed', *The Dating of the Historical Buddha Part 2*, ed. Heinz Bechert, Gottingen, pp. 237–259.

Gombrich, Richard, 1992b : 'The Buddha's Book of Genesis?', *Indo-Iranian Journal* 35, pp. 159–178.

Gombrich, Richard, 1992c : 'Why six former Buddhas?', *The Journal of Oriental Research*, The Kuppuswami Sastri Research Institute, Madras, pp. 326–330.

Gombrich, Richard, 1992d : 'A momentous effect of translation : The 'vehicles' of Buddhism.' *Apodosis : Essays presented to Dr.W.W. Cruickshank to mark his 80th birthday*, St.Paul's School, London, pp. 34–46.

Gombrich, Richard, 1993a : 'Buddhist prediction : how open is the future?.'

Darwin College Lecture printed in *Predicting the Future*, Cambridge, ed. Leo Howe and Alan Wain, pp. 144-168.

Gombrich, Richard, 1993b : 'Understanding early Buddhist Terminology in its Context', *Pali Daejangkang Urimal Olmgim Nonmon Mourn II / 'A Korean Translation of Pali Tripitaka Vol. II'*, pp. 74-101.

Gombrich, Richard, 1994a : 'What is Pali?', *A Pali Grammar*, W.Geiger, tr. B.Ghosh, rev. & ed. K. R. Norman, Pali Text Society, pp. xxiii-xxix.

Gombrich, Richard, 1994b : 'The Buddha and the Jains : A Reply to Professor Bronkhorst', *Asiatische Studien* XLVIII 4, pp. 1069-1096.

Gomez, L.O., 1976 : 'Proto-Mādhyamika in the Pali Canon', *Philosophy East and West* xxvi, 2, pp. 137-165.

Gupta, Sanjukta, 1991 : 'The Buddha Avatara', *Studies in Buddhism and culture in honour of Professor Dr. Egaku Mayeda on his sixty-fifth birthday*. The Editorial Committee of the Felicitation Volume for Professor Dr. Egaku Mayeda, Tokyo, pp. 176-7.

Hamilton, S. B., 1993 : Oxford D.Phil thesis : *The Constitution of the Human Being According to Early Buddhism. To appear as Identity and Experience : the Constitution of the Human Being according to Early Buddhism*, London, 1995.

Hara, Minoru, 1994 : 'Transfer of Merit in Hindu Literature and Religion', *The Memoirs of the Toyo Bunko* 52, pp. 103-135.

von Hinüber, Oskar, 1968 : *Studien zur Kasussyntax des Pali, besonders des Vinayapitaka*, Munich.

Härtel, Herbert, 1993 : *Excavations at Sonkh*, Berlin.

von Hinüber, Oskar, 1978 : '*Gotrabhū* : Die sprachliche Vorgeschichte eines philosophischen Terminus', *ZDMG* 128, pp. 326-332.

Horner, I. B. (tr.), 1957 : The Middle Length Sayings II, Pali Text Society, London.

Johnson, W.J., 1990 : *The Problem of Bondage in Selected Early Jaina Texts,*

D.Phil. thesis, Oxford.

Lamotte, Etienne, 1935–6 : 'Le traite de l'acte de Vasubandhu Karmasiddhiprakarana', *Melanges chinois et bouddhiques* 4, pp. 151–206.

de La Vallee Poussin, Louis, 1927 : La morale bouddhique, Paris.

de La Vallee Poussin, Louis, 1936–7 : 'Musīla et Nārada : Le Chemin de Nirvāna', *Melanges chinois et bouddhiques* V, pp. 189–222. ≒ 「무실라와 나라다 : 열반의 길」, 불교학 리뷰 10, pp. 295–335.

Lloyd, G. E. R., 1990 : *Demystifying. Mentalities*, Cambridge.

Lorenzen, David N., 1991 : *The Kāpālikas and Kālāmukhas*, 2nd. ed. Delhi.

Malalasekera, G. P., 1937 : Dictionary of Pali Proper Names, London.

Miller, Barbara Stoler, 1979 : 'On Cultivating the Immeasurable Change of Heart : the Buddhist Brahma-Vihara Formula', *Journal of Indian Philosophy* 7, pp. 209–221.

Mumford, Stan Royal, 1989 : *Himalayan Dialogue* : *Tibetan Lamas and Gurung Shamans in Nepal*, Madison.

Norman, K. R. (tr.), 1969 : *The Elders' Verses*, I, Pali Text Society, Oxford.

Norman, K. R. (tr.), 1971 : *The Elders' Verses* II, Pali Text Society, Oxford.

Norman, K. R., 1981 : 'A note on *Atta* in the *Alagaddupama Sutta*', *Studies in Indian Philosophy* : *A Memorial Volume in Honour of Pandit Sukhlaji Sanghvi, LD series* 84, Ahmedabad.

Norman, K. R., 1983 : *Pāli Literature*, Wiesbaden.

Nyanamoli, Ven. Thera, ed. Phra Khantipalo, no date : *A Treasury of the Buddha's Discourses from the Majjhima-nikāya (Middle Collection)* vol.1, [Wat Buddha-Dhamma, Wisemans Ferry, N.S.W., Australia].

Oldenberg, Hermann, 1923 : *Die Lehre der Upanishaden und die Anfange des Buddhismus*, 2nd ed, Gottingen.

Popper, Karl R., 1952 : *The Open Society and its Enemies*, 2nd (revised) ed., 2 vols., London.

Popper, Karl R., 1960 : *The Poverty of Historicism*, 2nd ed., London.

Popper, Karl R., 1972 : 'On the Theory of the Objective Mind', *Objective Knowledge : An Evolutionary Approach*, Oxford, pp. 53–190.

Popper, Karl R., 1974 : *Conjectures and Refutations*, 5th ed., London.

Prasad, H. K., 1960 : 'The Nāga-Cult in Bihar', *Journal of the Bihar Research Society* 46, pp. 129–134.

Rhys Davids, T. W. (tr.), 1899 : *Dialogues of the Buddha* I, Pali Text Society, London.

Rhys Davids, T. W., 1903 : *Buddhist India*, London.

Rhys Davids, T. W. and C. A. F. (tr.), 1910 : *Dialogues of the Buddha* II, Pali Text Society, London.

Ruegg, D. Seyfort, 1974 : 'Pali *gotta/gotra* and the term *gotrabhū* in Pali and Sanskrit', *Buddhist Studies in Honour of I.B.Horner*, ed. Lance Cousins et al., Dordrecht, pp. 199–210.

Ruegg, David Seyfort, 1989 : *Buddha-nature, Mind and the Problem of Gradualism in a Comparative Perspective : On the Transmission and Reception of Buddhism in India and Tibet*, London.

Samuel, Geoffrey, 1993 : *Civilized Shamans*, Washington and London.

Schmidt, Kurt (tr.), 1989 : *Buddhas Reden*, 2nd.ed. Leimen.

Smith, Peter and Jones, O. R., 1986 : *The Philosophy of Mind : An Introduction*, Cambridge.

Spiro, Melford, 1970 : *Buddhism and Society : A Great Tradition and its Burmese Vicissitudes*, New York.

Stargardt, Janice, 1995 : 'The Oldest Known Pali Texts, 5th-6th century; Results of the Cambridge Symposium on the Pyu Golden Pali Text from

Śrī Ksetra, 18–19 April 1995', *Journal of the Pali Text Society*, vol. XXI, pp. 199–214.

Takasaki, Jikido, 1987 : *An Introduction to Buddhism*, trans. Rolf W. Giebel, Tokyo.

Takasaki, Jikido, 1992 : 'On Gotrabhū', *Wiener Zeitschrift fur die Kunde*

Südasiens XXXVI/Supplementband, pp. 251–9.

Rahula, Walpola, 1956 : *History of Buddhism in Ceylon*, Colombo.

Warder, A. K., 1967 : *Pali Metre*, Pali Text Society, London.

Watters, Thomas, 1904 : *On Yuan Chwang's Travels in India 629–645 A.D.*, Royal Asiatic Society, London.

Williams, Paul M., 1990 : *Mahāyāna Buddhism : the Doctrinal Foundations*, London.

Wilson, Bryan and Dobbelaere, Karel, 1994 : *A Time to Chant : The Sōka Gakkai Buddhists in Britain*, Oxford.

Woodward, F. L. (tr.), 1932 : *The Book of the Gradual Sayings* I, Pali Text Society, London.

Woodward, F. L. (tr.), 1933 : *The Book of the Gradual Sayings* II, Pali Text Society, London.

Zurcher, E., 1959 : *The Buddhist Conquest of China*, Leiden.

찾아보기

저자 및 역자 소개

저 자

리처드 곰브리치

역 자

한대성 2001년 새해에 해인사 백련암에 출가했었다. 선방을 잠깐 다니다 티벳불교를 배워야겠다는 깨달음에 03년 초 인도로 유학을 떠났다. 다람살라 I.B.D. 승가대학에서 2년간, 남인도 세라제 대승원에서 1년간 수학했다. 09년 푸네 대학교 퍼거슨 컬리지에서 서양철학으로 학사학위를, 12년 델리 대학교에서 팔리불교로 석사학위를 받았다. 13년 동국대 인도철학과 박사과정에 입학했고, 15년부터 2년간 독일 함부르크 대학에서 수학했다. 14년 교육부 주관 글로벌 박사 펠로우쉽과 대학원 국가장학생에 동시에 선발되었다.

2017년 동아시아불교문화학회 추계 학술대회에서 「전설의 아유타를 찾아서 – 서역 사료로 새롭게 조명해본 가야사」를, 같은 해 한국인도학회 정기학술대회에서 「세계제국과의 황실간 결혼으로 통해 본 고대 한국의 위상 – 아요디야에서 온 서역공주 허황옥」을 발표했다. 번역논문으로는 2013년 『불교학 리뷰』 13호에 게재된 그레고리 쇼펜의 「인도 불교사에 있어서의 두 가지 문제」가 있다. 현재는 '연기설의 원형 연구'로 박사논문을 준비하고 있고, 고대 한국과 인도의 교류사를 문헌학적 그리고 고고학적 측면에서 연구하고 있다.
세월호 참사가 발생한 이후 페이스북에 '국민과 겨레를 사랑하는 모임(민들레의 혁명)'이라는 그룹을 창설해 세월호 참사와 부정선거 진상규명운동을 진행해오고 있으며, 다양한 정치와 사회 현안들에 대한 의견을 공유하며 민주주의 의식을 고양시키고 있다. 21년 서울시장 보궐선거에 예비후보로 출마했으며, 20대 대선에 출마를 준비하고 있다.

초기 불교 가르침의 연기적 생성
불교는 어떻게 시작되었는가?

초판 발행 | 2017년 8월 31일
2판 1쇄 | 2021년 9월 17일

저자 | 리처드 곰브리치
역자 | 한대성
펴낸이 | 김성배
펴낸곳 | 도서출판 씨아이알

편집장 | 박영지
책임편집 | 최장미
디자인 | 윤지환, 김민영
제작책임 | 김문갑

등록번호 | 제2-3285호
등록일 | 2001년 3월 19일
주소 | (04626) 서울특별시 중구 필동로8길 43(예장동 1-151)
전화번호 | 02-2275-8603(대표)
팩스번호 | 02-2265-9394
홈페이지 | www.circom.co.kr

ISBN | 979-11-5610-993-8 (93220)
정가 | 18,000원